Der Tischler/Schreiner

Vorbereitung zur Gesellen- und Meisterprüfung

Werkstoff- und Arbeitskunde in Frage und Antwort

Fachrechnen, Kalkulation Maschinenrechnen

Günter Schmidtbleicher

5. Auflage

Best.-Nr. 500

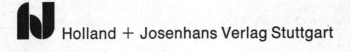

Holland + Josenhans Verlag Stuttgart

Die Höhe des Steuersatzes der Umsatzsteuer (Mehrwertsteuer) unterliegt Änderungen.
Für den Rechen- bzw. Buchungsvorgang ist dies jedoch ohne Belang. In diesem Buch wird daher weiterhin mit 11 % Umsatzsteuer gerechnet.

Alle Rechte vorbehalten. Nach dem Urheberrecht sind auch für Zwecke der Unterrichtsgestaltung die Vervielfältigung und Übertragung des ganzen Werkes oder einzelner Textabschnitte, Abbildungen, Tafeln und Tabellen auf Papier, Transparente, Filme, Bänder, Platten und andere Medien nur nach vorheriger Vereinbarung mit dem Verlag gestattet. Ausgenommen hiervon sind die in den §§ 53 und 54 des Urheberrechtsgesetzes ausdrücklich genannten Sonderfälle.
© Holland + Josenhans Verlag, Postfach 518, 7000 Stuttgart 1
Gesamtherstellung: J. Ebner, Graphische Betriebe, 7900 Ulm (Donau)
ISBN 3-7782-5000-0

Vorwort

Die 5. Auflage wurde in wesentlichen Teilen auf den neuesten Stand gebracht und durch verschiedene Abschnitte erweitert. Sie finden im Anhang Ausführungen über Hydraulik, Pneumatik, Wärmeschutz und Wärmedämmung, Schallschutz und Schalldämmung sowie „Neue Einheiten im Meßwesen (SI-Einheiten)". Im Abschnitt Fachrechnen und Kalkulation wurde davon abgesehen, die Zahlenwerte zu ändern, da sie für den Rechengang ohne Einfluß sind.

Die Gliederung in Fragen und Antworten gibt dem Tischler die Möglichkeit, sein Wissen aufzufrischen und zu vertiefen. Das umfangreiche Sachwortverzeichnis ermöglicht außerdem die Benutzung als Nachschlagewerk in vielen Fachfragen.

Für Mitglieder von Prüfungskommissionen und Lehrer an Berufs- und Fachschulen ist es als Hilfe gedacht.

Heilbronn, Frühjahr 1978   Günter Schmidtbleicher

Inhaltsverzeichnis

Bedeutung und Nutzen des Waldes 7
Aus der Kulturgeschichte des Holzes 7
Wirtschaftliche Bedeutung des Holzes 8

1. Werkstoffkunde
1.1. Überblick über die Haupt- und Hilfswerkstoffe des Schreiners 9
1.2. Aufbau und Wachstum des Baumes (Biologischer Aufbau) 10
1.3. Äußerer und innerer Aufbau des Holzes 13
1.4. Chemischer Aufbau des Holzes 18
1.5. Fällung und Aufbereitung des Holzes 20
1.6. Holz als Handelsware 28
1.7. Behandlung, Pflege und Lagerung des Schnittholzes ... 30
    Physikalische Grundlagen 30
    Natürliche Trocknung 33
    Künstliche Trocknung 34
1.8. Arbeiten des Holzes 36
1.9. Eigenschaften des Holzes 38
1.10. Holzfehler 45
1.11. Holzkrankheiten — Pflanzliche Schädlinge 51
1.12. Tierische Holzschädlinge 55
1.13. Holzschutzmittel — SM 58
1.14. Holzarten 61
    Grundsätzliche Merkmale und Unterscheidungen 61
    Wichtige europäische Nadelhölzer 62
    Wichtige europäische Laubhölzer 67
    Wichtige außereuropäische Nadelhölzer 75
    Wichtige außereuropäische Laubhölzer 78
1.15. Furniere 87
1.16. Plattenförmige Holzwerkstoffe 92
    Sperrholz 92
    Schichtholz 96
    Holzfaserplatten (HF) 96
    Holzspanplatten (HS) 98
1.17. Furnieren 100
1.18. Leime und Kleber 106
1.19. Glas und Dichtstoffe für Verglasungen 116
1.20. Kunststoffe und Werkstoffe aus Kunststoff 124
1.21. Belagstoffe (Linoleum, Marmor, Leder und Kacheln), Sperr- und Dämmstoffe 132
1.22. Metalle, Nägel und Schrauben 134
1.23. Möbelbeschläge 140

1.24. Baubeschläge	150
1.25. Oberflächenbehandlung	156

2. Arbeitskunde

2.1. Werkstatt und Arbeitsräume	174
2.2. Werkzeuge und Geräte für die Holzbearbeitung	176
2.3. Grundbegriffe der Elektrizität	189
2.4. Holzbearbeitungsmaschinen	197
2.5. Unfallverhütungsvorschriften der Holz-Berufsgenossenschaft	210
2.6. Holzverbindungen und Konstruktionen	212
2.7. Möbeltischlerarbeiten, Möbelgestaltung und Möbelmaße	215
2.8. Bautischlerarbeiten (Gebäude- und Raumausbau)	217
2.9. Überblick über die Stilgeschichte des Möbels	225

3. Maßeinheiten, Formelzeichen und Formeln aus dem Fachrechnen

3.1. Längenmaße	230
3.2. Flächenmaße	230
3.3. Körper- und Hohlmaße	231
3.4. Stoffmenge (Masse)	231
3.5. Kraft- oder Gewichtseinheiten	231
3.6. Dichte (DIN 1306)	232
3.7. Wichte, Normwichte (DIN 1306)	232
3.8. Formeln	232

4. Anwendungsbeispiele und Aufgaben aus dem Fachrechnen

4.1. Maßstäbe	237
4.2. Umwandlungen von englischen Zoll in mm	237
4.3. Flächenberechnungen	238
4.4. Volumenberechnungen von Brettern, Bohlen und Stammholz	243
4.5. Holzgewichtsberechnungen	246
4.6. Schnittholzberechnung	248
4.7. Holz- und Preis-Umrechnungen	248
4.8. Holzgestehungskosten	250
4.9. Schwindverlust	251
4.10. Verschnittberechnung	252
4.11. Holzlisten- und Holzkostenberechnung	253
4.12. Furnierverbrauch	254
4.13. Leimverbrauchsberechnung	255
4.14. Berechnung von Glas	256

4.15. Berechnung von Oberflächenbehandlungsmitteln 257
4.16. Ergebnisse zu den Übungsaufgaben im Fachrechnen ... 258

5. Aus der Kalkulation
5.1. Grundbegriffe und Arten der Kalkulation 259
5.2. Aufbau der Kalkulation 262
5.3. Glieder und Kostenarten der Kalkulation 263
5.4. Ermittlung des Stundenverrechnungssatzes 270
5.5. Aufgaben zur Kalkulation 271
5.6. Ergebnisse zu den Übungsaufgaben in Kalkulation 274

6. Maßeinheiten und Formeln aus dem Maschinenrechnen
6.1. Berechnung von Riementrieben (Gegenscheiben) 275
6.2. Berechnung der Übersetzung nach DIN 868 275
6.3. Bewegungslehre 276

7. Anwendungsbeispiele und Aufgaben aus dem Maschinenrechnen
7.1. Berechnung von Riementrieben (Gegenscheiben) 278
7.2. Berechnung des Übersetzungsverhältnisses 279
7.3. Berechnung der Vorschubgeschwindigkeit 279
7.4. Berechnung der Umfangs- bzw. Schnittgeschwindigkeit . 280
7.5. Ergebnisse zu den Übungsaufgaben im Maschinenrechnen 281

8. Wichtige Normen für den Tischler
8.1. Normen aus Werkstoff- und Arbeitskunde 282
8.2. Normen für das Fachzeichnen 283

Sachwortverzeichnis 284

Anhang

Hydraulik 289

Pneumatik 291

Wärmeschutz und Wärmedämmung 294

Schallschutz und Schalldämmung 295

Neue Einheiten im Meßwesen (SI-Einheiten) 297

Bedeutung und Nutzen des Waldes

Der Wald ist eine vielseitige Lebensgemeinschaft, in der Pflanzen und Tiere ein voneinander abhängiges Dasein führen.

Für uns Tischler ist der Wald zunächst eine wichtige Rohstoffquelle. Er liefert uns verschiedene Arten von Hölzern in vielen Farben und von unterschiedlichem Wert. Seine Bedeutung für das Leben von Mensch und Tier ist aber viel umfangreicher. Die Speicherung von Wasser im Waldboden erhält den Grundwasserspiegel und verhindert dadurch das Versiegen von Brunnen und Quellen. Die Verdunstung riesiger Wassermengen über den Baumkronen führt zu Niederschlägen und der Wald sorgt so für den stetigen Wasserkreislauf in der Natur. Klimatische Verhältnisse werden durch Waldbestände günstig beeinflußt, die Bodenkrume wird vor dem Weggeschwemmtwerden bewahrt und das Land vor Versteppung und Verödung geschützt. Der Wald bietet Schutz vor Sturm, mildert Lawinen- und Überschwemmungsgefahren und gibt den Tieren Unterschlupf und Nahrung.

Durch das „Atmen" der Bäume wird die Luft fortwährend gereinigt und mit dem für Mensch und Tier lebensnotwendigen Sauerstoff angereichert. So wird der Wald zum Ort der Erholung und zugleich der Entspannung, da die Ruhe und Einsamkeit den Menschen wohltuend beeinflussen.

Wir erkennen daraus, daß der Mensch alles tun muß, um diese Lebensquelle zu schützen, zu pflegen und sie vor Vernichtung zu bewahren, um sich selbst erhalten zu können.

Aus der Kulturgeschichte des Holzes

Die Verwendung des Holzes zum Feuermachen gilt als Beginn menschlicher Kulturtätigkeit. Neben Knochen und Feuerstein war Holz schon in der frühen Steinzeit ein wichtiger Werkstoff. Schon ab der mittleren Steinzeit hatten die Menschen nachweisbar Schlitten und seit der Jungsteinzeit wurden Pflug, Wagen, Einbaum und Hausrat aus Holz gefertigt. Das Haus wurde in Mittel-, Nord- und Osteuropa bis in die geschichtliche Zeit fast nur aus Holz gebaut.

Durch die Zeitbestimmungen mit Hilfe der Jahresringe alter Bäume und des Radiokarbonverfahrens (Ermittlung des radioaktiven Kohlenstoffgehalts im Holz) ist dieser Werkstoff zu einem der wichtigsten Datierungsmittel der Vorgeschichtsforschung geworden.

Auch wenn Bäume heute in Sagen und im Aberglauben der Völker keine so bedeutende Rolle mehr spielen wie früher, so ist doch Holz — der schönste Werkstoff der Natur — mit seiner lebendigen Maserung, seiner schönen Farbe und seiner Ausdruckskraft von großer und wertvoller Bedeutung für den Menschen. Holz strahlt warme Behaglichkeit und Geborgenheit aus, ist ästhetisch und von wohltuender Wirkung.

> „Holz ist ein einsilbiges Wort, aber dahinter steckt eine Welt von Märchen und Wundern."
>
> Theodor Heuss

Wirtschaftliche Bedeutung des Holzes

Holz spielt unter den Roh- und Werkstoffen in Industrie und Handwerk in allen Ländern der Erde eine wichtige Rolle, da es sehr vielseitig ausgenutzt und verwertet werden kann.

Vor allem ist Holz der Hauptwerkstoff für Tischler, Drechsler, Faßküfer, Zimmerer, Modellbauer, Parkettleger, Glaser (Fensterbauer) und Instrumentenmacher. Neben Möbeln und im Innenausbau findet Holz vielfache Verwendung im Bauwesen, beim Schiffs-, Wagen- und Flugzeugbau sowie im Bergbau und in der Zündholz-, Packstoff-, Sperrholz-, Spanplatten- und Holzfaserplattenindustrie.

Wenn auch der Holzverbrauch in manchen Berufszweigen zurückgegangen ist, so hat dafür die Bedeutung dieses Werkstoffes in der chemischen Technik zugenommen. Papierherstellung, Kunstseide, Gespinstfasern sowie Treibstoffe, Sprit, Holzzucker und Futtereiweiß sind nur einige Produkte, bei denen Holz Ausgangsprodukt ist. Ferner liefert Holz durch Verkohlung Holzteer, Holzkohle und Holzessig.

Durch die Vielfalt seiner Verwendung zählt der Werkstoff Holz damit zu den wichtigsten Handelsgütern der Welt und wird diese Bedeutung auch in Zukunft behalten.

1. Werkstoffkunde

1.1. Überblick über die Haupt- und Hilfswerkstoffe des Schreiners

Wie werden die Werkstoffe des Tischlers unterteilt?
Man unterscheidet Hauptwerkstoffe, Möbel- und Baubeschläge, Halbfabrikate, Hilfswerkstoffe und Verbrauchsstoffe.

Welche Hauptwerkstoffe werden verarbeitet?
Massiv- oder Vollholz (Nadel- und Laubholz)
Furniere
Sperrholz: Tischlerplatten (Platten mit Holzmittellagen, Gitter-Mittellagen und Hohlraum-Mittellagen) und Furnierplatten
Preßplatten: Spanplatten und Holzfaserplatten (Dämm- und Hartfaserplatten)

Welche Werkstoffe sind auf Holzbasis aufgebaut?
Preßvollholz (verdichtetes oder vergütetes Holz, z. B. Lignostone)
Tränkvollholz (getränktes Holz)
Formvollholz, auch „Patentbiegeholz" oder Stauchbiegeholz
Preßlagenhölzer: Schichtholz, Preßschichtholz, Sternholz und Kunstharzpreßhölzer
Durchfärbtes Holz (Erzielung gleichmäßiger Farbe)
Metallisiertes Holz (Holz mit Metallschmelze durchtränkt)
Panzerholz, auch Metallholz genannt (Sperrplatten mit Metallüberzug)

Wie werden Möbel- und Baubeschläge unterteilt?
Man unterscheidet Beschläge zum Zusammenbau, Beschläge zum Beweglichmachen und Beschläge zum Verschließen von Möbel- und Werkteilen, außerdem Möbelgriffe, Kleiderstangen u. a.

Welche Stoffe gehören zu den Halbfabrikaten?
Zu den Halbfabrikaten zählt man Halbfertigerzeugnisse aus Holz, ferner Glas, Kunststoffe und Kunststoffprofile, Linoleum, Marmor, Leder, Kacheln, Bildhauer- und Drechslererzeugnisse, Profilleisten aus Metall und andere Halberzeugnisse (z. B. Draht, Bleche), Webstoffe sowie sonstige Belag- und Bezugsstoffe.

Zählen Sie Halbfertigerzeugnisse aus Holz auf!
Zahnleisten, Viertelstab, Sprossenstab, Eckstab, Füllungsstäbe, Sockelleisten, Kehlleisten, Deck- und Profilleisten verschiedener Art, Hobeldielen, Stab- und Fasebretter, Türbekleidungen, Türfutter, Fensterbänke, Dachlatten u. a.

Welche Stoffe zählen zu den Hilfswerkstoffen?
Hierher gehören Verbindungsmittel wie Leime, Kleber, Nägel und Schrauben sowie Oberflächenbehandlungsmaterialien, z. B. Beizen, Polituren, Kitte, Mattierungen, Bleichmittel, Entharzer, Anstriche, Lacke u. a.

Was versteht man unter Verbrauchsstoffen?
Das sind solche Stoffe, die bei der Herstellung eines Werkstückes verbraucht werden und in der fertigen Arbeit nicht mehr vorhanden sind, z. B. Glas- und Schleifpapier, Fugenleimpapier, Furnierstifte, außerdem Putzwolle, Lagerfette usw.

1.2. Aufbau und Wachstum des Baumes (Biologischer Aufbau)

Nennen Sie die Hauptteile des Baumes!
Man unterscheidet am Baum Wurzeln, Stamm und Krone.

Welche Aufgaben haben die Wurzeln?
Sie verankern den Baum in der Erde und nehmen mit feinen Haarwurzeln Wasser für den Safthaushalt und darin aufgelöste Grundaufbaustoffe aus dem Erdboden auf.

Geben Sie die Aufgaben des Stammes an!
Der Stamm trägt die Krone, leitet die Saftströme und speichert überschüssige Nährstoffe für Notzeiten auf.

Welche Aufgaben hat die Krone des Baumes?
Durch ihre Blätter oder Nadeln wird die Krone zum Atmungsorgan des Baumes und zur „Werkstatt" für die Verarbeitung der Grundaufbaustoffe zu Nährstoffen.

Welche Lebensbedingungen sind für das Wachstum notwendig?
Wachsen und Gedeihen eines Baumes erfordern Wasser (H_2O), Nahrung, Licht, Luft und Wärme.

Wie wird Wasser vom Baum aufgenommen?
Das Wasser wird durch die Kapillar- oder Haarröhrchenkraft der Wurzelhaare an Haupt- und Nebenwurzeln angesaugt.

Wie erreicht das Wasser alle Teile des Baumes?
In röhrenartigen Zellen der saftreicheren, äußeren Schichten des Baumes wird Wasser in den Stamm, in die Äste, Zweige und Blätter gepumpt bzw. gesogen.

Beschreiben Sie den Vorgang des Wasserhaushalts!
Das Wasser steigt einerseits durch die Kapillar- oder Haarröhrchenkraft der Wurzeln und andererseits durch den Sog, der durch die Wasserverdunstung hauptsächlich an der Blattunterseite entsteht, nach oben.

Wie schnell steigt das Wasser im Baum hoch?
Die Geschwindigkeit ist verschieden. Beim Nadelholz sind es etwa 1,2 m/h, bei Laubhölzern bis zu 6,0 m/h. Bei Eichen und anderen ringporigen Hölzern können es sogar bis zu 44,0 m/h sein.

Welche Menge Wasser kann ein Baum verdunsten?
Bei einer großen Birke können an einem heißen Sommertag bis zu 70 l und bei einer Eiche 300 bis 600 l Wasser verdunstet werden. 1 ha Buchenwald kann je Tag bis zu 20 000 l Wasser abgeben.

Welche Grundaufbaustoffe nehmen die Wurzeln auf?
Es sind dies feinst verteilt im Wasser die Metalle Eisen (Fe), Kalium (K), Calcium (Ca) und Magnesium (Mg) sowie die Nichtmetalle Stickstoff (N), Schwefel (S), Phosphor (P) und Silizium (Si).

Welchen Aufbaustoff entnehmen die Blätter (Nadeln) der Luft?
Zur Umwandlung der Aufbaustoffe aus dem Boden benötigt der Baum das Kohlendioxid (CO_2) aus der Luft.

Welcher Vorgang spielt sich in den Blättern ab?
Mit Hilfe des Sonnenlichts und des Blattgrüns werden die Aufbaustoffe aus dem Boden und der Luft auf chemischem Weg durch Assimilation (Angleichung) in die Nährstoffe Eiweiß, Zucker, Stärke und Zellstoff umgewandelt. Diese Nährstoffe benötigt der Baum für Leben und Wachstum.

Welche Aufgabe hat das Blattgrün?
Das Blattgrün (Chlorophyll) zerlegt unter Ausnutzung der Energie des Sonnenlichts das Kohlendioxid (CO_2) aus der Luft in Kohlenstoff (C) und Sauerstoff (O) (Fotosynthese genannt). Dabei wird Sauerstoff, ohne den Mensch und Tier nicht leben können, wieder an die Luft abgegeben.

$CO_2 \rightarrow C + O$

Was geschieht mit den Nährstoffen?
Eiweiß, Zucker, Stärke und Zellstoff werden einerseits zum Aufbau und Wachstum des Baumes benötigt und andererseits im Innern des Stammes für Notzeiten gespeichert.

Wo findet das Dickenwachstum des Baumes statt?
Das Wachstum des Baumes erfolgt in der Wachstumsschicht, dem sog. Kambium, das zwischen Holz und Rinde bzw. Borke liegt. In der laublosen Zeit findet kein Wachstum statt.

Wie geht das Dickenwachstum vor sich?
Das unter der Rinde und dem Bast liegende Kambium (Wachstumsschicht) bildet durch Zellteilung neue Zellen, und zwar nach innen Holzzellen und nach außen Bastzellen und Rinde. Dieser Vorgang erfolgt in unseren klimatischen Verhältnissen im Frühjahr und Sommer.

Wie geht das Längenwachstum vor sich?
Der Baum hat in den Vegetationspunkten, d. h. in den kegelförmigen, zarten Enden der Zweige (Sproß, Trieb) und der Wurzeln, mehr teilungs- und ausgestaltungsfähige Zellen als der übrige Stamm. Unter Einfluß des Sonnenlichts und durch Wachstumsstoffe findet hier eine schnellere Teilung der Zellen statt.

1.3. Äußerer und innerer Aufbau des Holzes

Wann spricht man von Holz?
Holz ist die von Bast und Rinde befreite Hauptmasse des Stammes der Bäume. Es handelt sich hierbei um hartes, meist abgestorbenes Pflanzengewebe, das den Holzkörper der Stämme, Äste und Wurzeln bildet.

Welche Schnittrichtungen unterscheidet man bei einem Stamm?
Wir unterscheiden Querschnitt, auch als Hirn- oder Horizontalschnitt bezeichnet, und Längsschnitte. Längsschnitte sind der Radial- oder Spiegelschnitt (Schnitt durch die Stammitte) und der Sehnen- oder Fladerschnitt, auch Tangentialschnitt genannt (Schnitt parallel zur Längsachse).

Wie ist der Stamm im Querschnitt aufgebaut?
Von innen nach außen erkennen wir das Mark mit strahlenförmig nach außen verlaufenden Markstrahlen, die Jahresringe aus Früh- und Spätholz, Kern- und Splintholzschicht, Kambium (Wachstumsschicht), Bast und Rinde bzw. Borke.

Was versteht man unter Mark?
Es ist die in der Mitte des Stammes verlaufende Markröhre, die in Form und Größe verschieden sein kann. Das Mark ist unbrauchbar und muß herausgeschnitten werden.

Was sind Markstrahlen?
Diese sind z. T. mit bloßem Auge sichtbare, von innen nach außen verlaufende Strahlen, die dem Holz in radialer Richtung Festigkeit verleihen. Man unterscheidet primäre (voll durchgehende) und sekundäre (nicht ganz durchgehende) Markstrahlen.

Was versteht man unter einem Jahresring?
Der Jahresring entsteht in der Wachstumsperiode eines Jahres. Bei manchen Hölzern (besonders bei Nadelhölzern) zeigt sich eine deutliche Zweiteilung des Jahresringes, gebildet durch eine lockere, meist hellere Frühholzschicht und eine festere, meist dunkler gefärbte Spätholzschicht. Diese Schichten entstehen durch den Wechsel aus Wachstum und Ruhe im Holz.
Aus der Anzahl der Jahresringe kann man auf das Alter des Baumes schließen.

Wie sehen die Jahresringe bei Nadelholz bzw. bei Laubholz aus?
Bei guten Lebensbedingungen und normalem Wachstum zeigt sich bei Nadelhölzern ein feiner Holzaufbau. Bei Laubhölzern dagegen ergibt sich ein weiter Ringbau mit breiten Spätholzringen, die das Holz fester und widerstandsfähiger machen.
Holz mit engen Jahresringen nennt man feinjähriges Holz, solches mit breiten Jahresringen bezeichnet man als grobjähriges Holz.
Tropenhölzer sind in ihrem Ringbau meist unregelmäßig, bedingt durch die unausgeglichenen Witterungsverhältnisse.

Was bezeichnet man als Frühholz und was als Spätholz?
Die im Frühjahr (April bis Juni) entstandene Holzschicht wird als Frühholz und die im Sommer und Spätsommer gewachsene Schicht als Spätholz bezeichnet.
Frühholz und Spätholz bilden zusammen einen Jahresring.

In welche Gruppen teilt man die Bäume nach Kern und Splint ein?
Man unterscheidet Kernholzbäume, Splintholzbäume, Reifholzbäume und Kernreifholzbäume.

Beschreiben Sie den Kern (Kernholz)!
Als Kern bezeichnet man den inneren, verkernten, meist dunkleren Teil eines Stammes. Er besteht aus verholzten Zellen, die für die Saftleitung nicht mehr benötigt werden. In diesen Zellen sind zur Ernährung unbrauchbare Schutz- und Begleitstoffe wie Harz, Gummi, Gerbsäure und Farbstoffe eingelagert, wodurch die dunklere Farbe des Kerns entsteht. Der Kern ist trockener, härter und wertvoller als der Splint und arbeitet weniger.

Was versteht man unter Kernholzbäumen?
Dies sind Bäume, bei denen im Stammquerschnitt in der Regel ein deutlicher Farbunterschied zwischen Kern und Splint sichtbar ist.

Nennen Sie Kernholzbäume!
Eiche, Esche, Akazie (Robinie), Pappel, Kiefer, Lärche, Nußbaum, Weide, Eibe, Douglasie, Edelkastanie, Mahagoni, Teak, Ebenholz und alle Obstbäume außer Birnbaum.

Erklären Sie den Splint (Splintholz)!
Als Splint bezeichnet man den äußeren, helleren und meist saftreicheren Holzteil des Stammes. Splintholz ist weicher, arbeitet stärker als Kernholz und wird leicht von Pilzen und tierischen Schädlingen befallen (z. B. bei Eiche). Nahezu vollwertig ist der Splint bei den Nadelhölzern.

Welche Eigenarten kennzeichnen Splintholzbäume?
Sie haben nur Splint und sind durchgehend gleichmäßig in Härte, Farbe und Saftreichtum.

Nennen Sie Splintholzbäume!
Birke, Erle, Weißbuche (Hain- oder Hagebuche), Berg- und Spitzahorn, Espe (Aspe) u. a.

Was ist unter Reifholzbäumen zu verstehen?
Bei den Stämmen solcher Bäume ist kein Farbunterschied zwischen Kern und Splint zu erkennen. Der innere Teil ist jedoch trockener, fester, härter und schwerer.

Welche Bäume sind Reifholzbäume?
Fichte, Tanne, Rotbuche, Linde, Birnbaum, Feldahorn u. a.

Wann spricht man von einem Kernreifholzbaum?
Solche Bäume haben sowohl Kern- als auch Reif- und Splintholz, z. B. die Ulme.

Was versteht man unter Kambium?
Das Kambium ist die zwischen Holz und Rinde liegende Wachstumsschicht. Sie scheidet ständig neue Zellen durch Zellteilung ab. Nach innen bildet sich Holzgewebe und nach außen Bast und Rinde.

Welche Aufgabe hat der Bast zu erfüllen?
Der Bast bildet den inneren Teil der Rinde. Er leitet die Nährstoffe von oben nach unten, führt sie dem Kambium und durch die Markstrahlen dem Splint zu.

Wozu dient die Rinde bzw. Borke?
Sie schützt die empfindliche Wachstumsschicht vor Verletzungen und bewahrt den Stamm vor dem Austrocknen. Da der Rindenzuwachs von innen erfolgt, platzt die Rinde häufig außen auf.

Welches Bild zeigt der Radial- oder Spiegelschnitt?
Der Radialschnitt, der durch die Markröhre führt, zeigt eine schlichte und einfache Maserung (parallele Streifen). Die dabei durchschnittenen Markstrahlen sind bei Laubhölzern deutlich als sog. „Spiegel" erkennbar.

Wie zeigt sich die Fläche beim Sehnen- oder Fladerschnitt?
Dieser Schnitt verläuft außerhalb der Markröhre und ergibt beim Durchschneiden der einzelnen kegelförmigen Jahresringschichten eine kegelschnittähnliche Maserung, die sog. Fladerung.

Wie sieht Holz unter dem Mikroskop aus?
Wir erkennen kleinste Hohlräume in sehr großer Zahl, die von unzähligen sog. Zellwänden umgeben sind. Die Hohlräume bezeichnet man als Zellen. Diese bilden den Holzaufbau.

Wie ist eine Zelle aufgebaut?
Sie besteht aus der Zellwand und dem Zellinhalt.
Die Zellwand (das Holzskelett) ist aus Zellulose und darin eingelagertem Lignin (Verholzungsstoff) aufgebaut. Im Inneren der Zelle liegt der Zellkern, umgeben vom Zellsaft oder dem lebenspendenden Protoplasma. Infolge der Durchlässigkeit der Zellwände vollzieht sich ein ständiger Ausgleich des Wassergehalts und gelöster Stoffe (Osmose).
In die Zellen sind außerdem Farbstoffträger (Farbpigmente) eingelagert, die dem Holz seine Farbe verleihen.

Wie vermehren sich die Zellen?
Die Zellen vermehren sich durch Teilung. Quer durch die Zelle bildet sich eine Zellwand, der Zellkern teilt sich. Auf diese Art entstehen zwei neue Zellen. Auf diesem Vorgang beruht das Wachstum der Pflanze. Die Lebensdauer der Zellen ist begrenzt und beträgt höchstenfalls 80 Jahre.

Welche Zellarten unterscheiden wir beim Laubholz?
Laubhölzer haben Stütz- oder Faserzellen (Libriform- oder Sklerenchymfasern), Gefäße (Tracheen, „Leitzellen") und Speicherzellen (Parenchym), auch als Markstrahlen bezeichnet.
Die sichtbaren Markstrahlen bestehen vorwiegend aus dünnwandigem Parenchym (= Holzgewebeart aus plasmaerfüllten Zellen für Stoffwechselfunktionen).

Welche Aufgaben haben die Stützzellen (Faserzellen)?
Sie geben dem Baum den notwendigen Halt und dienen der Festigkeit und Elastizität des Holzes. Je nach Länge der Faserzellen unterscheidet man langfaseriges Holz (z. B. Eiche, Kiefer, Fichte) und kurzfaseriges Holz (z. B. Rotbuche).

Welche Aufgaben haben die Gefäße zu erfüllen?
Die Gefäße oder Tracheen (Poren) sind röhrenförmige Gebilde, die den Saft von den Wurzeln im Splint nach oben zu den Blättern leiten. Im Querschnitt des Holzes sind die Gefäße oft als kleine Öffnungen oder Poren sichtbar, z. B. bei Eiche.

Welche Bedeutung haben die Speicherzellen (Markstrahlen)?
Die Parenchymzellen der Markstrahlen dienen bei Laubhölzern der Speicherung von Reservestoffen für die laublose Zeit und bei Nadelhölzern dem Safttransport und der Aufspeicherung von Nährstoffen. Außerdem verleihen die Markstrahlen dem Baum Festigkeit quer zum Holzfaserverlauf und leiten die Nährstoffe von außen nach innen.

Welche Zellarten findet man bei Nadelhölzern?
Nadelhölzer haben Zellarten, die zugleich leiten und stützen, sog. Tracheiden und Speicherzellen.

Welche Aufgaben haben Tracheiden?
Diese Zellarten stützen den Baum und leiten zugleich den Saft. Der Saftaustausch von Zelle zu Zelle findet durch sog. Tüpfel (ventilartige Verbindungsstellen) statt.

Was bezeichnet man als Poren beim Holz?
Poren sind die quer durchgeschnittenen, röhrenförmigen Leitgefäße, die man teilweise mit bloßem Auge erkennen kann. Solche Poren sind nur beim Laubholz sichtbar.

Wie werden die Hölzer nach Größe und Anordnung der Poren bezeichnet?
Je nach Größe spricht man von grobporigen Hölzern (z. B. Eiche, Nußbaum, Esche, Limba, Palisander, Sipo, Teak usw.) und feinporigen Hölzern (z. B. Ahorn, Buche, Linde, Birnbaum, Birke, Erle, Weide, Ebenholz u. a.).
Aufgrund der Anordnung und Verteilung der Poren bezeichnet man die Hölzer als ringporig (z. B. Eiche, Robinie, Esche, Ulme (Rüster), Kirschbaum, Edelkastanie, Teak, Hickory usw.) oder als zerstreutporig (z. B. Buche, Birnbaum, Ahorn, Nußbaum, Linde, Birke, Pappel u. a.).

1.4. Chemischer Aufbau des Holzes

Was ist ein Atom?
Man bezeichnet damit das kleinste Teilchen mit den Eigenschaften eines chemischen Elements, z. B. Wasserstoff, Sauerstoff usw.

Was ist ein Molekül?
Ein Molekül ist das kleinste Teilchen einer chemischen Verbindung. Es besteht aus Atomen und läßt sich auf chemischem Weg in die einzelnen Elemente zerlegen.

Wie ist die chemische Zusammensetzung des Holzes?
Holz besteht aus der Holzmasse (Zellgewebe) und dem Zellsaft, aus Kohlenstoff (C), Wasserstoff (H) und Sauerstoff (O).

Welche Grundstoffe bilden die Holzmasse (Zellgewebe)?
Es sind dies die chemischen Verbindungen der Zellulose (40 bis 50%), das Lignin (20 bis 30%) sowie Hemizellulose (20 bis 25%) und Schutz- und Begleitstoffe.

Wie ist Zellulose aufgebaut?
Die Zellulose ($C_6H_{10}O_5$), das eigentliche Gerüst des Holzes, setzt sich zusammen aus etwa 50% Kohlenstoff (C), 43% Sauerstoff (O), 6% Wasserstoff (H), 0,3% Stickstoff (N) und 0,7% mineralischen Bestandteilen.

Wozu wird Zellulose verwendet?
Zellulose ist das Ausgangsprodukt zur Herstellung von Zellstoff, Papier, Sprengstoff (Schießbaumwolle), Zelluloid (Zellhorn), Cellophan, Kunstseide, Zellwolle, Zellglas, Lack u. a.

Wie setzt sich Lignin zusammen?
Lignin ist ein Bestandteil des Holzes, der sich durch Ablagern von Eiweiß, Zucker und Salzen sowie durch eine Änderung der Zusammensetzung von Kohlenstoff, Sauerstoff und Wasserstoff bildet.

Welche Aufgabe hat Lignin?
Dieser Stoff dient bei Bäumen und Sträuchern der Verholzung und steigert somit die Festigkeit des Holzkörpers.

Was versteht man unter Schutz- und Begleitstoffen im Holz?
Es sind solche Stoffe, die dem Schutz und der Konservierung des Holzes dienen und nicht zum Aufbau benötigt werden.

Zählen Sie Schutz- und Begleitstoffe auf!
In den Zellhohlräumen sind Harze, Fette, ätherische Öle (Terpentinöl), Wachse, Stickstoffverbindungen, Gummi und mineralische Stoffe eingelagert. In den Zellwänden kommen Gerbstoffe und Farbstoffe vor.

Woraus besteht Harz?
Harz, ein zähflüssiger, aromatischer Ausscheidungsstoff verschiedener Bäume, ist ein Gemisch säurehaltiger Stoffe, Alkohole, Phenole und stark ungesättigter Substanzen. In ätherischen Ölen (Terpentin) gelöste Harze, sog. Balsame, bleiben flüssig.

Wie bildet sich Harz?
Die Bildung von Harzgängen und Harzgallen wird auf besondere Zug- oder Druckbeanspruchungen des Stammes während des Wachstums und auf krankhafte Erweiterungen der Zellzwischenräume zurückgeführt. Sog. Parenchymzellen scheiden Harz in diese Zwischenräume ab.

Welche Hölzer enthalten Harz?
Nadelhölzer wie Fichte, Kiefer, Douglasie, Lärche und Pine haben Harzgänge. Bei Tanne, Eibe und Zypresse befindet sich das Harz in der Rinde.
Es gibt auch einige ausländische Laubhölzer, die Harzkanäle haben, z. B. Agba, Tchitola, Yang u. a.

Wie setzt sich der Zellsaft zusammen?
Der Zellsaft besteht in der Hauptsache aus Wasser, das oft 60 % und mehr des Holzgewichtes ausmacht. In ihm sind verschiedene mineralische Stoffe wie Kalk, Magnesium, Eisen, Phosphor u. a. gelöst.
Organische Stoffe wie Eiweiß, Zucker, Stärke usw. machen das Holz anfällig gegenüber Pilzen und Insekten.

Welche Produkte erzeugt die chemische Industrie aus Holz?
Holzzucker, Alkohol, Futtereiweiß und Gerbstoffe. Durch trockene Destillation gewinnt man Holzessig, Holzteer, Teeröl und als Rückstand Holzkohle.

Welche Verbrennungsrückstände hinterläßt Holz?
In der Asche finden sich mineralische Stoffe, hauptsächlich Pottasche und Kalk, außerdem Schwefel, Phosphor, Magnesium u. a.

1.5. Fällung und Aufbereitung des Holzes

Holz beziehen wir aus den riesigen Wäldern, die über die ganze Erde verteilt sind. Die Festlandfläche von ca. 150 Mill. km^2 ist zu 34 % (= 51 Mill. km²) mit Wald bedeckt. Nur etwa 8 % dieser Waldflächen werden forstwirtschaftlich nachhaltig bewirtschaftet, aber 60 % sind nutzbar.

Die größten Waldgebiete finden wir in Südamerika, der UdSSR und in Nord- und Mittelamerika. Erst an vierter Stelle folgen Afrika und Europa.

Die Holzvorräte der Erde belaufen sich auf rd. 120 Mrd. fm. Der Verbrauch an Holz in der Welt beträgt jährlich etwa 1,7 Mill. fm. Der Holzzuwachs in den bewirtschafteten Wäldern der Erde erreicht im Jahr ca. 7 Mill. fm.

Wie groß ist der Waldanteil der Bundesrepublik?

Die Bundesrepublik besitzt ca. 7 Mill. ha Wald, das sind etwa 25 % der Gesamtfläche. Von diesen 7 Mill. ha sind etwa 65 % Nadelwald und 30 % Laubwald. Der Holzvorrat unseres Landes beträgt ca. 640 Mill. fm.

Der deutsche Wald reicht nicht aus, um unseren Holzbedarf zu decken. Wir müssen daher Holz aus dem Ausland einführen.

Nennen Sie wichtige deutsche Waldgebiete!

Bayerischer Wald, Fichtelgebirge, Schwäbischer Wald, Schwarzwald, Pfälzer Wald, Odenwald, Spessart, Rhön, Taunus, Hunsrück, Eifel, Westerwald, Teutoburger Wald, Harz, Erzgebirge, Riesengebirge, Thüringer Wald, Ostpreußen.

Welche europäischen Länder liefern uns Hölzer?

Hauptsächlich Schweden, Österreich, Finnland, Frankreich und die UdSSR.

Welche überseeischen Gebiete liefern uns Edelhölzer?

Nordamerika, Westindien, Südamerika, Afrika, Australien, Vorder- und Hinterindien.

Welche Waldformen gibt es?

Nadelwald (besonders in Skandinavien, in der Taiga Sibiriens und in Nordamerika), Laubwald (hauptsächlich in Mitteleuropa, Nordamerika, Japan und in den Tropen Südamerikas, Afrikas und Südostasiens) und Mischwald (durch Kultivierung besonders in Mitteleuropa).

Außerdem unterscheidet man Urwald und Wirtschaftswald.

Wie bezeichnet man die natürlichen Altersklassen der Waldbestände?
Man unterscheidet zwischen Jungwuchs, Dickung, Stangenholz und Baumholz (mehr als 14 cm Brusthöhendurchmesser).

Wie alt werden Bäume?
Das durchschnittliche, natürliche Höchstalter der Bäume liegt bei 50 Jahren (Erle), 100 Jahren (Robinie, Birke), 150 Jahren (Ahorn, Weißbuche), 250 Jahren (Rotbuche), 300 Jahren (Esche), 400 Jahren (Weymouthskiefer, Douglasie, Ulme), 600 Jahren (Fichte, Kiefer, Lärche, Tanne), 700 Jahren (Eiche) und bis zu 1000 Jahren (Linde, Zirbelkiefer). Der älteste Baum der Erde, eine Borstenzapfenkiefer, steht in Kalifornien (USA). Ihr Alter wird auf etwa 4600 Jahre geschätzt.

Wann erreicht der Baum seine Schlagreife?
Um einen maximal hohen Holznutzwert zu erreichen, benötigen z. B. Fichte 80 Jahre, Buche und Kiefer 100 bis 150 Jahre. Bei einer Eiche sind es bis zum hochwertigen Furnier 300 bis 400 Jahre und mehr. Schnellwachsende Pappelarten kann man schon nach 30 Jahren fällen und verarbeiten.

In welcher Jahreszeit werden Bäume vorwiegend gefällt?
Man spricht von Sommer- und Winterfällung. Im allgemeinen wird die Winterfällung bevorzugt.

Warum ist Winterfällung vorzuziehen?
Im Winter werden größere Schäden durch zu schnelle Trocknung, Insektenbefall und Verpilzung vermieden. Bessere Transportmöglichkeiten und leichtere Beschaffung von Arbeitskräften sind ebenfalls von Bedeutung.

Warum ist Sommerfällung bei uns ungünstiger?
Zu rasche Austrocknung des Stammes führt zu Rißbildung und erhöht die Gefahr des Pilz- und Insektenbefalls.

Was ist bei Sommerfällung zu beachten?
Der Baum soll mit voll belaubter Krone etwa 4 Wochen unzerteilt im Wald liegen, damit das Holz durch die Wasserverdunstung über die Blätter ohne Rißbildung austrocknen kann.

Wie kann man Holzverluste vermeiden?
Die Zeit zwischen Fällung, Abfuhr und Einschnitt sollte möglichst kurz sein. Dadurch werden Schäden durch Risse, Fäulnis, Verstocken, Verfärben und Schädlingsbefall weitgehend vermieden.

Welche Werkzeuge braucht man zum Holzfällen?
Motorkettensäge bzw. Waldsäge, Axt und Keile.

Wie geht das Fällen eines Baumes vor sich?
Zunächst wird der Baum in der Fallrichtung eingekerbt. Dann wird der Stamm auf der entgegengesetzten Seite etwa 2 bis 4 cm über der Fallkerbsohle eingeschnitten und mit Hilfe der Keile zu Fall gebracht. Die Sägeschnittführung soll aus Ersparnisgründen möglichst tief liegen.

Worauf ist beim Fällen der Bäume zu achten?
Die Bäume werden möglichst in der Richtung des Abtransports gefällt. Umstehende Bäume sollten nicht in Mitleidenschaft gezogen werden.

Was versteht man unter „Auskesseln" der Bäume?
Besonders wertvolle Stämme werden samt dem Wurzelstock ausgerodet. Das Wurzelholz ergibt oft schön gezeichnete Wurzelmaserfurniere, z. B. bei Nuß- und Kirschbäumen, auch bei Spessarteichen.

Wie wird der Baum nach dem Fällen weiterbearbeitet?
Nach dem Fällen folgt das Ausformen, auch Zopfen genannt, d. h., alle Äste und der obere Teil werden abgeschnitten. Übrig bleibt der Stamm, der nach der Holzmeßanweisung vermessen und begutachtet wird.

Was versteht man unter Holzmeßanweisung (Homa)?
Diese Anweisung enthält alle Bestimmungen über Holzfällung, Ausformung und Sortenbildung des Rundholzes aus forstlicher Erzeugung nach Güte, Form, Abmessungen und Inhaltsermittlung.

Wie wird die Länge eines Stammes gemessen?
Die Länge wird vom dicken Stammende bis zum dünneren Stammende aufgemessen. Bei einem Fallkerb am Stammende wird die halbe Fallkerbhöhe in das Längenmaß einbezogen.

Wie wird der Durchmesser eines Stammes gemessen?
Der Mittendurchmesser, also der Durchmesser in der Mitte des Stammes, wird mit der Meßkluppe (ähnlich der Schieblehre) abgenommen. Bei dickborkigen Stämmen, z. B. bei Eiche, Lärche usw., wird die Rinde (Borke) vor dem Messen durch einen rings um den Stamm verlaufenden Schälring entfernt.
Dünnrindige Bäume, z. B. Buchen, werden mit Rinde gekluppt. Man zieht dafür an jeder Seite 0,5 cm vom gemessenen Maß ab.

Wie berechnet man den Rauminhalt beim gefällten Stamm?
Mittlere Querschnittsfläche × Länge = Stamminhalt in Kubikmeter
$V = d \cdot d \cdot 0{,}785 \cdot l = m^3$ oder $V = d^2_m \cdot 0{,}785 \cdot l = m^3$
(Kurzzeichen fm nur noch bis 31. 12. 1977 zulässig)

Wie stellt man die Höhe beim stehenden Baum fest?
Außer mit speziellen Baumhöhenmessern kann die Höhe auch mit einem Stock festgestellt werden:
Von der Stockspitze (B) rechnet man 80 cm ab und markiert diesen Punkt (A). Dann mißt man von A aus 8 cm zurück und macht auch diese Stelle kenntlich (C). Bei der Höhenmessung streckt man den Arm aus, hält den Stock senkrecht und visiert den Baum so an, daß A den Stammfuß und B die Baumspitze erfaßt. Man merkt sich dann den Punkt C am Stamm und mißt die Strecke AC. Dieser Wert, mit 10 vervielfacht, ergibt die Gesamthöhe des Baumes.

Wie ermittelt man den Rauminhalt beim stehenden Stamm?
Rauminhalt: $V = d \cdot d \cdot h \cdot 0{,}00004$ (für Laubholz)
Rauminhalt: $V = d \cdot d \cdot h \cdot 0{,}00004 - 10\,\%$ (für Nadelholz)
d bedeutet Brusthöhendurchmesser in cm und h die Höhe in m.

Beispiel: $d = 30$ cm, $h = 20$ m
$V = d \cdot d \cdot h \cdot 0{,}00004$
$V = 30 \cdot 30 \cdot 20 \cdot 0{,}00004$
Man rechnet praktisch:
$V = 3 \cdot 3 \cdot 2 \cdot 4 = 72$
Das ergibt für Laubholz 0,72 m³ und für Nadelholz weniger 10 % = 0,65 m³.

Was bedeutet Raummeter?
Holz für die Papier- und Zellstoffindustrie bezeichnet man als Schichtnutzholz. Es wird in Abmessungen von 1 m oder 2 m Länge bis zu 1 m hoch aufgeschichtet. Der ausgefüllte Raum wird als Raummeter (rm), oft auch als „Ster" bezeichnet, aufgemessen.

Was bedeuten bei einem gefällten Stamm folgende Angaben: 56; 7,40/32; A?
Diese Angaben sind am unteren Stammende eingeschlagen und geben die Nummer des Stammes (56), die Länge in m (7,40 m), den mittleren Durchmesser in cm (32 cm) und die Güteklasse (A) an.

Wie werden die einzelnen Teile des Stammes bezeichnet?
Je nach Durchmesser unterscheidet man lt. Homa von unten nach oben Erdstamm, Mittelstamm, Zopfholz, Derbholz und Nichtderbholz.

Was versteht man unter dem Erdstamm?
Dies ist der unterste Teil des Stammes, der z. B. bei Kiefer nicht unter 4 m und nicht über 9 m Länge aufweisen soll. Das Holz ist fast astrein und dadurch als Werkholz besonders wertvoll. Erdstämme unter 4 m Länge bezeichnet man als „Stammponys".

Beschreiben Sie den Mittelstamm!
Der Mittelstamm, der sich an den Erdstamm anschließt, kann astig sein. Er liefert trotzdem noch gutes Werk- und Bauholz.

Welchen Stammteil bezeichnet man als Zopfholz?
Das Zopfholz oder Zopfstück ist der obere Teil des Stammes, der noch einen Durchmesser über 14 cm hat. Das Holz ist astreich und wird zur Herstellung von Spanplatten, aber auch noch als Werk- und Bauholz verwendet.

Wozu verwendet man Derbholz?
Dieses Holz geht in die Industrie zur Papier- und Zelluloseherstellung. Als Derbholz bezeichnet man den Stammteil, der unmittelbar unterhalb der Krone liegt und etwa 7 bis 14 cm Durchmesser hat.

Was versteht man unter Nichtderbholz?
Die über dem Derbholz mit einem Durchmesser unter 7 cm stehenden Baumteile bezeichnet man als Nichtderbholz. Es wird als Reisig (Reiserholz) und Brennholz verwendet.

Wie werden die Stämme nach der Güte eingeteilt?
Man stuft sie in die Güteklassen A/EWG, B/EWG, C/EWG und D ein.

Welche Rundhölzer gehören zur Güteklasse A/EWG?
Dazu zählen vollholzige, geradschäftige, astreine oder fast astreine, fehlerfreie und gesunde Rundhölzer. Kleine Fehler, die den Gebrauchswert nicht herabmindern, sind zulässig.

Welche Rundhölzer zählen zur Güteklasse B/EWG?
In diese Güteklasse fallen gewöhnliche, gesunde, auch stammtrockene Hölzer mit geringen Fehlern.

Welche Rundhölzer gehören zur Güteklasse C/EWG?
Zur Güteklasse C/EWG zählen abholzige, drehwüchsige, stark astige oder auch kranke Stücke, soweit sie noch als Nutzholz tauglich sind.

Welche Rundhölzer gehören zur Güteklasse D?
In die Güteklasse D stuft man alle kranken, d. h. mit Pilzschäden behafteten Stücke ein, sofern sie noch zu 40 % als Nutzholz in Frage kommen.

Wie erfolgt die Stärkeklasseneinteilung der Nadelholzstämme?
Kiefer, Lärche und Weymouthskiefer teilt man nach Mittendurchmesser-Stufen in 9 Klassen ein (Durchmesser unter 15 cm bis 60 cm und mehr).
Bei Fichten-, Tannen- und Douglasien-Langholz erfolgt die Einteilung nach der „Heilbronner Sortierung" in 6 Klassen zwischen 8 cm und 30 cm Mindest-Zopfdurchmesser und in Mindestlängen von 6 bis 18 m.

Wie ist die Stärkeklasseneinteilung bei Laubholz?
Auch Laubholz teilt man in 6 Klassen ein, wobei der Mittendurchmesser ohne Rinde berücksichtigt wird. Bei Klasse 1 liegt er unter 20 cm, und bei Klasse 6 sind es 60 cm und mehr.

Wie erfolgt der Abtransport der Stämme?
Zunächst werden die Stämme aus dem Schlag heraus an Wege oder freie Stellen zum Abtransport geschleift (sog. „Rücken"). Anschließend erfolgt die Weiterbeförderung auf Langholzfahrzeugen oder Schlitten und später mit der Bahn oder auf dem Wasserweg mit Schiffen oder durch Flößen.

Welche Vorteile hat das Holzflößen?
Das Holz kann leicht und billig befördert werden, es bleibt rissefrei, ist widerstandsfähiger gegen Pilze und Insekten und läßt sich leichter schneiden. Dasselbe gilt für die Holzlagerung im Wasser vor dem Einschnitt im Sägewerk.

Wie wird Rundholz im Sägewerk gelagert?
Rundhölzer lagert man sortiert nach Holzart, Güte und Dicke. Sorgfältige Stapelung verringert die Unfallgefahr, und baldiger Einschnitt der Stämme vermeidet Rißbildung.

Nennen Sie Sägewerkmaschinen!
Vertikal- oder Senkrechtgatter (Seiten-, Schwarten-, Voll- und Mittelgatter), Horizontal- oder Waagrechtgatter, Blockbandsäge, Trennbandsäge, Ein- und Vielblattkreissäge und Motorkettensäge.

Wie unterteilt man die gewonnene Schnittholzmenge?
Man unterscheidet Haupt- und Nebenerzeugnis. Zum Haupterzeugnis zählen besäumte und unbesäumte Bretter und zum Nebenerzeugnis brauchbare Baumkanten und Schwarten.

Wie wird die Schnittergiebigkeit bei Rundholz berechnet?

Schnittergiebigkeit $= \dfrac{\text{Schnittware in m}^3 \cdot 100}{\text{Rundholzmaß in m}^3} = \%$ Ausbeute

z. B. Schnittergiebigkeit $= \dfrac{450 \cdot 100}{600} = 75\,\%$

Wie errechnet sich der Verschnitt bei Rundholzeinschnitt?

Verschnitt $= \dfrac{\text{Schnittverlust in m}^3 \cdot 100}{\text{Rundholzmaß in m}^3} = \%$

z. B. Verschnitt $= \dfrac{150 \cdot 100}{600} = 25\,\%$

Welche Einschnittarten unterscheidet man?
Beim Rundholz spricht man je nach Verwendung und Einschnittdiagramm von Bauholzeinschnitt (Balken, Kanthölzer) und von Bretteinschnitt.

Nennen Sie die Schnittarten für den Bretteinschnitt!
Man unterteilt in Scharfschnitt (Rund- oder Blockschnitt), Prismenschnitt (Model- oder Kantschnitt) und Sonderschnittformen.

Was versteht man unter Scharfschnitt?
Hierbei wird der Stamm bei einem Gatterdurchgang in unbesäumte Bretter aufgeschnitten. Die so erhaltene Blockware (auch Blochware genannt) unterteilt man in Herz- oder Kernbrett, Mittelbretter, Seitenbretter und Schwarten.

Erklären Sie den Prismen- oder Modelschnitt!
Dieser Einschnitt ergibt beim ersten Gatterdurchgang das sog. Prisma oder „Model". Nach einer Drehung um 90° fallen beim zweiten Schnitt, auch „kanteln" oder „nachschneiden" genannt, bereits besäumte Bretter gleicher Breite an.
Nachteil: Größerer Verschnitt als beim Scharfschnitt, darum teurer.

Was versteht man unter Sonderschnittformen?
Das Rundholz wird so eingeschnitten, daß man möglichst viele besäumte Bretter mit stehenden Jahresringen erhält. Diese Einschnittarten (sog. Riftschnitte) ergeben geringere Ausnutzung und hohen Schnittverlust.

Woran erkennt man ein Herz- oder Kernbrett?
Diese Bretter enthalten die Markröhre, die vor der Verarbeitung herausgeschnitten werden muß. Durch die stehenden Jahresringe arbeiten diese Bretter weniger, sie bleiben besser stehen. Die Maserung ist schlicht und zeigt Streifen.

Beschreiben Sie Mittelbretter!
Mittelbretter haben teils stehende, teils geneigte Jahresringe und eine enge Fladerung. Sie verziehen sich wenig.

Welche Eigenschaften haben Seitenbretter?
Bei den Seitenbrettern ergeben sich hauptsächlich liegende Jahresringe und eine große Fladerung. Sie bleiben nicht stehen. Die rechte Seite wird rund und die linke hohl.

Was bezeichnet man bei Brettern als rechte bzw. linke Seite?
Bei Mittel- und Seitenbrettern wird die Seite, die zum Herz zeigt, stets als rechte Seite bezeichnet. Die linke Seite liegt vom Herz abgewandt.

Was versteht man unter Schwarten?
Beim Scharfschnitt bezeichnet man die äußersten Schnittabfälle als Schwarten. Sie kommen als Nutzholz kaum in Frage.

Warum dämpft man manche Stämme vor dem Einschnitt?
Durch das Dämpfen der Stämme in großen Dämpfgruben läßt sich das so erweichte Holz besser schneiden. Die Färbung des Holzes wird kräftiger, z. B. bei Rotbuche. Tierische Schädlinge werden abgetötet.
Hochwertige Furnierstämme werden „gekocht" (das Wasser darf aber nicht sieden), z. B. Birke, oder gewässert, z. B. Ahorn.

Wie soll frisch eingeschnittenes Holz gelagert werden?
Schnittholz darf nicht lange aufeinander liegen, um Verfärbungen und Stockflecken zu vermeiden. Es sollte möglichst sofort nach dem Einschnitt gestapelt werden, damit gleichmäßige Trocknung gewährleistet wird und Rissebildungen vermieden werden.

1.6. Holz als Handelsware

Wie wird Schnittholz im Handel eingestuft?
Man unterscheidet Bauholz (Balken und Kanthölzer), Werkholz (Bretter und Bohlen) und Halbfertigerzeugnisse aus Holz.

Was versteht man unter Bauholz?
Je nach Einschnittart spricht man von Vollholz (quadratisch oder rechteckig), Halbholz und Kreuzholz (auch Viertelhölzer). Je nach Querschnittgröße teilt man in Kanthölzer, Balken und Latten ein.

Wie erfolgt die Klasseneinteilung bei Bauschnittholz?
Im Bauholz haben wir Schnittklassen und Güteklassen. Die Schnittklassen bezeichnet man mit S, A, B und C. Das Holz wird dabei nach Kantenbeschaffenheit eingestuft.
Die Güteklassen I, II und III ordnen die Hölzer nach Qualität.

Was fällt unter den Begriff Werkholz?
Zum Werkholz gehört die gesamte Bretterware. Bei der Sortierung unterscheidet man nach Holzart, Länge, Brettdicke, Kantenbeschaffenheit und Brettbreite.

Wie unterteilt man Schnittholz nach der Länge?
Entsprechend der Stammeinteilung bezeichnet man Bretter als Stammware, Mittelware und Zopfware. Sind Bretter und Bohlen aus Erdstämmen kürzer als 4 m (zwischen 2,40 m und 3,80 m), so spricht man von Stumpenbrettern oder kurz Stumpen.
Bei der Längenmessung stuft man im allgemeinen auf gerade Dezimeter und Viertelmeter ab. Bei besonders wertvollen Hölzern rundet man auf den vollen Zentimeter ab, oder man handelt sie nach Gewicht, z. B. Palisander.

Wie sind die Schnittholzmaße eingeteilt?
Furniere bis 8 mm, Bretter 8 bis 35 mm, Bohlen 40 bis 120 mm, darüber Balken.

In welchen Dicken werden Bretter gehandelt?
Europäisches (außer nordisches) Nadel- und Laubschnittholz kommt nach DIN 4071 in folgenden Dicken in den Handel: 8, 10, 12, 15, 18, 22, 24, 28, 30 und 35 mm (8 mm nur bei Laubholz).
Die Bretter sind ungehobelt, besäumt oder unbesäumt. Die Maße gelten bei 14 bis 20% Feuchtigkeitsgehalt (vorzugsweise 16 bis 18%), bezogen auf das Darrgewicht.
Ausländische Hölzer handelt man nach Zollmaßen, z. B. $1/2'' = 12{,}7$ mm, $3/4'' = 19{,}1$ mm, $1'' = 25{,}4$ mm.

Wie sind die Dicken von Bohlen nach DIN 4071?
40, 45, 50, 52, 55, 60, 65, 70, 75, 80, 85, 100 und 120 mm. Diese Dicken gelten für ungehobelte, besäumte und unbesäumte Bohlen aus europäischen Nadel- und Laubhölzern bei 14 bis 20 % Feuchtigkeitsgehalt. 52 mm und 55 mm nur bei Laubholz.

In welchen Breiten kommen Bretter und Bohlen in den Handel?
Nach DIN 4071 gibt es parallel besäumte Breiten von 80, 100, 120, 140, 160, 180, 200, 220, 240, 260, 280 und 300 mm. Unbesäumte Breiten werden in cm angegeben.

Wie bezeichnet man ein Brett nach DIN?
Bezeichnungsbeispiel: Brett 24 mm Dicke, 160 mm Breite, 2000 mm Länge aus Kiefer (KI): Brett 24×160×2000 DIN 4071 − KI.

In welchen Längen werden Bretter und Bohlen gehandelt?
Nach DIN 4071 sind folgende Längen vorgesehen:
Von 1500 bis 3000 mm: Stufung 500 mm
über 3000 bis 4500 mm: Stufung 250 mm
über 4500 bis 6500 mm: Stufung 500 mm

Was versteht man unter Kantenbeschaffenheit?
Man unterscheidet hier je nach Gatterdurchgang besäumte und unbesäumte Bretter. Bei konisch besäumten Brettern wird die Baumkante nach dem Verlauf des Brettes abgeschnitten.

Wie erfolgt die Breitenmessung bei Schnittholz?
Ist die Ware parallel besäumt, wird jedes Stück einzeln aufgemessen. Bei konisch besäumtem Schnittholz gilt die mittlere Breite. Bei unbesäumter Ware wird bei Brettern die mittlere Breite auf der linken Seite gemessen. Bei Dicken ab 40 mm ermittelt man die Breite aus dem Mittel der linken und rechten Seite (siehe auch Fachrechnen!).

In welche Güteklassen teilt man Schnittholz ein?
Beim Schnittholz unterscheidet man je nach Länge und Breite der Lage im Stamm, Wuchs- und Holzfehlern, Sortenbezeichnungen sowie Krankheits- und Schädlingsbefall die Güteklassen 0, I, II, III. Dies gilt für inländisches Nadelschnittholz.
Richtlinien für Laubschnittholz liegen nicht vor.

Was versteht man unter Halbfertigerzeugnissen aus Holz?
Solche Halbfertigerzeugnisse sind für einen bestimmten Verwendungszweck gearbeitet und im Handel erhältlich.

Zählen Sie Halbfertigerzeugnisse auf!
Rohhobler, Rauhspund, Hobeldielen (Nut- und Federbretter), Fase- und Stabbretter, Stülpschalungen mit verschiedenen Profilierungen, Sperrtüren, Türfutter, Türbekleidungen, Fensterbänke und Dachlatten.

Außerdem Möbelleisten wie Zahnleisten, Glasleisten, Zierleisten, Füllungsstäbe, Eckstäbe, Sprossenstäbe, Deck- und Profilleisten verschiedener Art und Möbelteile, z. B. Füße, Knöpfe, Stollen, Dübel usw.

Auch Furniere, Furnier- und Tischlerplatten sind Halbfertigerzeugnisse, nehmen aber in dieser Gruppierung eine Sonderstellung ein.

Was sind Rohhobler?
Als Rohhobler bezeichnet man 10 bis 16 cm breite Bretter, die sich zur Herstellung von Hobeldielen eignen und parallel besäumt bzw. im Modelschnitt erzeugt sind.

Welche Bretter bezeichnet man als Rauhspund?
Rauhspund ist Schnittware mit bestimmten Gütemerkmalen. Sie ist nur an den Kanten bearbeitet und in der Regel mit Nut und Spund oder auch mit Wechselfalz versehen.

1.7. Behandlung, Pflege und Lagerung des Schnittholzes

1.7.1. Physikalische Grundlagen

In welchen Formen kommt Wasser im Holz vor?
Man spricht von ungebundenem, „freiem" und gebundenem Wasser. Das freie Wasser, das man beim Spalten von frischem Holz gut sehen kann, ist in und zwischen den Zellen zu finden (Kapillarwasser). Gebundenes Wasser ist innerhalb der Zellwände vorhanden.

Wie groß ist der Wassergehalt im Holz?
Bezogen auf das Darrgewicht (0%) beträgt der Wassergehalt im wachsenden Stamm 50 bis 150%, vor dem Einschnitt etwa 40%, bei lufttrockenem Holz ungefähr 15% und nach künstlicher Trocknung rund 6 bis 12%.

Was geht bei der Holztrocknung vor sich?
Zuerst verliert das Holz durch Verdunstung das freie, ungebundene Wasser (Kapillarwasser), das tropfbar flüssig in den Zellhohlräumen und Zellzwischenräumen (Interzellularen) vorhanden ist. Bei weiterer Trocknung wird das in den Zellwänden gebundene Wasser abgegeben.

Was versteht man unter Fasersättigungspunkt?
Hat das Holz seine ungebundene Feuchtigkeit abgegeben, und ist die Holzfaser bzw. Holzmasse noch gesättigt, so bezeichnet man diesen Zustand als Fasersättigungspunkt oder auch als Fasersättigungsbereich. Der Übergang liegt bei etwa 30% Holzfeuchtigkeit.

Was bezeichnet man als Naßgewicht?
Unter Naßgewicht versteht man das Gewicht des Holzes im ungetrockneten Zustand, in dem noch die volle Feuchtigkeit vorhanden ist.

Was besagt das Darrgewicht?
Enthält das Holz 0% Feuchtigkeit, dann ist der vollkommene Trocken- oder Darrzustand erreicht. Man spricht dann vom Trocken- oder Darrgewicht.

Erklären Sie den Begriff Feuchtegleichgewicht!
Holz gibt so lange Feuchtigkeit ab oder nimmt so lange Feuchtigkeit auf, bis ein Ausgleich mit der umgebenden Luft erreicht ist (Gesetz vom Feuchtegleichgewicht).
Das Feuchtegleichgewicht wird auch als „hygroskopisches" Gleichgewicht bezeichnet, da das Gleichgewicht zwischen Lufttemperatur, Luftfeuchte und Holzfeuchte tatsächlich immer erhalten bleibt.

Was versteht man unter absoluter bzw. maximaler Luftfeuchtigkeit?
Die tatsächliche Menge an Feuchtigkeit in 1 m³ Luft nennt man absolute Feuchtigkeit.
Die Menge der Feuchtigkeit bei voller Sättigung der Luft bezeichnet man als maximale Feuchtigkeit. Die Luft kann dabei keine Feuchtigkeit mehr aufnehmen.

Was versteht man unter relativer Luftfeuchtigkeit?

Den tatsächlichen Wassergehalt der Luft bezeichnet man, in Prozent auf die volle Sättigung bezogen, als relative Luftfeuchtigkeit, da die Luft nur in der Lage ist, eine bestimmte Menge Wasser je nach Temperatur aufzunehmen. Hat die Luft ihre größte Aufnahmefähigkeit erreicht, so ist sie gesättigt (100% rel. Luftfeuchtigkeit). Die relative Luftfeuchtigkeit gibt also den prozentualen Sättigungsgrad der Luft mit Wasser bei einer bestimmten Temperatur an. Sie liegt in unserer klimatischen Zone bei etwa 70%.

Wie berechnet man die relative Luftfeuchtigkeit?

$$\text{Relative Luftfeuchtigkeit} = \frac{\text{Absolute Wassermenge} \cdot 100}{\text{Maximale Wassermenge}} = \%$$

Wie berechnet man die Holzfeuchtigkeit?

$$\text{Holzfeuchtigkeit} = \frac{(\text{Naßgewicht} - \text{Darrgewicht}) \cdot 100}{\text{Darrgewicht}} = \%$$

Beispiel: Naßgewicht einer Holzprobe $= 35$ g
Darrgewicht (Trockengewicht) $= 20$ g

$$\text{Holzfeuchtigkeit} = \frac{(35 - 20) \cdot 100}{20} = \frac{15 \cdot 100}{20} = 75\%$$

Welche Feuchtigkeitswerte gelten für die Verarbeitung?

Es lassen sich folgende Werte angeben:
Sperr- und Spanplatten 5 bis 7%, Furniere 7 bis 10%, Parkettböden 6 bis 10%, Möbel in zentralbeheizten Räumen 6 bis 8%, Möbel 8 bis 10%, Bauteile in Räumen 8 bis 12%, Außenfenster und Außentüren 12 bis 15%, Gegenstände im Freien und Bauholz 18 bis 20%.

Wie kann die Holzfeuchtigkeit gemessen werden?

Als Meßgeräte verwendet man Thermo-Hygrometer zum direkten Ablesen der relativen Luftfeuchte, Darröfen mit eingebauter Waage und Holzfeuchte-Meßgeräte (elektrische Feuchtemesser) für den Bereich von 6 bis 24%.

Elektrische Feuchtemesser gibt es mit Andruck-Elektroden zur Feststellung der Oberflächenfeuchte, mit Einschlag-Elektroden zur Messung der Feuchte im Schnittholz, mit Einschraub-Elektroden und mit Hammer-Elektroden zur Feuchtemessung bei Massivholz.

Außerdem gibt es Prüfstreifen aus präpariertem Papier, die je nach Feuchtigkeitsgehalt ihren Farbton verändern. Eine entsprechende Skala gibt dann den etwaigen Feuchtegehalt an.

1.7.2. Natürliche Trocknung

Warum ist Trocknung notwendig?
Frisch eingeschnittenes Holz enthält zuviel Feuchtigkeit und kann in diesem Zustand nicht verarbeitet werden. Gute Trocknung erhöht die Güte und Nutzbarkeit des Holzes.

Welche Arten von Trocknung unterscheidet man?
Natürliche Trocknung (Stapeltrocknung) und künstliche Trocknung.

Welche Regeln gelten für die natürliche Trocknung?
Die Bretter müssen im Freien sachgemäß gestapelt werden, und zwar so, daß das Holz dauernd von Luft umspült wird und gute Luftbewegung herrscht. Außerdem ist die gestapelte Ware vor direkter Sonneneinstrahlung und vor Regen zu schützen.

Welche Vorteile hat die natürliche Holztrocknung?
Das Holz macht einen langsam fortschreitenden Trocknungsprozeß durch. Es entstehen weniger Spannungen, das Holz bleibt ruhiger und damit besser stehen.

Welche Nachteile ergeben sich bei der natürlichen Trocknung?
Freilufttrocknung erfordert lange Lagerzeiten, große Lagerbestände und damit gebundenes Kapital. Lagerverluste entstehen durch Verfärbungen, Pilzbefall, Verschalung, Haarrißbildung und Verwerfungen. Der Trockenheitsgrad ist begrenzt (etwa 15%).

Wie lange dauert die Trockenzeit?
Bei natürlicher Trocknung rechnet man für Weichholz 1 bis 2 Jahre, für Hartholz 3 bis 4 Jahre. Bei künstlicher Trocknung sind es etwa 1 bis 2 Wochen bzw. 3 bis 4 Wochen.

Wie kann die Trockenzeit verkürzt werden?
Um die natürliche Luftbewegung zu erhöhen und auszugleichen und um die Trocknung zu beschleunigen, stellt man sog. Freilufttrockner mit Gebläse zwischen die Freistapel.

Welche Arten von Holzstapeln unterscheidet man?
Kastenstapel (Schnittware verschiedener Längen und Dicken), Höhe 3 bis 4 m und Blockstapel, auch Blochstapel genannt (Bretter eines Stammes), Höhe 2 bis 3 m.
Außerdem unterscheidet man noch Kreuz-, Dreieck-, Scheren- und Senkrechtstapelung, auch Zopfstapelung genannt.

Wie muß der Holzlagerplatz beschaffen sein?
Trocken, bedeckt mit Kies, Schlacken oder Schotter, keine Erde, kein Sand. Gras, Unkraut und Holzabfälle gefährden die Stapelware (Pilzbefall). Wasser muß ablaufen können.

Was ist beim Stapeln von Brettern zu beachten?
Sie müssen so gestapelt werden, wie sie im Stamm lagen. Der Bodenabstand soll etwa 60 cm betragen. Die Bretter müssen waagrecht liegen. Gleich dicke Stapelhölzer sorgen für gute Lüftung. Die Hirnenden sind durch Endstapelleisten, angenagelte Brettchen oder Schwarten zu schützen. Farb- und Lehmanstriche, aufgeklebte Papierstreifen sowie Schwundklammern und Wellenbänder schützen nur bedingt.

Welche Hölzer sollen im Holzschuppen getrocknet werden?
Ahorn, Eiche, Esche, Nußbaum, Ulme, Rotbuche, Erle, Birke, Weißbuche und Linde.

Diese Hölzer sollen dadurch vor Farbveränderungen, Lohflecken, Einreißen und Verstocken geschützt werden.

1.7.3. Künstliche Trocknung

Welche Vorteile bietet die künstliche Trocknung?
Verkürzte Lagerzeit, kein großes Holzlager, geringere Lagerkosten, kürzere Trockenzeit, niedrigerer Trockenheitsgrad (6 bis 12%), Abtötung von Insekten, Larven, Pilzen und Krankheiten.

Welche Arten von künstlicher Holztrocknung gibt es?

Je nach Art der technischen Mittel unterscheidet man:

1. Durchzugstrocknung als Vortrocknung bei sehr nassem Holz

2. Verdunstungstrocknung mit Luft-Dampf-Gemisch (älteste Methode)

3. Vollautomatische Verdampfungstrocknung bei Temperaturen zwischen 110 und 120° C; Einsparung an Trockenzeit 50 bis 75%

4. Hochfrequenztrocknung durch Wärmeerzeugung im Wechselfeld des elektrischen Stroms bei hohen Frequenzen

5. Strahlungstrocknung durch Infrarotstrahlen, vorwiegend für Furniertrocknung

Wo kann Holz künstlich getrocknet werden?
Neben der althergebrachten Methode des Trocknens über dem Leimofen oder in beheizten Räumen trocknet man heute in Trockenkammern, Trockenöfen und sog. Trockenmaschinen (Durchlauftrockner, Kleintrockner, Schleudertrockner und Trocknen im Vakuum).

Welche Faktoren bewirken eine gute Trocknung?
Bei der künstlichen Holztrocknung müssen Wärme (Trockentemperatur), Luftbewegung (Luftgeschwindigkeit) und relative Feuchtigkeit der Luft aufeinander abgestimmt sein.

Wie hoch ist die Trockentemperatur zu wählen?
Sie beträgt bei Nadelholz bis zu 120°C und bei Laubholz bis zu 80°C. Man wählt die Temperatur möglichst hoch, um die Trockenzeit zu verkürzen, Pilze und Insekten abzutöten und um eine Minderung der Schwund- und Quellmaße zu erreichen.
Außerdem müssen bei der Temperaturgebung Holzdicke, Verfärbungen durch Zusammenwirken von Wärme und Feuchtigkeit und der Harzschmelzpunkt (75°C) berücksichtigt werden.

Welche Bedeutung hat die Luftbewegung?
Sie ist Wärmeträger und Arbeiter in der Trockenkammer. Genügend starke und gleichmäßige Luftbewegung führt durch Umluft- und Abluftbetrieb feuchte Luft weg und bringt frische, vorgewärmte Luft heran.

Welche Aufgabe erfüllt die relative Luftfeuchtigkeit bei der künstlichen Trocknung?
Die Feuchtigkeit in Form von Dampf dient als Wegbereiter der Holzfeuchtigkeit von innen nach außen. Ein Verkrusten der Poren wird verhindert und die Leitfähigkeit gewährleistet.
Trockentemperatur und Feuchtigkeitsgehalt der Luft werden vom Psychrometer geregelt und überwacht.

Welche Trocknungsschäden können auftreten?
Der häufigste Fehler ist die Verschalung, wobei die äußeren Holzschichten verkrusten und die feinen Kanäle für die Wasserführung verstopft sind.
Innenrisse entstehen bei zu hoher Holzfeuchtigkeit und zu hoher Trockentemperatur. Starke Spannungen durch Zellschwund führen zu einem übermäßigen Schwundmaß. Außerdem können Verfärbungen des Holzes durch falsche Trockentemperaturen vorkommen.

1.8. Arbeiten des Holzes

Was versteht man unter „Arbeiten" des Holzes?
Das Holz ist hygroskopisch, d. h., es kann Feuchtigkeit aufnehmen und abgeben. Dadurch treten Veränderungen in Form und Größe auf.

Wodurch wird das Arbeiten verursacht?
Holz hat ungebundenes Wasser in den Zellräumen und gebundenes Wasser in den Zellwänden. Das Arbeiten beginnt, wenn die Zellwände anfangen, Wasser abzugeben oder aufzunehmen.

Welche Veränderungen treten durch das Arbeiten auf?
Das Holz kann schwinden, quellen, sich werfen oder sich verziehen, windschief werden und reißen.

Was versteht man unter Schwinden des Holzes?
Wird durch Feuchtigkeitsabgabe der Fasersättigungspunkt unterschritten, so schrumpfen die Zellen zusammen. Der Rauminhalt des Holzes wird geringer.

Welche Formveränderungen treten beim Schwinden auf?
Außer den Maßen ändert das Holz bei Feuchtigkeitsabgabe auch seine Form. Kernbretter werden zum Splint hin schwächer. Seitenbretter verziehen sich; sie werden auf der rechten Seite rund und auf der linken Seite hohl.

Warum wird ein Seitenbrett beim Trocknen hohl?
Die langen, nur einseitig durchschnittenen Jahresringe werden durch das Schwinden kürzer und veranlassen dadurch die Wölbung. Außerdem ist im Splint das Schwundvermögen größer.

Was versteht man unter Quellen des Holzes?
Das Holz nimmt Feuchtigkeit auf, und zwar so lange, bis der Fasersättigungspunkt erreicht ist. Die Zellen weiten sich, der Rauminhalt des Holzes wird vergrößert.

Wovon hängt das Schwund- und Quellvermögen ab?
Unterschiede ergeben sich durch die verschiedenen Holzarten (Balsa 3,5%, Buchsbaum 15%), durch die unterschiedliche Wasserverteilung im Stamm (im Splint und im oberen Stammteil ist mehr Wasser als im Kern und im unteren Stammteil) und durch den Jahresringaufbau mit Früh- und Spätholz.

Geben Sie die Schwund- bzw. Quellmaße an!
In Faserrichtung schwindet bzw. quillt das Holz durchschnittlich um 0,1 bis 0,3%, in Richtung der Markstrahlen um etwa 5% und in Richtung der Jahresringe um etwa 10%.
Bei einigen Holzarten weichen die Schwundmaße erheblich von den Durchschnittswerten ab, z. B. schwindet Buchsbaum in der Breite um 15%, Balsaholz dagegen nur um etwa 3,5%.

Wie berechnet man das Schwund- und Quellmaß?
Das Schwundmaß wird, in Prozent ausgedrückt, stets auf die Abmessungen des grünen Holzes bezogen.
Das Quellmaß, ebenfalls in Prozent errechnet, bezieht man auf die Abmessungen des trockenen Holzes. Maßgebend ist also stets der Ausgangszustand des Holzes.

Wann wird ein Brett windschief?
Bretter aus drehwüchsigem Holz werden beim Trocknen windschief. Sie sind für den Tischler wertlos.

Warum reißt das Holz?
Durch ungleiche Trocknung der äußeren und inneren Holzschichten entstehen besonders bei Stämmen Trocken- oder Luftrisse. Sie verlaufen in der Regel in Richtung der Markstrahlen.

Welche Bedeutung hat das Arbeiten des Holzes für den Tischler?
Bei der Holzpflege (Holztrocknung) und vor allem bei der Holzverarbeitung (Konstruktionen und Holzverbindungen) ist das Arbeiten des Holzes unbedingt zu berücksichtigen, um Unannehmlichkeiten und Schäden zu vermeiden.

Welche Feuchtigkeitswerte sind für die Verarbeitung günstig?
Bei Fenstern, Haustüren und Balkongeländern 12 bis 15%, bei Arbeiten in ofenbeheizten Räumen 8 bis 12% und bei Möbeln in Räumen mit Zentralheizung 6 bis 8%.

Durch welche Maßnahmen kann man das Arbeitsvermögen des Holzes vermindern oder weitgehend unterbinden?
Gute und gleichmäßige Trocknung (Klimatisierung)
Sachgemäße Konstruktion und Verarbeitung des Holzes
Richtige Verleimung der Hölzer (Herz an Herz, Splint an Splint)
Rechtzeitige Oberflächenbehandlung
Absperren des Holzes (z. B. Furnierplatten)
Zerreißen der Holzfaser (z. B. Spanplatten)

1.9. Eigenschaften des Holzes

Welche Eigenschaften unterscheidet man?
Zur Beurteilung der technischen Verwendbarkeit des Holzes gliedert man in physikalisch-technische, chemisch-technische und mechanisch-technische Eigenschaften. Außerdem gehört die Dauerhaftigkeit zu den besonderen Eigenschaften des Holzes.

Nennen Sie physikalisch-technische Eigenschaften!
Farbe, Glanz, Maserung (Zeichnung), Feinheit (Textur), Geruch, Geschmack, Gewicht, Härte, Leit- und Dämmfähigkeit (Schall, Wärme und elektrischer Strom), Heizwert und gesundheitsschädigende Eigenschaften, außerdem Holzfeuchtigkeit und Arbeiten des Holzes (siehe besonderes Kapitel!).

Wodurch wird die Farbe im Holz hervorgerufen?
Farben entstehen durch eingelagerte Farbstoffträger (Farbpigmente) in den Zellen.

Durch entsprechende Behandlung der Oberfläche wird die Farbe lebhafter, haltbarer oder auch verändert.

Welche Hinweise gibt uns die Farbe des Holzes?
Die Farbe ist ein hervorragendes Erkennungs- und Unterscheidungsmerkmal für die einzelnen Holzarten und deren Güte.

Hölzer mit zweifarbigen Zonen sind als Kernholzarten zu erkennen, d. h., der Kern ist dunkel, der Splint hell.

Warum gilt die Farbe als Kennzeichen der Güte?
Gesundes Holz ist frisch, glänzend und gleichmäßig in der Farbe. Krankes Holz ist durch Einwirkung von Pilzen weiß, blau oder rotbraun. Die Farben sind meist matt.

Nennen Sie einige Beispiele für farbige Hölzer!
Hölzer der gemäßigten Breiten haben meist keine lebhaften Farben, z. B. Eiche ist gelbbraun, Ulme (Rüster) und Nußbaum sind braun bis dunkelbraun, Ahorn und Weißbuche sind weiß, und die Robinie ist grün.

Dagegen finden wir in den Tropen kräftige, stark auffallende Farben, z. B. ist Ebenholz schwarz, Zitronenholz gelb, Amarantholz violett, Mahagoni rötlich, Padouk orangerot, Palisander schokoladenbraun mit schwarzer oder violetter Tönung usw.

Welche Hölzer glänzen?
Lufttrockenes, glatt gehobeltes Holz glänzt. Dieser Glanz ist jedoch unterschiedlich stark und bietet dadurch keine Beurteilungsmöglichkeit für die Holzgüte. Starken Glanz haben z. B. Satinholz, Ahorn und Ebenholz, fast keinen Glanz zeigen Birnbaum, Pappel, Weide, Linde und Kiefer.

Was versteht man unter Maserung (Zeichnung)?
Die Maserung, auch Zeichnung genannt, entsteht, wenn durch Sägen, Schälen oder Messern Fasern bloßgelegt werden, die sich in Farbe, Feinheit und Form voneinander unterscheiden. Je nach Holzart und Schnittlegung ist eine Maserung schlicht, gefladert oder zeigt sog. „Spiegel" (Schnitt durch die Markstrahlen, z. B. bei Eiche).

Wie wird die Maserung bezeichnet?
Je nach Holzart spricht man von folgender Maserung:
Schlicht (Ahorn, Linde, Pappel), gewellt (ungarische Esche), gestreift (Zebrano, Wenge, Palisander), gefleckt (Vogelaugenahorn), geflammt (Pyramidenmahagoni, amerikanische Kiefer, Oregon pine, Redwood), gewimmert (Birke und Wurzelholzarten).

Was ist unter Feinheit (Textur) des Holzes zu verstehen?
Je nach Größe der Poren und Sichtbarkeit von Jahresringen und Markstrahlen spricht man von feinem, auch feinnervigem, mäßig feinnervigem, mäßig grobnervigem und grobem bzw. grobnervigem Holz.

Nennen Sie Beispiele für feine (feinnervige) Hölzer!
Birnbaum, Linde, Ahorn, Buchsbaum und Ebenholz.

Nennen Sie grobe (grobnervige) Hölzer!
Eiche, Robinie, Lärche, Tanne, Kiefer, Esche usw.

Wodurch wird der Geruch des Holzes hervorgerufen?
Der Geruch beim Holz rührt von leicht flüchtigen Bestandteilen wie Harz, Terpentin und Gerbsäure her.
Gesundes Holz riecht kräftig und frisch, krankes Holz muffig.

Nennen Sie einige stark riechende bzw. duftende Hölzer!
Eiche, Kiefer, Teakholz, Palisander, Sandelholz, Veilchenholz, Zedernholz, Weichselkirsche usw.

Was ist über den Geschmack von Holz zu sagen?

Der Geschmack des Holzes ist von geringer Bedeutung. Er spielt beispielsweise eine Rolle bei der Verpackung von Lebensmitteln (gut geeignet sind Pappel und Weißbuche) und beim Reifen alkoholischer Getränke (Eichenholzfässer).

Welche Einflüsse bestimmen das Gewicht von Holz (Holzmasse)?

Die Stoffmenge oder Masse (m) des Holzes (Gewicht) ist abhängig von der Holzart, vom Wassergehalt, von der Form des Zellenaufbaus (eng- oder weiträumig), vom Standort (trocken oder feucht) und vom Klima (nördliche oder südliche Gegenden).

Wie drückt man das Holzgewicht (Holzmasse) aus?

Die Stoffmenge oder Masse des Holzes bezeichnet man entsprechend DIN 1306 als Rohdichte oder spezifisches Volumen. Unter Rohdichte bei Holz versteht man, daß die Hohlräume im Gefüge, die sich durch Porigkeit, Faserigkeit und Zellzwischenräume ergeben, bei der Ermittlung des Volumens mit einbezogen sind.

Die Rohdichte ϱ (rho) des Holzes ist also der Quotient aus der Masse m und dem Volumen V, das die Hohlräume einschließt:

$$\varrho = \frac{m}{V}$$

Die Dichte gibt an, wievielmal der Stoff schwerer ist als Wasser (1 cm³ Wasser wiegt bei $+4°C = 1$ g).

Wie wird die Dichte beim Holz angegeben?

Man spricht von der Stoffmenge oder Masse (m) in grünem und lufttrockenem Zustand in kg/dm³ bzw. in t/m³, z. B. Eiche 0,86 bedeutet, daß 1 dm³ Eichenholz = 0,860 kg = 860 g bzw. 1 m³ = 860 kg = 0,860 t wiegt. Die mittlere Dichte bei Holz beträgt etwa 0,7.

Geben Sie Beispiele für die Dichte bei Hölzern an!

In lufttrockenem Zustand bei 15% Feuchtigkeitsgehalt sind die Mittelwerte etwa folgende:

Sehr leicht (unter 0,32):	Balsa um 0,10 (leichtestes Holz)
Leicht (0,32 bis 0,62):	Tanne 0,45; Mahagoni 0,46; Kiefer 0,52; Lärche 0,57
Schwer (0,62 bis 0,92):	Esche 0,62; Rotbuche 0,65; Eiche 0,73; Weißbuche 0,75; Palisander 0,85
Sehr schwer (über 0,92):	Ebenholz bis 1,25; Pockholz bis 1,50 (schwerstes Holz)

Was versteht man unter Härte des Holzes?
Dies ist der Widerstand, den das Holz dem Eindringen eines Werkzeuges entgegensetzt. Die Härte ist abhängig von der Dicke und Festigkeit der Zellwände, von der Dichte des Zellgefüges und vom Zellinhalt.

Nennen Sie Beispiele für Weichhölzer!
Sehr weich: Balsaholz, Pappel, Weiße Zeder
Weich: Fichte, Tanne, Linde, Kiefer, Weymouthskiefer, Weide, Kastanie

Nennen Sie verschiedene Harthölzer!
Mittelhart: Birke, Erle, Lärche, Nußbaum, Ulme, Teak
Hart: Eiche, Rotbuche, Esche, Kirschbaum, Platane, Weißbuche, Robinie, Ahorn, Mahagoni, Ebenholz, Palisander, Birnbaum
Sehr hart: Pockholz, Buchsbaum, Amarantholz, Satinholz

Was versteht man unter Leit- und Dämmfähigkeit?
Das ist die Fähigkeit des Holzes, Schall, Wärme und elektrischen Strom zu leiten bzw. zu dämpfen oder zu isolieren.

Wie ist die Schallwirkung beim Holz?
Gesundes und trockenes Holz klingt hell, krankes Holz dumpf und hohl. Feinjähriges Holz (z. B. Fichte) eignet sich besonders gut als Resonanzholz beim Instrumentenbau.
Außerdem hat Holz hervorragende Schalldämpfungseigenschaften, die sich besonders beim Bau von Holzfußböden und akustisch hochwertigen Räumen zeigen (gute Klangwirkung).

Wie wirkt sich die Wärmeeigenschaft beim Holz aus?
Trockenes Holz ist ein schlechter Wärmeleiter. Im Bauwesen spricht man deshalb von einer guten „Wärmedämmung". Räume mit viel Holz im Innenausbau bleiben dadurch längere Zeit warm bzw. kühl. Holzböden sind gesünder.

Was ist über die elektrische Leitfähigkeit von Holz zu sagen?
Unterhalb des Fasersättigungspunktes sind die elektrische Leitfähigkeit, der elektrische Widerstand und die Isolierfähigkeit des Holzes stark abhängig von der Holzfeuchtigkeit.
Absolut trockenes Holz ist ein guter Isolator, lufttrockenes Holz gilt als Halbleiter und mit Feuchtigkeit gesättigtes Holz hat dieselbe elektrische Leitfähigkeit wie Wasser.

Wie ist der Heizwert von Holz?
Holz dient, sofern es kein Nutzholz ist, in manchen Gegenden heute noch als Heizmaterial. Die Heizwerte sind nach Holzart und Holzfeuchtigkeit verschieden und liegen bei etwa 4300 bis 4600 kcal/kg (1 kcal ist die Wärmemenge, die 1 kg Wasser um 1 °C erwärmt).
Die Brennbarkeit des Holzes wird durch die geringe Wärmeleitfähigkeit herabgesetzt. Dadurch kann u. U. eine Brandausbreitung verzögert werden.

Welche Eigenschaften des Holzes sind gesundheitsschädigend?
Eine Anzahl exotischer Hölzer, die ätherische Öle und z. T. auch feste, kristalline Stoffe enthalten, können durch den Holzstaub bei der Bearbeitung Entzündungen an Augen, Atemwegen und an der Haut, Erbrechen, Lähmungen, Herzbeschwerden, Seh-, Gleichgewichts- und Bewußtseinsstörungen hervorrufen.

Welche Hölzer haben gesundheitsschädigende Eigenschaften?
Es ist eine ganze Reihe von Holzarten, u. a. Teakholz, Palisander, ostindisches Satinholz, westafrikanisches Buchsbaumholz, Ebenholz, Olivenholz, amerikanisches Mahagoni und Rosenholz.

Was versteht man unter chemisch-technischen Eigenschaften?
Man bezeichnet damit den Widerstand gegen chemische Angriffe (Korrosion), so z. B. den Widerstand gegen Verwitterung. Diese verursacht Farbveränderungen und Rauhwerden der Oberfläche.

Welche mechanisch-technischen Eigenschaften hat das Holz?
Festigkeit (Druck-, Zug-, Knick-, Biege-, Dreh- und Schub- oder Scherfestigkeit), Spaltbarkeit, Biegsamkeit, Elastizität und Bearbeitbarkeit.

Was versteht man unter Festigkeit des Holzes?
Festigkeit ist der Widerstand des Holzes gegen Druck, Zug, Knickung, Biegung, Verdrehung und Schub oder Abscherung.

Von welchen Faktoren ist die Festigkeit abhängig?
Die Festigkeit des Holzes wird vom Feuchtigkeitsgehalt, vom Zellbau, vom Zellgefüge, vom Härtegrad und von der Faserrichtung beeinflußt.

Was ist unter Druckfestigkeit zu verstehen?
Man versteht darunter den Widerstand gegen das Ineinanderdrücken der Holzfaser in der Längs- und Querrichtung. Die Druckfestigkeit ist in Richtung der Holzfaser am stärksten.

Wo spielt die Druckfestigkeit eine Rolle?
Möbelfüße, Grubenholz, Säulen, Pfosten und Pfeiler werden auf Druck beansprucht, ebenso alle Hölzer bei Verwendung von Pressen und Zwingen.

Was versteht man unter Zugfestigkeit?
Man spricht auch von Zerreißfestigkeit und bezeichnet damit den Widerstand gegen die Trennung der Faser in der Längsrichtung, z. B. bei einer Wagendeichsel.

Was bezeichnet man als Knickfestigkeit?
Das ist der Widerstand des Holzes in Richtung der Längsachse gegen das Zerknicken oder Ausknicken.

Wovon ist die Knickfestigkeit abhängig?
Sie ist von der Holzart, Holzgüte und von der Länge im Verhältnis zum kleineren Querschnitt oder Durchmesser abhängig.

Wann wird die Knickfestigkeit beansprucht?
Bei Stuhlbeinen, Tischbeinen, Säulen, Pfeilern, Grubenholz usw.

Was versteht man unter Biegefestigkeit?
Biegefestigkeit oder Tragfestigkeit ist der Widerstand des Holzes gegen die Durchbiegung und Bruchgefahr. Die Biegefestigkeit nimmt mit zunehmender Länge oder abnehmendem Querschnitt (bzw. Dicke) ab und ist außerdem abhängig von der Holzart und Holzgüte.

Nennen Sie Beispiele für die Beanspruchung auf Biegefestigkeit!
Unterzüge, Tragbalken, Fachbretter von Regalen, Einlegeböden, Zargen, lange Sockelrahmen, Arme von Gestellsägen, Kleiderstangen, Banksitze, Fußbodendielen usw.

Erklären Sie den Begriff der Drehfestigkeit!
Man bezeichnet damit den Widerstand des Holzes gegen Verdrehung. Diese Beanspruchungsart kommt bei Holzbauteilen selten vor.

Nennen Sie besonders drehfeste Hölzer!
Weißbuche, Eiche, Esche, Buchsbaum und Nußbaum. Diese Hölzer eignen sich daher gut zur Herstellung von Schraubspindeln und Holzspindeln bei Schraubzwingen.

Was versteht man unter Schub- oder Scherfestigkeit?
Damit ist der Widerstand gegen die Verschiebung der Fasern bzw. gegen ihr Abscheren gemeint.

Wo spielt die Schub- oder Scherfestigkeit eine Rolle?
Bei Verstrebungen, Verkeilungen, bei Grat- und Zinkenverbindungen, auch bei verkeilten Eckzapfen und Holzdübeln im Balkenwerk.

Wovon hängt die Spaltbarkeit des Holzes ab?
Sie wird beeinflußt vom Verlauf der Holzfaser, vom Feuchtigkeitsgehalt, vom Härtegrad des Holzes, vom Wachstum, von der Astreinheit und von der Spaltrichtung.

Nennen Sie leicht und schwer spaltbare Hölzer!
Leicht: Silberpappel, Eiche, Erle, Linde, Kastanie, Rotbuche, Nußbaum und alle Nadelhölzer
Schwer: Esche, Ahorn, Weißbuche, Birke, Ulme, Robinie, Buchsbaum, Eibe, Platane

Wann spielt die Spaltbarkeit des Holzes eine Rolle?
Bei der Herstellung von Radspeichen, Faßdauben, Leitersprossen, Schindeln, Resonanzböden u. a.

Wann spricht man von Biegsamkeit des Holzes?
Holz, das sich biegen läßt und gebogen bleibt, ist biegsam. Grünes Holz läßt sich leichter biegen als trockenes. Besonders gut biegsam sind gedämpfte Hölzer.

Welche Holzarten lassen sich gut biegen?
Besonders biegsam sind Rotbuche, Birke, Ulme, Esche, Haselnuß, Nußbaumsplint, Pappel und Weide.

Wozu werden gebogene Hölzer benötigt?
Man benutzt sie als Faßdauben, Radfelgen, Schlittenkufen und zur Herstellung von gebogenen Sitzmöbelteilen.

Was versteht man unter Elastizität des Holzes?
Das ist die Eigenschaft des Holzes, nach Beseitigung der Biegekraft wieder in die ursprüngliche Form zurückzukehren. Zunehmender Feuchtigkeitsgehalt setzt die Elastizität herab.

Nennen Sie elastische Hölzer und ihre Verwendung!
Esche, Ebenholz, Teakholz, Robinie, Linde, Birke, Lärche, Nußbaum, Ulme, Hickory usw. Der Eukalyptusbaum (Blue Gum) hat von allen Hölzern die größte Elastizität.
Solche Hölzer finden Verwendung zur Herstellung von Sportgeräten, für Bauzwecke, im Fahrzeugbau und für die Zusammensetzung von Resonanzböden.

Wann bezeichnet man das Holz als dauerhaft?
Unter Dauerhaftigkeit versteht man die Lebensdauer des Holzes in verarbeitetem Zustand. Sie wird durch chemische und biologische Faktoren bestimmt und ist abhängig von der Holzart, von der Beschaffenheit, von den Wachstumsverhältnissen, vom Schutz gegen Pilz- und Schädlingsbefall, vom Trockenheitsgrad des Holzes und von der Art der Verwendung.

Nennen Sie besonders dauerhafte Hölzer!
Eiche, Lärche, Ulme, Kiefer, Rotbuche, Rüster und Erle. Trockenes Holz, z. B. Eiche, kann sich bis zu 2000 Jahre halten.

Was ist über die Bearbeitbarkeit von Holz zu sagen?
Holz läßt sich entsprechend seiner Festigkeit und Härte gut bearbeiten. Man kann es spanabhebend verformen, verleimen, seine Haltbarkeit erhöhen, die Oberfläche verschönern und die Fasern und Späne zu Platten verpressen.

1.10. Holzfehler

Was versteht man unter Holzfehlern?
Das sind Abweichungen der gesunden Holzfaser vom normalen Wuchs, die in der Regel den Nutzwert und die Güte herabsetzen. Nur bei wenigen Fehlern erhöht sich der Wert des Holzes.

Nennen Sie Ursachen für Holzfehler!
Fehlerhafte Abweichungen entstehen durch Wind, Wetter, Feuer und Blitzschlag, durch Pflanzen, Tiere und Menschenhand. Außerdem spielen Erbanlagen, innere Kräfte und Pflege des Baumes eine Rolle.

In welche Gruppen teilt man Holzfehler ein?
Je nach Art und Ursprung der Fehler unterteilt man in 3 Gruppen:
1. Fehler, sichtbar am stehenden Stamm
2. Fehler, sichtbar am gefällten Stamm in der Querschnittsform
3. Fehler beim inneren Aufbau des Holzes, erkennbar am geschnittenen Holz

Welche Fehler zeigen sich in der Stammform?
Von der Vollholzigkeit abweichend können folgende Fehler auftreten: Abholzigkeit, Krummschäftigkeit, Stammteilung (Zwiesel- oder Gabelwuchs), wipfelschäftige und besenkronige Bäume, Frostrisse und Frostleisten, Maserwuchs, Überwallungen, Sonnen- oder Rindenbrand und Blitzschäden.

Was ist unter Vollholzigkeit zu verstehen?
Der Stamm ist gerade und gesund, sein Durchmesser nimmt nach oben nur wenig ab, z. B. bei Tannen und Fichten im geschlossenen Bestand.

Wann bezeichnet man einen Stamm als abholzig?
Nimmt der Stamm zum Zopfende hin rasch im Durchmesser ab, so spricht man von Abholzigkeit. Die Ausnutzung an Schnittholz ist dadurch mengen- und wertmäßig herabgesetzt. Abholzige Bäume finden wir meistens an Waldrändern.

Was versteht man unter Krummschäftigkeit?
Unter diese Bezeichnung fallen verschiedene Wuchsformen, so Schlangenwuchs, Säbelwuchs, Bajonettwuchs und Posthornwuchs. Der Nutzwert solcher Stammverformungen ist zwar beeinträchtigt, aber trotzdem beim Drechsler, Wagner, Bildhauer und Schiffsbauer gesucht.

Welche Ursachen führen zur Krummschäftigkeit?
Außer Erbanlagen können starke Windeinwirkung, Stand an Hängen, Schneebelastung, Klimaverhältnisse, Bodenverschiebungen, Beschädigungen durch äußere Einflüsse oder Wildverbiß die Ursache besonderer Wuchserscheinungen sein.
Bei Beschädigungen und Wildverbiß wird die Mittelknospe zerstört und eine stärkere Seitenknospe übernimmt den Wipfeltrieb, z. B. bei Bajonett- und Posthornwuchs.

Wie entsteht eine Stammteilung (Zwiesel- oder Gabelwuchs)?
Nach Zerstörung der Mittelknospe (Terminalknospe) durch Windbruch, Frost oder Wildverbiß übernehmen zwei oder mehrere Seitenknospen gemeinsam die Funktion des Wipfeltriebs. Dieses Holz ist geringwertig, findet aber teilweise Verwendung in der Wagnerei. Man unterscheidet Verwachsungszwiesel und Gabelungszwiesel.

Beschreiben Sie wipfelschäftige und besenkronige Bäume!
Bei wipfelschäftigen Bäumen wächst der Stamm weit in die Krone hinein geradlinig, während bei besenkronigen Bäumen eine baldige Verzweigung des Stammes erfolgt. Entsprechend ist die Ausbeute an Nutzholz beim wipfelschäftigen Baum größer.

Wodurch entstehen Frostrisse und Frostleisten?
Starker Frost und rascher Temperaturwechsel verursachen Spannungsrisse. Werden diese Risse überwallt, so entstehen sog. Frostleisten.
Das Holz ist teilweise brauchbar, sofern der Einschnitt in Richtung des Frostrisses erfolgen kann.

Wie bilden sich Maserknollen (Maserwuchs)?
Maserknollen entstehen durch Abweichen vom normalen, gestreckten Verlauf der Faserrichtung sowie durch Häufung und Überwucherung von Seitenknospen. Maserholz soll dicht und gleichmäßig gemasert sein. Es ist als Furnier- und Drechslerholz gesucht.

Bei welchen Hölzern wachsen häufig Maserknollen?
Ahorn, Birke, Erle, Eiche, Esche, Kirschbaum, Pappel, Nußbaum und Rüster.

Was versteht man unter Überwallung?
Man bezeichnet damit das Schließen und Überwachsen von Wunden und Beschädigungen nach Blitzschlag, Wildfraß und sonstigen, äußeren Einwirkungen. Oft besteht die Gefahr der Wundfäule.
Das Holz ist im Wert erheblich gemindert.

Welche Schäden entstehen durch Sonnen- oder Rindenbrand?
Durch Strahlungswärme verbrennen Rinde und Kambium und sterben teilweise ab; häufig bei dünnrindigen Bäumen wie Buche, Ahorn, Fichte u. a.

Welche Bäume sind besonders durch Blitzschlag gefährdet?
Eiche, Pappel, Ulme, Weide, Akazie, Tanne, Kiefer und Esche sind besonders blitzgefährdet. Rinde und Kambium werden dabei aufgerissen und zerstört und können nur schlecht überwallt werden.

Welche Holzfehler sind in der Querschnittsform des Stammes zu erkennen?
Am gefällten Stamm sind folgende Fehler sichtbar:
Exzentrischer Wuchs, Spannrückigkeit, Mondringe, Luftrisse, Kernrisse, Ringrisse, falscher Kern, sog. Rotholz (Druckholz) und Wimmerwuchs.

Was versteht man unter exzentrischem Wuchs?
Die Markröhre liegt nicht in der Mitte des Stammes. Dieser ist auf der einen Seite engringig, auf der anderen weitringig. Das Holz exzentrisch gewachsener Bäume ist für den Tischler nicht brauchbar.

Wodurch wird exzentrischer Wuchs hervorgerufen?
Einseitige Belastung und Druckspannungen bei Bäumen an Hängen bzw. einseitiger Windeinfall oder Sonnenbestrahlung führen zu unterschiedlichem Dickenwachstum, wobei die Exzentrizität entsteht.

Wann spricht man von Spannrückigkeit?
Zeigt ein Stamm Einschnürungen und Ausbuchtungen und bilden seine Jahresringe Wellenlinien, so bezeichnet man dies als spannrückig (häufig bei Akazie, Weißbuche und Eibe). Die Holzausbeute an Schnittholz ist dabei gering.

Wodurch entstehen sog. Mondringe?
Infolge von Frosteinwirkung bilden sich ringförmige Stellen im normalen Kern, die nicht verholzen (häufig bei Eiche). Man bezeichnet diesen Wuchsfehler als Mondringe oder „doppelten Splint". Solches Holz ist wenig dauerhaft und daher nicht zu verwenden.

Wodurch bilden sich Luftrisse?
Liegen entrindete Stämme längere Zeit, ohne aufgeschnitten zu werden, dann entstehen durch einseitiges Austrocknen des Stammholzes Luftrisse. Der Wert des Holzes ist erheblich gemindert.

Was versteht man unter Kernrissen?
Wuchsspannungen rufen im Stamm Risse hervor, die vom Mark ausgehend nach außen verlaufen. Sie werden daher auch als Stern- oder Strahlenrisse bezeichnet.
Der Wert der Schnittware ist je nach Grad der Rissigkeit mehr oder weniger stark gemindert.

Was sind Ringrisse (Ringschäle)?
Ringrisse verlaufen ganz oder als Teilring konzentrisch um das Mark und fallen mit dem Jahresringverlauf zusammen. Spannungen im Stamm durch Frost sind die Ursache. Der Stamm zerfällt beim Aufschneiden in einzelne Prismen.

Wann spricht man von einem falschen Kern?
Treten bei Laubbäumen, die normalerweise kein Kernholz haben, Verfärbungen mit unregelmäßigem Verlauf auf, so bezeichnet man dies als falschen Kern, so z. B. der Rotkern bei der Rotbuche. Die rote Farbe läßt das Holz für viele Verwendungszwecke ungeeignet erscheinen.
Außerdem gibt es den Frostkern, hervorgerufen durch großen Frost (etwa −30 °C) und das als Graukern bezeichnete faulkernige Holz der Rotbuche.

Was ist Rotholz (Druckholz)?
Die unterschiedliche Belastung von Zug und Druck im Holz führt bei Nadelhölzern zu Veränderungen der Struktur und der Farbe. Druckholz ist rotbraun gefärbt (Rotholz), Zugholz dagegen ist hell (Weißholz). Die technischen Eigenschaften solcher Hölzer sind wegen ihrer Kurzfaserigkeit schlecht.

Was versteht man unter Wimmerwuchs (Riegelwuchs)?
Die Jahresringe verlaufen im Stammquerschnitt in Wellen und Windungen, z. B. bei Nußbaum, Esche und Ahorn, selten bei Fichte. Neben den Jahresringen können auch Längsfasern wellenartig gewachsen sein. Wimmeriges Fichtenholz eignet sich besonders als Resonanzholz. Die anderen Hölzer ergeben wertvolle Furniere.

Nennen Sie Fehler, die am geschnittenen Holz sichtbar sind!
Drehwuchs, Astigkeit, Harzgallen, Markflecken und Fehler durch Schmarotzerpflanzen.

Wann bezeichnet man Holz als drehwüchsig?
Obwohl in vielen Fällen Drehwuchs am lebenden Baum ersichtlich ist, läßt er sich am sichersten durch das Auftreten spiraliger Trockenrisse am Schnittholz erkennen. Die Holzfasern verlaufen nicht senkrecht, sondern schraubenförmig. Solches Holz wird beim Trocknen windschief und ist daher für viele Arbeiten unbrauchbar. Drehwuchs kommt häufig bei Linden, Roßkastanien und bei allen Obstbäumen vor.

Welche Arten von Ästen unterscheidet man?
Gesunde (verwachsene) und tote (schwarze) Äste. Der Form nach nennt man sie Rund- und Flügeläste. Durchfalläste sind mit ihrer Umgebung nicht mehr verwachsen.

Wie entstehen Rundäste?
Rundäste entstehen, wenn der Sägeschnitt rechtwinklig zur Mittelachse des Astes verläuft.

Unter welcher Voraussetzung entstehen Flügeläste?
Wenn der Schnitt der Säge annähernd in Richtung der Achse des Astes verläuft, so erhalten wir den ellipsenförmigen Flügelast.

Wie bessert man astiges Holz aus?
Äste haben den Nachteil, daß sie eine andere Schwundrichtung aufweisen als das übrige Holz und daher reißen. Sie werden deshalb ausgebohrt und mit Querholzdübeln ausgeflickt.

Wie wirken sich Äste auf die Bewertung des Holzes aus?
Der Holzwert wird durch Astreinheit gesteigert. Verwachsene Äste, z. B. bei der Zirbelkiefer, gelten als Verschönerung und erhöhen den Wert dieses Holzes.

Bei welchen Hölzern kommen Harzgallen vor?
Bei Fichte, Kiefer und Lärche, jedoch nie bei der Tanne.

Was versteht man unter Harzgallen?
Im Gegensatz zu den normalen Harzgängen zählen die mit Harz gefüllten Spalten, die sog. Harzgallen, zu den Holzfehlern. Sie sind auf innere Verletzungen durch Windeinwirkung sowie Druck-, Zug- und Verdrehungsspannungen zurückzuführen.
Harzgallen vermindern die Festigkeit des Holzes und verkleben bei der Bearbeitung Werkzeuge und Maschinen.

Was bezeichnet man als Markflecken?
Ein durch dunkle Kernstoffe angefülltes Wundgewebe, das um den Einstich einer kleinen Minierfliege gebildet wird, ergibt braune Flecken, sog. Markflecken. Sie sind häufig bei Obstbäumen, Pappeln, Birken und Erlen zu finden.
Solche Flecken sind sowohl im Hirnschnitt als auch im Fladerschnitt sichtbar und beeinträchtigen das Aussehen des Holzes wesentlich.

Welche Schäden verursachen Schmarotzerpflanzen?
Durch die Senkwurzeln, z. B. bei der Mistel, entstehen dunkle, kanalartige Streifen im Holz. Die Mistel befällt hauptsächlich Tanne, Kiefer und Fichte, außerdem auch viele Obst- und Laubbäume, so z. B. Linde, Pappel u. a.
Von Schmarotzerpflanzen befallenes Holz ist unbrauchbar.

1.11. Holzkrankheiten – Pflanzliche Schädlinge

Was versteht man unter Holzkrankheiten?
Eine Zersetzung und Zerstörung der Holzfaser durch pflanzliche Krankheitserreger führt beim lebenden (stehenden), gefällten oder bereits verarbeiteten Holz zu Verfärbungen, zur Verschlechterung der technischen Eigenschaften bzw. zur Vernichtung und Unbrauchbarkeit.

Wodurch werden Holzkrankheiten verursacht?
Krankheiten beim Holz werden in erster Linie durch Pilze verschiedener Art hervorgerufen, die einzeln oder in der Gemeinschaft auftreten. Sie breiten sich mit ihrem Myzel (Faden- oder Wurzelgeflecht) auf der Oberfläche aus oder dringen in das Holz ein und entziehen der Faser die Nährstoffe.

Was ist über Pilze wissenswert?
Pilze sind einfache, pflanzliche Lebewesen, die kein eigenes Blattgrün haben. Sie leben von Zucker-, Stärke- und Eiweißstoffen, die sie als Nahrung mit ihrem Myzel dem Holz entziehen. Die Fruchtkörper erzeugen winzige Sporen, die vom Wind verweht werden und jahrelang keimfähig bleiben.

Wodurch wird Pilzbefall begünstigt?
Baumwunden, Verletzungen, Astbrüche und Wildfraß ermöglichen das Eindringen von Feuchtigkeit, dem Nährboden für Pilze. Überalterung, Ernährungsstörungen durch schlechte Bodenverhältnisse und Verletzung der Wurzeln schwächen das Holz und machen es dadurch pilzanfällig. Das Pilzwachstum wird durch Dunkelheit, stehende Luft, Feuchtigkeit (18 bis 20%) und Wärme zwischen 4 und 35 °C begünstigt.

Welche Schutzmaßnahmen verhindern Pilzbefall?
Luftbewegung, gute Trocknung, Abdichten von Stammwunden, Schutz vor Tierfraß, normale Lebensbedingungen und rechtzeitiger Holzeinschlag sind wirkungsvolle Gegenmaßnahmen gegen Pilzbefall.

Wodurch entsteht die Verblauung (Bläue) des Holzes?
Die Ursache des Blauwerdens sind verschiedene Arten von Bläuepilzen, die das nährstoffreiche Splintholz der Nadelhölzer, hauptsächlich der Kiefer, befallen. Sie verfärben das Holz intensiv blauschwarz.
Verblauen mindert den Nutzwert durch die unschöne Verfärbung, nicht aber die Holzfestigkeit. Es ist daher falsch, von „Blaufäule" zu sprechen.

Welche Hölzer werden von Bläuepilzen befallen?
Besonders gefährdet sind Kiefer, Fichte, Tanne, Lärche, Oregon pine und Pitch pine, wobei Kiefernholz am anfälligsten ist. Auch bei einigen außereuropäischen Laubhölzern kann Verblauung auftreten.

Welche Arten von Bläue unterscheidet man?
Je nach dem Zeitpunkt des Befalls der Bläue-Erscheinung und der Pilzart unterscheidet man Stammholzbläue, die im Wald oder im Sägewerk auftritt, Oberflächenbläue bei gelagertem Holz und Anstrichbläue, die nach der Verarbeitung, oft sogar erst nach Einbau und Lackierung auftritt.

Wie kann man Bläue verhindern bzw. behandeln?
Baldiger Einschnitt, luftige Stapelung und gute Trocknung verhindern das Blauwerden.
Bereits befallene Teile muß man gut austrocknen, evtl. aufhellen und mit Bläueschutz behandeln. Es empfiehlt sich, vor der Behandlung die oberste Holzschicht abzubauen.

Woran erkennt man krankes Holz bereits am stehenden Stamm?
Von Krankheit befallenes Holz hat spärliches Laub, dürre Äste, abfallende Rinde, unnatürliche Verfärbung, muffigen Geruch und geringere Holzfestigkeit.

Nennen Sie Krankheiten am stehenden (lebenden) Holz!
Die bekannteste Holzkrankheit ist die Fäule. Je nach der befallenen Stelle bezeichnet man sie als Wurzel-, Stamm-, Kern-, Ring-, Ast- oder Wundfäule. Aufgrund der Farbe unterscheidet man Rotfäule und Weißfäule. Weitere Krankheiten sind Krebs und Überständigkeit.

Beschreiben Sie die Rotfäule (Kernfäule)!
Der gefährlichste Rotfäulepilz ist der Wurzelschwamm. Er beginnt seine Zerstörung von den Wurzeln her und höhlt den Baum aus, wobei die Zellulose zersetzt wird. Das Lignin bleibt erhalten, und die Faulstellen bekommen dadurch eine rötliche Färbung. Das befallene Holz verliert an Festigkeit und Gewicht und zerfällt schließlich mit fauligem Geruch.
Der Wurzelschwamm befällt vorwiegend Nadelholz (Fichte und Lärche), aber auch Eichen und Buchen (Buchenstockfäule).

Beschreiben Sie die Weißfäule!
Die Weißfäulepilze zersetzen zunächst den Splint, dringen dann nach innen und zerstören die Holzmasse, das Lignin, wobei die Zellulose erhalten bleibt. Die Faulstellen leuchten weiß und zuweilen phosphoreszieren sie im Dunkeln. Das Holz wird schwammig und ist wertlos.
Die Weißfäule tritt besonders bei Rotbuchen, Weißbuchen und Ulmen auf.

Welche Erreger verursachen die Weißfäule?
Der Erreger ist bei Rotbuchen der echte Feuerschwamm, auch Zunderschwamm genannt, bei Eichen der sog. Rebhuhnpilz und der unechte Feuerschwamm, bei Obstbäumen ebenfalls der unechte Feuerschwamm und bei Nadelhölzern der Kiefernbaumschwamm und der Honigpilz (Hallimasch).

Wann spricht man von Ringfäule?
Befällt die Weißfäule nur einzelne Jahresringe, so bezeichnet man dies als Ringfäule. Sie ist am besten bei aufgeschichtetem Brennholz zu erkennen.

Beschreiben Sie die Ast- und Wundfäule!
Werden abgebrochene Äste und Baumwunden nicht richtig überwallt, so dringen leicht Wasser und Pilze ein, und es kommt zur Fäulnisbildung.

Wie wirkt sich der Baumkrebs aus?
Krankheitserregende Pilze befallen Wundstellen, und zwar nur am lebenden Baum und erzeugen Wucherungen, sog. Krebsbeulen. Die Pilzfäden entziehen dem Holz die Nährstoffe. Befallenes Holz geht zugrunde (z. B. Aussterben der Lärchenwälder).

Was versteht man unter Überständigkeit?
Hat der Baum den Höhepunkt seines Wachstums überschritten, so tritt Altersschwäche ein, und der Baum stirbt langsam ab. Gleichzeitig sinken Festigkeit und Härte, wodurch überständiges Holz für technische Zwecke unbrauchbar wird.

Nennen Sie Krankheiten am gefällten Holz!
Rotstreifigkeit, Stockflecken und Buchenstockfäule.

Beschreiben Sie die Rotstreifigkeit!
Der Krankheitserreger ist ein Pilz, der seine Nahrung aus dem Zellsaft nicht entrindeter und feucht gelagerter Fichten bezieht. Rotstreifigkeit bringt eine Holzverfärbung und Herabminderung der Festigkeit mit sich. Solches Holz ist für Bauarbeiten nicht zugelassen.

Wodurch entstehen Stockflecken?
Sie entstehen durch Luftmangel und zu große Feuchtigkeit, hauptsächlich bei Rotbuche, Birke und Erle. Das Holz bekommt gelblichweiße bis braune Flecken und zersetzt sich schnell.

Was versteht man unter Buchenstockfäule?
Die Buchenstockfäule befällt Buchen, Birken und Erlen, wobei sich die Hirnflächen durch Pilzbefall rötlichbraun verfärben und rasch fortschreitende Fäulnis auftritt. Wertminderung bis zu 60 %.

Nennen Sie Krankheiten am verarbeiteten Holz!
Fäule (Naß- und Trockenfäule), echter Hausschwamm, Warzen- oder Kellerschwamm und weißer Porenschwamm.

Was ist mit Fäule gemeint?
Das Holz geht durch zu große Nässe in Fäulnis über oder zeigt einen bereits abgeschlossenen Zersetzungszustand. Man spricht daher irrtümlich auch von Naßfäule (Kellerfäule) bzw. Trockenfäule.

Wie entwickelt sich der echte Hausschwamm?
Die Sporen des Pilzes überziehen das Holz strahlenförmig und weit verzweigt mit einem feinen, wattigen, aschgrauen Gewebe, das sich mehr und mehr verdichtet und sogar Mauerwerk durchdringt. Die Fruchtträger sind fleischig, teller- und muschelförmig.
Der Hausschwamm kann sich die zu seinem Wachstum notwendige Feuchtigkeit selbst beschaffen. Er kann daher auch trockenes Holz befallen.

Welche Umstände führen zur Schwammbildung?
Günstige Lebensbedingungen sind Feuchtigkeit, stehende Luft ohne Einfluß von Licht, Temperaturen zwischen 5 und 27 °C sowie Holzfeuchtigkeit zwischen 15 und 30 %. Wärme über 40 °C läßt den Pilz absterben.

Welche Folgen verursacht der Hausschwamm?
Der Hausschwamm befällt ausschließlich verarbeitetes Holz, z. B. Balken, Fußböden, Wandvertäfelungen usw. Dabei wird die Zellulose zersetzt. Das Holz wird rostbraun, bröckelig und zerfällt schließlich „würfelbrüchig". Typisches Merkmal für den Befall sind Risse, die quer zur Faserrichtung verlaufen.

Wie wird der Hausschwamm bekämpft?
Befallenes Holz muß unbedingt verbrannt werden. In der Nähe befindliches Holz muß man auswechseln, die Mauern sind zu säubern und trockenzulegen sowie mit einem Schutzanstrich zu versehen.

Beschreiben Sie den Warzen- oder Kellerschwamm!
Dieser Schwamm befällt ebenfalls nur verarbeitete Hölzer. Er benötigt zum Wachstum im Gegensatz zum Hausschwamm viel Feuchtigkeit (50 bis 60%) und Temperaturen um 20°C. Dieser Pilz hat gelblichweiße, wurzelartige Myzelien und an seinem Fruchtkörper warzenartige Gebilde.
Da er bei Trockenheit abstirbt, läßt er sich durch Trockenlegung von Holz und Mauerwerk leicht bekämpfen.

Wo kommt der weiße Porenschwamm vor?
Dieser Schwamm ist seltener. Er braucht zum Wachstum große Feuchtigkeitsmengen und befällt nur verbaute Nadelhölzer. Er hat rötlichweiße Fruchtkörper, die sich leicht abziehen lassen. Bei Trockenheit stirbt der Pilz verhältnismäßig schnell ab.

Wie wird der Schwammbildung vorgebeugt?
Verarbeiten Sie nur einwandfrei trockenes Holz! Sorgen Sie für Trockenheit, Entlüftung und Lichtzutritt! Neu einzubauende Hölzer sind stets mit einem Schutzanstrich zu versehen (siehe Holzschutz!).

1.12. Tierische Holzschädlinge

Was sind tierische Holzschädlinge?
Hierher gehören zahlreiche Insekten, die den Bäumen durch Kahlfraß oder durch Unterbrechung der Saftleitungen die Lebensbedingungen nehmen oder dem verbauten Holz organische Substanzen als Nahrung entziehen und dadurch zu einer Wertminderung oder Zerstörung führen.

Außerdem können auch Rotwild, Vögel, Muscheln und Asseln dem Holz Schaden zufügen.

Beschreiben Sie den Lebenslauf der Insekten!
Der Lebenslauf eines Insektes verläuft in vier Stadien: Ei, Larve oder Raupe, Puppe, Vollinsekt (Falter, Käfer, Hautflügler).

Welche Gruppen von Holzschädlingen unterscheiden wir?
Man unterteilt in Insekten am lebenden Baum (auch Baum- oder Forstschädlinge genannt) und Schädlinge am gefällten, geschnittenen oder bereits verarbeiteten Nutzholz.

Nennen Sie Schädlinge am stehenden Baum!
1. Falter: Forleule, Nonne, Kiefernspinner, Weidenbohrer
2. Käfer: Borkenkäfer (Buchdrucker), Bockkäfer (Fichtenbock, Schusterbock, großer Pappelbock, großer Eichenbock, Zimmerbock), Ulmensplintkäfer, Eichensplintkäfer, Eschenbastkäfer, Kiefernmarkkäfer u. a.
3. Hautflügler: Holzwespe

Welche Schäden richten Forstinsekten an?
Forleule, Nonne und Kiefernspinner legen bis zu 300 Eier, vorzugsweise in die Rinde von Nadelholz. Die ausschlüpfenden Raupen ernähren sich von den Nadeln und können bei Massenbefall ganze Nadelholzbestände durch Kahlfraß zerstören. Die Larven der verschiedenen Käfer und der Holzwespe, die oft eine Lebensdauer von mehreren Jahren haben, zernagen Splint und Kern und hinterlassen z. T. fingerdicke Fraßgänge.

Die Bekämpfung der Baum- oder Forstschädlinge ist in erster Linie Aufgabe der Forstwirtschaft.

Welche Schädlinge kommen am geschnittenen oder verbauten Holz vor?
Es sind der Klopf- oder Pochkäfer, der Hausbock, der Parkettkäfer und die Termiten.

Ihre Fraßgänge bringen Holzverlust, Wertminderung und Verlust an Möbeln und Kunstwerken und verursachen sogar Einsturzgefahr von Bauteilen.

Was ist über den Klopfkäfer wissenswert?
Der Klopfkäfer, auch Pochkäfer genannt, gehört zu den Anobien (Bohr- oder Nagekäfer).

Die Larven werden im Volksmund als „Holzwurm" und der Käfer wegen seines Klopfens mit dem Klopfschild in den Fraßgängen auch als „Totenuhr" bezeichnet.

Er entwickelt sich am besten bei einer Temperatur von 22 °C bis 23 °C und bei gesättigter Luftfeuchtigkeit.

Woran erkennt man den Klopfkäfer?
Die Käfer sind 3 bis 5 mm lang, mittelbraun und haben auf den Flügeldecken feine, längslaufende Punktstreifen. Sie leben unter der Holzoberfläche und kommen nur zur Paarung nach außen. Man erkennt sie an den 1 bis 2 mm großen Bohrlöchern und den winzigen Bohrmehlhäufchen.

Welche Schäden richtet der Klopfkäfer an?
Die Klopfkäfer befallen Nadel- und Laubholz, bevorzugen aber Weichhölzer. Da sie ihre Brut immer wieder in dasselbe Holz legen, ist dieses durch die ständige Nachkommenschaft innerhalb weniger Jahre restlos zerstört.

Woran ist der Hausbock zu erkennen?
Die Käfer werden 10 bis 20 mm lang, sind schwarzbraun mit helleren Querstreifen auf den Flügeldecken und haben auf dem Halsschild zwei kleine, schwarzglänzende, runde Höcker. Das Weibchen, das an der deutlich sichtbaren Legeröhre zu erkennen ist, legt bis zu 200 Eier in 25 mm tiefe Spalten und Risse des Holzes.
Die Larven werden 20 bis 30 mm lang und etwa 5 mm dick. Sie haben eine Lebenszeit von 3 bis 4 Jahren. Die anschließende Verpuppungszeit dauert 3 bis 4 Wochen und nach weiteren 6 bis 10 Tagen schlüpfen die Käfer aus.

Welche Schäden verursacht der Hausbock?
Der Hausbock ist der gefährlichste Holzzerstörer. Seine Larven zernagen in der Regel nur verbautes Nadelholz (Balken, Fußböden, Treppen, Fenster, Türen) bis auf eine dünne Außenschicht und zerstören das Holzfasergefüge vollständig.

Wo kommt der Parkettkäfer vor?
Der 2,5 bis 5 mm große, braune Parkettkäfer befällt vorwiegend das verbaute Splintholz der Eiche, aber auch anderer Laubhölzer bei Parkettfußböden, Treppen und Vertäfelungen. Der Befall des Holzes ist an den kreisrunden Fluglöchern zu erkennen.

Wie wirkt sich das Auftreten von Termiten aus?
Diese ameisenähnlichen Insekten sind die gefährlichsten Holzschädlinge der tropischen und subtropischen Regionen, kommen aber auch in zunehmendem Maß in Europa vor. Sie vernichten in kurzer Zeit ganze Holzhäuser samt allen hölzernen Einrichtungsgegenständen.

1.13. Holzschutzmittel — SM

Warum ist Holzschutz notwendig?
Um Holzschäden zu vermeiden und den Gebrauchswert von Holz zu erhalten, sind sowohl vorbeugende als auch bekämpfende Holzschutzmaßnahmen erforderlich.

Nennen Sie vorbeugende Holzschutzmaßnahmen!
Günstige Fällzeit, richtige Behandlung von Rundholz im Wald, rechtzeitige Entrindung, baldiger Einschnitt, sachgemäße Lagerung und Trocknung, werkstoffgerechter Verbau und vorbeugende Behandlung mit Holzschutzmitteln.

Gegen welche Einflüsse muß Holz geschützt werden?
Man unterscheidet chemische Schutzmittel gegen Befall mit pflanzlichen und tierischen Schädlingen, zur Bekämpfung bereits befallener Holzteile sowie Holzschutzmittel gegen Vernichtung durch Feuer.

Wie wirken chemische Holzschutzmittel?
Bei Anwendung chemischer Schutzmittel gegen pflanzliche Schädlinge entsteht eine zerstörende Wirkung auf das Zellplasma der Pilze.
Bei Insekten wirken die Gifte meist als Fraß-, Atem- oder Berührungs-(Kontakt-)Gifte oder auch in dreifacher (kombinierter) Form.

Welche Arten von Holzschutz unterscheidet man?
Je nach der Tiefe des Eindringens von Holzschutzmitteln spricht man von Vollschutz (vollständige Durchdringung), Splintholzschutz, Randschutz (geringes Eindringen in die obersten Holzschichten) und Oberflächenschutz.

Welche Arten von Holzschutzmitteln gibt es?
Man unterscheidet wasserlösliche, ölige, gasförmige und sonstige Holzschutzmittel (Öl- und Salzpasten, Bandagen an Masten in der Erd-Luft-Zone, Patronen in Bohrungen u. a.).

Erklären Sie wasserlösliche Holzschutzmittel (Salze) — SH!
Es handelt sich vorwiegend um Salzgemische auf der Basis von Fluor, Phosphat, Chrom und Arsen, die in wäßriger Lösung fixierend oder nichtfixierend (wieder auswaschbar) auf das Holz gebracht werden. Sie dienen hauptsächlich zur Imprägnierung von Dachstühlen und Verschalungen.
Hierher gehören z. B. Basilit, Fluralsil, Wolmanit, Wolmanol u. a.

Was versteht man unter öligen Holzschutzmitteln (Öle) — OH?

Ölige Schutzmittel werden aus Destillaten von Teerölen durch Einwirkung von Chlor auf Naphthalin und auf der Basis anderer öliger Mittel gewonnen. Sie haben z. T. einen starken Eigengeruch und kommen als farblose Imprägnierungen und als dekorative Holzschutzmittel mit schönen und haltbaren Farbwirkungen besonders für Außenarbeiten zur Anwendung.
Hierher gehören lasierende und deckende Mittel, z. B. Karbolineum, Pigrol, Clousil, Consolan, Xylamon, Sadolins sowie Xyladecor farblos und in verschiedenen Holzfarbtönen u. a.

Wie wirken gasförmige Holzschutzmittel?

Kann Holz nicht bestrichen oder besprüht werden oder befürchtet man bei Anwendung von salzhaltigen Schutzmitteln Farbveränderungen, Aufquellen oder Geruchsspuren, so nimmt man gasförmige Schutzmittel. Diese wirken jedoch nur bekämpfend, nicht vorbeugend.

Nennen Sie Grundiermittel zum Schutz gegen Bläue!

Sie setzen sich aus Fetten und flüchtigen Ölen unter Zusatz pilzwidriger Stoffe zusammen, sind wetterbeständig, pigmentierbar oder auch farblos. Hierher gehören z. B. Xylamon-Grundiergrund, Grundier-Basileum, Impra-Grundierung, Ducolux-Fenstergrund farblos, Grundier-Avenarol usw.

Nennen Sie verschiedene Holzschutzverfahren!

1. Anstrich mit Imprägnierfarben
2. Besprühen mit speziellen Spritzgeräten
3. Tauchtränkung in Trögen (Oberflächentränkung = Kurztauchen 2 bis 5 Minuten, Tauchen 30 Minuten, Volltränkung = mehrere Stunden bis Tage und Einstelltränkung für Holzenden)
4. Bohrlochimpfung, d. h. Bohrlöcher mit Schutzmittel gefüllt und mit Dübeln verschlossen
5. Kesseldruckverfahren für Schwellen und Grubenholz im Vakuum und einem anschließenden Lösungsdruck von 7 bis 12 atü
6. Imprägnierverfahren für Platten (kombinierte Verleimung, d. h. Leim mit Holzschutzmittelzusatz)
7. Heißluft-Verfahren zur Hausbockbekämpfung bei 55 °C (Nachbehandlung zur Vorbeugung ist wichtig)
8. Begasung von Kunstgegenständen und Skulpturen
9. Einblasen von Glasstaub in die Fraßgänge
10. Injektions-Verfahren für Möbel und Kunstgegenstände, wobei in die Fraßgänge Mittel eingespritzt werden

Welche Aufgaben haben Feuerschutzmittel — SMF?
Sie machen Hölzer schwer entflammbar. Oft bilden diese Mittel gleichzeitig schaumschichtbildenden Flammschutz in verschiedenen Farben, Schutz gegen Fäulnis und Schutz gegen Wurmfraß.

Nennen Sie Holzschutzmittel gegen Feuer!
Wir unterscheiden anorganische Feuerschutzmittel (Salze) — ANF — und organische Schaumschichtbildner — OSF.
Zu den Schutzmitteln gegen Feuer gehören z. B. Wasserglas, Intravan, Pyromors, Albi-Grünau u. a.

Was ist beim Umgang mit Holzschutzmitteln zu beachten?
Vorsicht! Viele Holzschutzmittel sind giftig! Benutzen Sie Atemschutzgeräte und Schutzbrille! Waschen Sie gründlich die Hände! Beachten Sie Gebrauchsanweisungen und Vorschriften zum Schutz der Gesundheit!

1.14. Holzarten

1.14.1. Grundsätzliche Merkmale und Unterscheidungen

Nach welchen Gesichtspunkten gruppiert man die Holzarten?
Man unterteilt die einzelnen Holzarten in verschiedene Gruppen, vor allem in Nadel- und Laubhölzer. Außerdem spricht man von Weich- und Harthölzern sowie von leichten und schweren Hölzern.

Beschreiben Sie die Eigenart von Nadelholz — NH!
Nadelhölzer haben im Vergleich zu Laubhölzern eine einfachere Struktur, deren Zellen als Poren nicht sichtbar sind. Sie sind leichter, weicher und im allgemeinen einfacher zu bearbeiten.

Erläutern Sie die Eigenart von Laubholz — LH!
Laubhölzer enthalten mehrere Arten von Zellen, die dickwandiger sind als Nadelholzzellen und kleinere Hohlräume haben. Das Gefüge ist dadurch dichter und enger und das Holz daher schwerer und fester. Die reichere und vielfältigere Struktur bei der Bauart der Laubhölzer ist von großem Einfluß auf das Aussehen und die Wirkung.

Im allgemeinen sind Laubhölzer schwieriger zu bearbeiten als Nadelhölzer.

Welche besonderen Merkmale kennzeichnen Weich- bzw. Hartholz?
Hartholz besitzt gegenüber Weichholz ein dichteres Zellgefüge und setzt dadurch dem Eindringen eines anderen Körpers entsprechenden Widerstand entgegen.

Hölzer, die diesen Voraussetzungen nicht genügen, bezeichnet man als Weichhölzer.

Wie kann man eine Holzart bestimmen und erkennen?
Erkennungsmerkmale sind vor allem die Farbe des Holzes, der strukturelle Aufbau und die Maserung (Zeichnung). Auch Klang, Geruch und Textur (Feinheit) können Anhaltspunkte zur Holzartbestimmung sein.

1.14.2. Wichtige europäische Nadelhölzer

Sämtliche Angaben über die Rohdichte der Hölzer sind Mittelwerte nach DIN 4076 in lufttrockenem Zustand bei etwa 15% Feuchtigkeitsgehalt, bezogen auf das Darrgewicht.

Nennen Sie wichtige europäische Nadelhölzer!

Benennung	Kurzzeichen	Botanische Bezeichnung
Fichte	FI	Picea abies
Sitka-Fichte (Spruce)	FIS	Picea sitchenes
Tanne	TA	Abies alba
Douglasie	DG	Pseudotsuga menziesii
(Oregon pine, Douglas Fir)	DGA	
Kiefer	KI	Pinus silvestris
Weymouthskiefer	KIW	Pinus strobus
Lärche	LA	Larix spp.

(spp. = species plantarum = Pflanzenart, Artbezeichnung)

Beschreiben Sie die Fichte — FI — (Rottanne)!

Die Fichte, ein Reifholzbaum, hat eine rötliche, schuppige Rinde und hängende Zapfen. Die Nadeln sitzen rings um den Zweig.

Fichtenholz glänzt, ist gelblichweiß bis rötlichweiß und hat zahlreiche Harzgänge und Harzgallen. Der Unterschied zwischen Früh- und Spätholz ist deutlich sichtbar.

Wo wächst die Fichte und welche Eigenschaften hat ihr Holz?

Die Fichte ist über ganz Europa verbreitet. Sie gehört zu den Hauptholzarten unserer Wälder (32% der Waldfläche). Außerdem führen wir Fichtenholz aus Skandinavien, Rußland, Österreich und der Tschechoslowakei ein.

Fichtenholz ist leicht, weich, elastisch, gut zu bearbeiten und zu beizen, aber nicht polierbar. Es läßt sich gut schnitzen, drechseln, messern und schälen. Dichte 0,45.

Wozu findet Fichtenholz Verwendung?

Fichtenholz gehört zu den meistgebrauchten Hölzern und dient für alle Arbeiten im Bauwesen und beim Innenausbau: Bau- und Konstruktionsholz, Möbelbau, Treppen, Zäune, Fußböden, Dielen, Blindholz, Sperrholz, Schälfurniere, Zündhölzer, Papierholz, Kistenfabrikation usw. Außerdem ist Fichtenharz das Rohmaterial zur Gewinnung von Terpentinöl, Kolophonium und Pech.

Welche Bedeutung hat die Alpenfichte?
Die Alpenfichte, die ausschließlich in den Schweizer Alpen wächst, liefert durch ihre Feinjährigkeit und ihre dichten Jahresringe ein erstklassiges Holz zur Herstellung von Instrumentenböden für Flügel, Klaviere und Orgeln.
Die Haselfichte, die im Bayerischen Wald und im Böhmerwald beheimatet ist, hat die gleiche Bedeutung wie die Alpenfichte.

Was ist über die Sitka-Fichte (Spruce) — FIS — wissenswert?
Dieser in Nordamerika beheimatete Baum ist auch in Europa kultiviert. Splint und Kern sind kaum unterschiedlich hellrötlichbraun. Das Holz ist leicht, harzfrei, mittelfein, trocknet schnell und gut, schwindet ziemlich stark und ist leicht zu bearbeiten. Die Oberflächenbehandlung ist mit allen Mitteln gut und leicht durchführbar. Dichte 0,45.

Welche Verwendungsmöglichkeiten ergeben sich für Sitka-Fichte?
Im allgemeinen wird dieses Holz wie Fichte verwendet, also als Bau- und Konstruktionsholz, speziell für Innenzwecke, in der Bau- und Möbeltischlerei, für Musikinstrumente, als Mittellagen- und Blindholz usw.

Beschreiben Sie die Tanne — TA — (Weißtanne, Edeltanne)!
Die Weißtanne, auch als Silbertanne bezeichnet (nach dem englischen Handelsnamen Silver fir = Silbertanne), ist ein Reifholzbaum und wächst hauptsächlich in den Mittelgebirgen von Mittel- und Südosteuropa, oft zusammen mit Fichten.
Im Gegensatz zu Fichtennadeln haben Tannennadeln an ihrer Unterseite zwei bläulichweiße Längsstreifen und sitzen in einer Ebene nach links und rechts am Zweig. Die Zapfen stehen an den Zweigen und zerfallen nach der Reife.

Welche Farbe und welche Eigenschaften hat Tannenholz?
Tannenholz ist weißlich, oft mit gelblichem oder rötlichem Schimmer, in der Textur mäßig fein und zeigt deutliche Jahresringe. Es enthält kein Harz.
Das Holz ist weich, leicht, glanzlos, biegsam, elastisch und schwindet wenig. Tannenholz läßt sich ohne Schwierigkeiten bearbeiten und gut beizen. Dichte 0,46.

Wozu wird Tannenholz verwendet?
Es ist gutes Bau- und Werkholz für Innenzwecke, Blind- und Papierholz, außerdem vorzüglich geeignet für Drechslerarbeiten, Kunstgewerbe und zur Herstellung von Resonanzböden für Streichinstrumente (Cremoneser Geigen).
Weitere Verwendungsmöglichkeiten: Spanten und Ruder im Bootsbau, Kisten, Schalungen, Holzwolle.

Wo kommt die Douglasie — DG — (Oregon pine — DGA —) vor und woran erkennt man sie?

Die Heimat der Douglasie ist im westlichen Nordamerika und in Kanada. Sie ist dort unter dem Namen Douglas fir bekannt. Die Douglasie ist auch in Europa kultiviert. Sie ist eine eigene Gattung und gehört weder zu den Fichten noch zu den Kiefern.
Die Nadeln dieses Kernholzbaumes haben, wie bei der Tanne, zwei bläulichweiße Längsstreifen an der Unterseite und verteilen sich rings um den Zweig wie bei der Fichte.

Nennen Sie die Eigenschaften und Verwendungsmöglichkeiten von Douglasienholz!

Der Baum ist raschwüchsig und liefert orangerotes Kernholz mit hellgelbem Splint. Das Holz ist mittelschwer, hart, wenig harzhaltig, von schöner Textur und schwindet mäßig. Douglasie läßt sich gut trocknen, mäßig gut bearbeiten und polieren. Dichte 0,54.
Verwendung: Für alle Innen- und Außenarbeiten, Verschalungen, Verkleidungen, Fußböden, Parkett, zur Sperrholzherstellung u. a.

Geben Sie Vorkommen und Aussehen der Kiefer — KI — (Forche, Föhre, Forle, Fuhre) an!

Die Kiefer bedeckt 30% des gesamten Waldanbaugebietes der Bundesrepublik. Außerdem ist sie in ganz Europa und Nordasien anzutreffen.
Die Kiefer ist an ihren langen Nadeln, die zu zweit an einer Blattscheide stehen, an der borkigen Rinde und an den kurzen, kegelförmigen Zapfen zu erkennen.

Beschreiben Sie das Holz und die Eigenschaften der Kiefer!

Das Kernholz ist gelbrot bis rotbraun und der Splint weiß bis gelblich. Die Jahresringe sind deutlich sichtbar und enthalten Harzkanäle. Frisch eingeschnittenes Kiefernholz riecht aromatisch. Es läßt sich schnell und gut trocknen.
Das Holz ist weich bis mittelhart, schwindet mäßig und hat ein gutes Stehvermögen. Es ist sehr harzreich bis zur Verkienung, dauerhaft und leicht zu bearbeiten. Entharztes Holz läßt sich gut beizen. Kiefernholz wird leicht vom Bläuepilz befallen. Dichte 0,52.

Nennen Sie Verwendungsmöglichkeiten für Kiefernholz!

Es eignet sich zur Herstellung von Möbeln, Türen, Fenstern, Fußböden, Treppen und Vertäfelungen. Auch im Baugewerbe, in der Sperrholz- und Furnierindustrie und bei der Gewinnung von Terpentin, Kolophonium, Pech und Druckerschwärze ist Kiefernholz von Bedeutung.

Beschreiben Sie die Zirbelkiefer — KIZ — (Arve)!

Die Zirbelkiefer ist ein Kernholzbaum, der im Hochgebirge wächst. Der Kern ist rötlichbraun, der Splint gelblich. Das Holz ist weich, leicht, dauerhaft, harzreich und hat viele kleine, gut verwachsene Äste, die sehr dekorativ wirken. Sein Harzduft ist besonders aromatisch und hält sich lange im Holz. Dichte 0,44.

Wozu verwendet man die Zirbelkiefer?

Zirbelkiefer ist ein geschätztes Holz für Innenausbau, Möbel (Bauernstuben) und Wandvertäfelungen. Ebenso begehrt ist es in der Kunsttischlerei, von Bildhauern und Holzschnitzern.

Wo ist die Weymouthskiefer — KIW — (Strobe, Yellow pine) beheimatet?

Die ursprüngliche Heimat ist Ostkanada und der Nordosten der USA. Seit 1705 ist sie auch in Europa kultiviert und übertrifft an Schnellwüchsigkeit und Massenproduktion unsere einheimischen Nadelhölzer.

Beschreiben Sie die Weymouthskiefer und ihre Eigenschaften!

Die Weymouthskiefer hat im Gegensatz zur gewöhnlichen Kiefer statt zwei Nadeln fünf Nadeln an einer Blattscheide stehen.

Das Kernholz ist gelblichrot, der Splint hellgelb. Die Jahresringe sind breit, und das Holz ist leicht, weich, harzreich und von feiner Struktur. Es schwindet gering, steht gut und ist leicht zu bearbeiten. Dichte 0,40.

Nennen Sie Verwendungsmöglichkeiten für Weymouthskiefer!

Bauholz für Innen- und Außenarbeiten, Modellholz, Papierholz, Resonanzholz, Sperrholzmittellagen, Zündhölzer, Jalousien usw.

Welche Bedeutung hat die Bergkiefer (Latsche, Legföhre)?

Die Bergkiefer ist ein ausgesprochener Gebirgsbaum im südlichen Europa. Das Holz ist im Kern hellrötlich und im schmalen Splint fast weiß. Es ist sehr hart, engringig und von gleichmäßiger Struktur. Dichte 0,58.

Das Holz der Bergkiefer wird vorwiegend in Tischlereien und Drechslerbetrieben der Wachstumsgebiete verwendet.

Welche Arten von Lärchen — LA — unterscheiden wir?
Wir unterscheiden die Europäische Lärche und die Japanische Lärche, die seit 1861 auch in Europa vorkommt. Ihre Wuchsgebiete sind über ganz Mitteleuropa mit Schwerpunkt in den Alpen verbreitet.

Die Europäische Lärche hat hellgrüne Nadeln, bei der Japanischen Lärche sind sie blaugrün, und die jungen Triebe glänzen rötlich. Beide Lärchen werfen im Herbst ihre Nadeln ab.

Welche Eigenschaften hat Lärchenholz?
Die Lärche hat einen starken, rotbraunen Kern und einen schmalen, hellgelblichbraunen Splint. Sie ist mäßig schwer, ziemlich hart, zäh, sehr dauerhaft, elastisch, harzreich, wetterbeständig und schwindet wenig. Das Holz läßt sich gut bearbeiten und polieren, muß aber vor dem Beizen entharzt werden. Es ist gerbstoffhaltig.
Dichte: Europäische Lärche 0,59, Japanische Lärche 0,53.

Wozu findet Lärchenholz Verwendung?
Es ist ein erstklassiges Bau- und Möbelholz und findet Verwendung im Wasser-, Erd-, Gruben-, Brücken- und Mühlenbau, beim Fenster-, Treppen- und Türenbau sowie in der Möbel- und Kunsttischlerei und zur Herstellung von Messerfurnieren.

Beschreiben Sie das Holz der Eibe (Taxus) und ihr Vorkommen!
Die Eibe, die unter Naturschutz steht, hat einen rotbraunen, oft ins Violette gehenden Kern und einen gelblichweißen Splint. Sie gehört zu den dichtesten und schwersten Hölzern Europas. Das Holz ist hart, schwer, elastisch, harzfrei und hat ein gutes Stehvermögen. Es läßt sich gut bearbeiten sowie beizen und polieren. Dichte 0,60 bis 0,67.

Die Eibe wächst hauptsächlich in Griechenland und Portugal, außerdem in Nordafrika, Kleinasien, Japan und Nordamerika. Holz, Rinde, Nadeln und Samen sind giftig.

1.14.3. Wichtige europäische Laubhölzer

Sämtliche Angaben über die Rohdichte der Hölzer sind Mittelwerte nach DIN 4076 in lufttrockenem Zustand bei etwa 15% Feuchtigkeitsgehalt, bezogen auf das Darrgewicht.

Nennen Sie wichtige europäische Laubhölzer!

Benennung	Kurzzeichen	Botanische Bezeichnung
Ahorn, Berg-	AH	Acer spp.
Birke, Gemeine	BI	Betula spp.
Birnbaum	BB	Pirus communis
Buche (Rotbuche)	BU	Fagus silvatica
Eiche	EI	Quercus spp.
Erle	ER	Alnus spp.
Esche, Gemeine	ES	Fraxinus excelsior
Edelkastanie	EKA	Castanea sativa
Roßkastanie	KA	Aesculus hippocastanum
Hainbuche	HB	Carpinus betulus
Kirschbaum	KB	Prunus avium
Linde	LI	Tilia spp.
Nußbaum (Walnußbaum)	NB	Juglans spp.
Pappel	PA	Populus spp.
Platane	PLT	Platanus acerifolia
Robinie	ROB	Robinia pseudacacia
Rüster (Ulme)	RU	Ulmus carpinifolia
Weide	WDE	Salix alba

(spp. = species plantarum = Pflanzenart, Artbezeichnung)

Nennen Sie verschiedene Arten von Ahorn — AH —!
Europäische Ahornarten: Bergahorn (AH), Spitzahorn, Feldahorn (Maßholder) und Burgenahorn (selten).

Nordamerikanische Ahornarten: Silberahorn, Zuckerahorn (AHZ), als Schälfurnier unter der Bezeichnung „Vogelaugenahorn" (Maser) bekannt, u. a.

Beschreiben Sie Ahornholz und seine Eigenschaften!
Ahorn ist über ganz Europa verbreitet. Die Bäume sind an ihren drei- bis fünflappigen, mehr oder weniger spitzen Blättern zu erkennen.

Bergahorn und Spitzahorn sind Splintholzbäume, Feldahorn dagegen ist ein Reifholzbaum. Bergahorn ist fast rein weiß, Feldahorn rötlichweiß. Spitzahorn ist für Tischlerarbeiten weniger geeignet.

Ahornholz ist mittelschwer, sehr hart, elastisch und biegsam. Das Arbeitsvermögen ist gering. Es läßt sich gut verarbeiten, färben, beizen und polieren. Ahornholz muß vor Sonne und Regen geschützt gestapelt werden, da es sehr empfindlich ist. Dichte um 0,61.

Zu welchen Arbeiten wird Ahorn verwendet?
Berg- und Feldahorn eignen sich besonders für hochwertigen Innenausbau, Schäl- und Messerfurniere, Drechslereien, Musikinstrumente, Haushaltgeräte, Tischplatten und Holzwaren aller Art. Wimmrig (wellig) gewachsenes Holz bezeichnet man als Riegelahorn. Es ist im Möbelbau begehrt.

Beschreiben Sie Vorkommen, Aussehen und Eigenschaften der Birke — Bi —!
Birken (Weiß-, Hänge- oder Trauerbirke und Haar-, Moor- oder Bruchbirke) wachsen in ganz Europa. Sie gehören zu den Splintholzbäumen und sind an ihren weißen Stämmen leicht zu erkennen. Auch das Holz ist weißlich bis goldgelb und schön geflammt.

Birkenholz ist mäßig schwer, mittelhart, schwindet mäßig bis stark, ist zäh und biegsam und läßt sich gut bearbeiten, beizen und mattieren. Dichte 0,65.

Wozu wird Birke verwendet?
Zu Möbeln, Furnieren und Intarsien. Schwedische Zwergbirke liefert begehrte Maserfurniere. Besonders schön gemaserte Birke aus Nordeuropa bezeichnet man als „Flammbirke". Auch vom Drechsler, Wagner und Holzschnitzer wird Birkenholz begehrt.

Nennen Sie die Merkmale von Birnbaumholz — BB —!
Dieser Reifholzbaum ist weit über Mittel- und Südeuropa verbreitet. Das Holz ist rotbraun, ziemlich schwer, hart, biegsam, aber wenig elastisch. Es läßt sich gut bearbeiten, beizen und polieren. Dämpfen intensiviert die Holzfarbe und verringert das beträchtliche Arbeitsvermögen von Birnbaumholz. Dichte 0,70.
Schweizer Birnbaum ist von gleichmäßiger dunkler Farbe und oft geflammt.

Wozu wird Birnbaum verwendet?
Birnbaum findet vielseitige Verwendung: Erstklassiges Furnierholz, für Musikinstrumente, Intarsien, Drechslerarbeiten und Schnitzereien, zu Zollstöcken, Reißschienen, Werkzeugen usw.
Schwarz gebeizt ist Birnbaum der beste Ersatz für Ebenholz.

Welche Arten von Eichen — EI — unterscheidet man?
Stiel- oder Sommereiche, Trauben-, auch Stein- oder Wintereiche und Mooreiche. Ferner unterscheidet man in Europa die Flammeiche, Schwarzeiche, französische Eiche, Roteiche (EIR), Weißeiche (EIW) und Zerreiche. Insgesamt kennt man über 200 Eichenarten.
Bezeichnungen wie Spessarteiche und Slawonische Eiche sind keine Eichenarten, sondern kennzeichnen besondere Wuchseigenschaften, z. B. Feinjährigkeit, einheitliche Färbung usw.

Woran erkennt man Eichen und ihr Holz?
Eichen haben mächtige Kronen, knorrige Äste und gebuchtete Blätter. Die Früchte (Eicheln) wachsen bei der Stieleiche an langen und bei der Traubeneiche an kurzen Stielen.
Eichenholz hat einen gelblichbraunen Kern, große, sichtbare, ringförmig angeordnete Poren und helle Markstrahlen. An der Luft dunkelt es nach. Der Splint ist schmal und gelblichweiß.

Welche Eigenschaften hat Eichenholz?
Es ist schwer, hart, biegsam, zäh, sehr dauerhaft, wetterbeständig, gerbsäurehaltig und unter Wasser äußerst haltbar. Eichenholz arbeitet wenig, läßt sich gut beizen, jedoch schwer polieren. Der Splint verdirbt schnell und ist stark dem Wurmfraß ausgesetzt. Eisenmetalle verursachen dunkle Verfärbungen. Dichte 0,69.

Wozu wird Eichenholz verwendet?
Feinjährige Qualitäten sind vorwiegend für Innenausbau, Möbel und Furniere bestimmt.
Grobjährige, schwere Qualitäten eignen sich für Brücken- und Wasserbau, Boots- und Waggonbau, Bier- und Weinfässer sowie Parkett.

Welches Eichenholz bezeichnet man als Mooreiche?

Dies sind Eichen, die sehr lange im Wasser, in Sümpfen oder Mooren gelegen haben. Ihr Holz ist sehr dunkel und steinhart. Mooreiche kommt hauptsächlich für hochwertige Möbel, Intarsien und dekorativen Innenausbau in Frage.

Beschreiben Sie die Erle — ER — (auch Eller oder Else)!

Erlen (Schwarz- oder Roterle und Weiß- oder Grauerle) sind Splintholzbäume und kommen hauptsächlich in Osteuropa vor. Das Holz ist rötlichweiß bis orange und bei der Weißerle oft braunfleckig, leicht, weich und biegsam. Es schwindet mäßig und ziemlich gleichmäßig und ist unter Wasser sehr dauerhaft. Erlenholz läßt sich gut bearbeiten, beizen und polieren. Dichte 0,53.

Nennen Sie Verwendungsmöglichkeiten von Erle!

Erlenholz findet Verwendung als Blindholz, Modellholz, Drechsler- und Schnitzholz, im Wasser-, Mühlen- und Tiefbau sowie zu Holzschuhen und Schuhleisten.
Die wirtschaftliche Bedeutung von Weißerle ist gering.

Welche Eschenarten unterscheidet man?

Außer der Esche (ES) und Eberesche, auch Vogelbeerbaum, die bei uns in Deutschland heimisch sind, unterscheidet man im Handel die englische Esche, französische Esche, ungarische Esche (wellig und geflammt), türkische und russische Esche sowie aus dem nahen Orient die Blumenesche.

„Olivesche" ist keine botanische Art, sondern erinnert mit ihrer schönen Braunfärbung des Kerns an Olivenholz.

Beschreiben Sie Eschenholz!

Die Esche ist ein Kernholzbaum mit bräunlichem Kern und breitem, fast weißem Splint. Das Holz ist gefladert oder gestreift und daher sehr dekorativ. Es ist schwer, hart, wenig schwindend, druck-, biege- und zugfest, leicht zu bearbeiten, schlecht zu beizen, aber sehr gut zu polieren. Dichte 0,69.

Wozu wird Eschenholz verwendet?

Gutes Möbel- und Furnierholz (hauptsächlich deutsche, ungarische und türkische Esche), im Waggonbau, für Turn- und Sportgeräte, für Drechslerarbeiten und Leitersprossen sowie für Axt- und Hammerstiele.

Welche Arten von Kastanien wachsen in Europa?
Edelkastanie (EKA): Kernholzbaum mit gelblichbraunem Kern und schmutzig-gelbweißem Splint. Die Edelkastanie wächst hauptsächlich in Südeuropa und im Mittelmeerraum.
Roßkastanie (KA): Splintholzbaum mit weißlich bis blaßgelber Farbe. Die Roßkastanie ist über ganz Europa und Asien verbreitet.

Welche Eigenschaften hat Kastanienholz?
Edelkastanie: Mittelschwer, ziemlich hart und wenig schwindend. Es läßt sich gut bearbeiten, beizen und polieren. Dichte 0,58.
Roßkastanie: Leicht, weich, mäßig schwindend, weniger fest und leicht zu bearbeiten. Dichte 0,53.

Welche Verwendung findet Kastanienholz?
Edelkastanie: Für alle Innen- und Außenzwecke, im Wasser- und Schiffsbau, für Parkett, Schnitz- und Drechslerarbeiten.
Roßkastanie: Nicht für Außenzwecke, aber für Innenausbau, als Blindholz, zu Drechsler- und Schnitzarbeiten, Intarsien u. a.

Beschreiben Sie das Holz und die Eigenart von Hainbuche — HB — (Weißbuche)!
Die Hainbuche (Weiß- oder Hagebuche) kommt im gesamten europäischen Raum außer Südwest- und Nordeuropa vor. Sie hat mit der Rotbuche außer dem Namen nichts gemein.
Dieses härteste einheimische Holz ist grauweiß, schwer, sehr dicht und zäh, stark schwindend und schwer zu bearbeiten, aber sehr nagelfest. Hainbuche ist neben Ahorn das empfindlichste Holz. Dichte 0,77.

Wozu wird Hainbuche verwendet?
Ungeeignet für Möbel und als Bauholz, gut geeignet für Hobel und Werkzeuge, Wagnerarbeiten, Schraubenspindeln, Holzhämmer, Hackbretter sowie für Drechsler- und Modelltischlerarbeiten.

Beschreiben Sie Arten, Aussehen und Eigenschaften von Kirschbaumholz — KB —!
Von den verschiedenen Kirschbaumarten aller Erdteile (Wald-, Trauben-, Sauer- und Weichselkirsche) ist das Holz der Wald- oder Süßkirsche am begehrtesten.
Der Splint ist gelblich bis rötlich und der Kern rötlichbraun. Markstrahlen sind deutlich sichtbar. Kirschbaumholz ist zuweilen geflammt oder gestreift und dadurch sehr dekorativ.
Das Holz ist schwer, hart, von feiner, gleichmäßiger Textur, wenig schwindend und leicht zu bearbeiten. Kirschbaumholz läßt sich gut beizen und sehr gut polieren. Dichte 0,58.

Wozu läßt sich Kirschbaum verwenden?
Kirschbaum ist ein ausgesprochenes Ausstattungsholz für Innenausbau und Möbel, und zwar als Furnier- und als Massivholz. Es dient auch für Intarsien, Luxusgegenstände, Messergriffe und für kunstgewerbliche Gegenstände.

Beschreiben Sie Art und Eigenschaften von Lindenholz — LI —!
Die Linde ist ein Reifholzbaum. Ihr Holz ist weiß bis gelblich mit feiner Textur, leicht, weich, zäh, gut bearbeitbar und polierbar. Es ist anfällig für Insekten, für Pilze (Verblauung) und bei Feuchtigkeitseinwirkung für Grünverfärbung. Dichte 0,54.

Welche Bedeutung hat Lindenholz?
Die Winterlinde (kleinblättrige Linde) und die Sommerlinde (großblättrige Linde) sind über ganz Europa verbreitet. Es besteht immer Bedarf, besonders als Drechsler- und Schnitzholz, für Orgel- und Instrumentenbau, für Reißbretter, Blind- und Sperrholz.

Welche wichtigen Nußbaumarten unterscheiden wir?
Je nach Herkunft unterscheidet man: Deutscher Nußbaum —NB — (Walnußbaum), französischer Nußbaum, italienischer Nußbaum, kaukasischer, türkischer und persischer Nußbaum sowie amerikanischer Nußbaum (NBA).
Entsprechend der Herkunftsländer sind bei den einzelnen Arten Unterschiede in der Farbe und der Maserung festzustellen.

Erläutern Sie das Aussehen und die Eigenschaften von Nußbaumholz — NB —!
Der Nußbaum ist ein Kernholzbaum mit graubraunem bis dunkelbraunem Kern (Tönungen) und grauweißem Splint. Das Holz ist oft gewellt, gestreift, geflammt, matt oder glänzend und vielfach mit schwarzen Adern durchzogen (Nußbäume des Orients).
Es ist mäßig schwer, mittelhart, biegsam, schwindet mäßig bis stark und steht nach dem Trocknen gut. Nußbaum läßt sich gut bearbeiten, glätten und drechseln. Oberflächenbehandlung ist mit allen Mitteln sehr gut möglich. Dichte 0,65.

Wozu wird Nußbaumholz verwendet?
Nußbaum ist ein beliebtes Holz für Möbel und Innenausbau, für Furniere und Parkett, für Holzschnitzerei und Drechslerei, für Modell- und Klavierbau usw.
Besonders begehrt ist das Maserholz vom untersten Stammteil und vom Wurzelstock.

Welche Pappelarten sind für den Tischler von Bedeutung?
Der Handelsname Pappel ist ein Sammelname. Er faßt u. a. folgende Arten zusammen, die in Deutschland und Europa vorkommen: Silberpappel (Weißpappel), Schwarzpappel, Aspe (AS), auch Zitterpappel oder Espe, Graupappel, Pyramidenpappel. Außerdem gibt es noch eine Vielzahl von Pappelarten in Übersee.

Woran erkennt man Pappelholz — PA —?
Silberpappel, Schwarzpappel und Pyramidenpappel sind Kernholzbäume. Die Zitterpappel gehört zu den Splintholzbäumen.
Das Holz der Pappel ist weiß bis gelblich, der Kern gelblichrot bis bläulichgrün. Es ist leicht, sehr weich, schwindet wenig, läßt sich gut bis mäßig gut bearbeiten und hat feine Poren. Dichte um 0,46.

Nennen Sie Verwendungsmöglichkeiten von Pappelholz!
Es ist geeignet für Blindholz, Sperrholz, Reißbretter, Tischplatten, Zündhölzer, Prothesen usw. Die Furniere der Schwarzpappel sind im Handel unter dem Namen „Mapa" (Maserpappel) bekannt.

Spielt die Platane — PLT — für den Tischler eine Rolle?
Der über ganz Europa verbreitete Baum hat rötlichgraues Kernholz und einen mäßig breiten, gelblichen Splint.
Das Holz ist mäßig schwer bis schwer, ziemlich hart, biegsam und läßt sich gut bearbeiten, messern, drechseln und polieren. Dichte 0,62.
Verwendung: Gutes Möbel- und Drechslerholz, gut geeignet für Intarsien und dekorative Messerfurniere. Platanenholz wird verhältnismäßig wenig verarbeitet.

Beschreiben Sie das Holz und die Eigenschaften der Robinie — ROB — (Falsche Akazie)!
Dieser in Europa kultivierte, aus den USA eingebürgerte Baum gehört zu den Kernholzbäumen. Die eigentliche Akazie wächst ausschließlich in Australien.
Der Kern ist grünlichgelb und dunkelt goldbraun nach. Der Splint ist gelblich. Die Jahresringe sind deutlich sichtbar, und die erkennbaren Gefäße sind ringförmig angeordnet. Flader- und Streifenzeichnung wirken sehr dekorativ.
Robinie ist schwer, hart, zäh, elastisch, biegsam und schwindet sehr wenig. Das Holz läßt sich gut bis mäßig gut bearbeiten und auf Hochglanz polieren. Dichte 0,73.

Wozu wird Robinienholz verwendet?
Robinie ist ein ausgezeichnetes Wagner-, Geräte- und Drechslerholz und für alle Innen- und Außenzwecke sowie als Bau- und Konstruktionsholz geeignet. Sie ergibt auch schön gestreifte Messerfurniere, jedoch eignen sich hierfür nur wenige Bäume.

Beschreiben Sie Vorkommen und Aussehen der Buche — BU —!
Buche (Rotbuche) kommt fast in ganz Europa vor. An außereuropäischen Buchen sind die amerikanische und die japanische Buche von wirtschaftlicher Bedeutung.

Die Buche ist ein Reifholzbaum, Kern und Splint unterscheiden sich nicht. Das Holz ist rötlichweiß bis hellgrau. Die Markstrahlen sind sehr breit und erscheinen im Sehnenschnitt als kurze Striche und im Radialschnitt als mattglänzende Spiegel. Jahresringe sind deutlich sichtbar.

Erläutern Sie die Eigenschaften von Buchenholz!
Es ist schwer, mittelhart, wenig elastisch, sehr tragfähig, gut beiz- und polierbar, aber schlicht und ausdruckslos. Gedämpft hat es eine schöne rötlichbraune Farbe, arbeitet weniger und läßt sich gut biegen. Ungedämpft schwindet und arbeitet BU sehr stark und neigt zu Rißbildung. Dichte 0,70.

Welche Verwendungsmöglichkeiten ergeben sich für Buche?
Buche ist das am häufigsten verwendete Gebrauchsholz: Möbel, Sitzmöbel, Sperrholz, Furniere, Treppen, Parkett, Haushaltgeräte, Maschinen- und Werkzeugbau usw.

Als Schicht- und Preßholz zählt Buchenholz zu den sog. vergüteten Hölzern.

Geben Sie Arten und Vorkommen von Rüster — RU — (Ulme) an!
Der Sammelname dieses in ganz Europa wachsenden Baumes ist Ulme, Rüster oder Rusche. Je nach Vorkommen unterscheiden wir Feldulme (Feldrüster, Rotrüster, Rotulme), Bergulme (Bergrüster) und Flatterulme (Flatterrüster). Die Bergulme und Flatterulme sind in Deutschland selten.

Das Holz der Ulme ist als Rüster bekannt und trägt oft auch Provenienz-Bezeichnungen, z. B. Slawonische Rüster, Holländische Rüster usw.

Beschreiben Sie den Holzcharakter und die Eigenschaften von Rüster!
Die Ulme gehört zu den wenigen Kernreifholzbäumen, wobei der Kern dunkelrotbraun und der Splint gelblichgrau ist und das dazwischenliegende Reifholz Farbstreifen aufweist.

Das Holz ist mäßig schwer, hart, zäh, elastisch und schwindet wenig. Die Bearbeitung ist unterschiedlich, die Oberflächenbehandlung dagegen mit allen Mitteln möglich. Vor Insekten ist Rüster nicht sicher. Dichte im Mittel 0,65.

Nennen Sie Verwendungsmöglichkeiten von Rüster!
Rüster eignet sich für Möbel, Innenausbau und Furniere, für Parkett, Treppen und Sportgeräte sowie sehr gut für feine Schnitzwaren und Drechslereien. Gebeizt dient es als Ersatz für Nußbaum. Die Rinde benötigt man zum Gerben und Gelbfärben.

Welche Rolle spielt die Weide — WDE — für den Tischler?
Wir unterscheiden in Europa die Weißweide (Silberweide), Goldweide, Salweide (Palmweide), Bruchweide (Glasweide) und Korbweide.

Weidenholz entspricht in seiner Verwendung etwa dem Holz der Pappel und dient außerdem zur Herstellung von Korbwaren. Das weißliche, leichte, poröse, aber zähe Holz ist für den Tischler von untergeordneter Bedeutung. Dichte im Mittel 0,45.

Verwendet der Tischler Pflaumen- und Zwetschgenholz?
Das rotbraune bis violettbraune, nach dem Splint zu rötlichweiße Holz ist schwer, sehr hart und fest, schwindet mäßig und ist gut bearbeit- und polierbar. Das Holz dieser Kernholzbäume eignet sich zur Herstellung von feinen Tischlerarbeiten, zu Intarsien, Faßhahnen und Drechslerarbeiten. Dichte im Mittel 0,79.

1.14.4. Wichtige außereuropäische Nadelhölzer

Sämtliche Angaben über die Rohdichte der Hölzer sind Mittelwerte nach DIN 4076 in lufttrockenem Zustand bei etwa 15% Feuchtigkeitsgehalt, bezogen auf das Darrgewicht.

Nennen Sie wichtige außereuropäische Nadelhölzer!

Benennung	Kurzzeichen	Botanische Bezelchnung
Hemlock	HEM	Tsuga canadensis
Pine, Pitch	PIP	Pinus taeda
Pine, Red	PIR	Pinus palustris
Redwood, Kalifornisches	RWK	Sequoia sempervirens
Parana (Brasilkiefer)	PAP	Araucaria angustifolia
Thuya-Maser	TUY	Tetraclinis articulata
Wellingtonia (Mammutbaum)	—	Sequoia gigantea
Zeder	CED	Cedrus spp.

(spp. = species plantarum = Pflanzenart, Artbezeichnung)

Beschreiben Sie Hemlock — HEM — (Hemlocktanne, Schierlingstanne)!
Hauptvorkommen von Eastern Hemlock und Western Hemlock ist Nordamerika und Kanada. Beide sind Kernholzbäume. Das Holz ist im Kern rötlichbraun bis gelbbraun und im Splint gelblichweiß. Es ist mäßig leicht, weich, mattglänzend, harzarm, mäßig schwindend, bleibt gut stehen und ist gut zu bearbeiten und zu beizen, aber nicht witterungsfest. Dichte 0,47.
Verwendung: Hemlock wird gebraucht als Bau- und Konstruktionsholz im Innenausbau, als Sperrholzmittellagen und Schälfurnier und als gutes Ausstattungsholz für Wandverkleidungen und Decken.

Was versteht man unter Pitch Pine — PIP —?
Die Bezeichnung Pitch Pine ist der Handelsname für das Kernholz mehrerer Kiefernarten aus Amerika, z. B. Amerikanische Südkiefer u. a.

Was versteht man unter Red Pine — PIR —?
Die Bezeichnung Red Pine ist der Handelsname für das Splintholz mehrerer Kiefernarten Amerikas, z. B. Amerikanische Südkiefer u. a.

Erklären Sie Pitch Pine bzw. Red Pine!
Das aus den südöstlichen Küstenstaaten der USA stammende Holz, das stark nachdunkelt, ist im Kern rötlichbraun und im Splint gelblich, mäßig schwer, hart, sehr harzreich, mäßig schwindend und gut zu bearbeiten. Dichte 0,67.
Verwendung: Sehr gutes Bauholz, Türen, Fenster, Treppen, Fußböden, Decken- und Wandvertäfelungen, auch für Innenausbau und Möbel.

Welche Rolle spielt Redwood — RWK — (Kalifornisches Redwood, Sequoie)?
Vorkommen: Westküste der USA.
Dieser Baum erreicht Höhen bis zu 115 m bei Durchmessern bis zu 4,5 m und liefert ein leichtes, weiches, aber sehr festes, gering schwindendes und witterungsbeständiges Holz, das sehr gut steht und sich gut bearbeiten läßt. Der Kern ist hellrot und der Splint gelblichweiß. Dichte 0,41.
Verwendung: Geeignet für Außen- und Innenausbau und zur Möbelherstellung. Außerdem wird es für Orgelbau (Resonanzholz), in der Sperrholzfabrikation und für Drechslerarbeiten verwendet. Als Maserholz ist Redwood unter dem Namen „Vavona" bekannt.

Was wissen Sie über Parana „Pine" — PAP — (Brasilianische Araukarie, Brasil „Kiefer")?

Das in Südbrasilien beheimatete Holz hat einen hellbraunen, oft rot oder braun gestreiften Kern und einen gelblichen Splint. Es ist mäßig schwindend, bläueempfindlich, nicht witterungsfest und in Härte und Festigkeit vergleichbar mit unserer einheimischen Kiefer. Dichte 0,54.

Verwendung: Gutes Bautischler- und Möbelholz, für Innenausbau und Blindholz.

Beschreiben Sie Thuya-Maser — TUY —!

Die dunkelbraune Thuya-Maser stammt von der Wurzelknolle des Sandarakbaumes aus dem Atlasgebirge (Nordafrika) und Südspanien. Thuya-Maser ist hartes, feinfaseriges, ausgesprochen dekoratives Holz. Dichte 0,81.

Verwendung: Hochwertige Furniere, Intarsien, Innenausbau, Füllungen bei Möbeln, Luxusgegenstände, Drechsler- und Galanteriewaren.

Was wissen Sie über die Wellingtonia (Mammutbaum)?

Ihre Heimat liegt an den Westhängen der Sierra Nevada in den USA. Die Wellingtonia gehört zu den größten Bäumen der Welt und erreicht Höhen bis zu 120 m bei einem Durchmesser von 16 m und einem Alter bis zu 4000 Jahren. Sie steht durchweg unter Naturschutz.

Das Kernholz ist purpurrot und das Splintholz fast weiß. Das sehr weiche, sehr leichte und dauerhafte Holz schwindet nur gering, läßt sich gut bearbeiten und ist aufnahmefähig für Politur, Lack Firnis und Leim. Dichte 0,34.

Verwendung: Geeignet für alle Innen- und Außenarbeiten.

Welche Bedeutung hat die Zeder — CED —?

Man unterscheidet drei echte Zedernarten, die Nadelhölzer sind: Himalaya-Zeder, Atlas-Zeder und Libanon-Zeder. Es gibt auch einige Laubhölzer, die als Cedro (Cedrela, Zeder) bezeichnet werden.

Der Splint ist gelblichweiß und der Kern gelbbraun bis rotbraun. Zedernholz ist weich, harzhaltig, ölhaltig, wohlriechend und dauerhaft. Es läßt sich gut verarbeiten, aber schwer polieren. Dichte der echten Zedern im Mittel 0,55.

Verwendung: Für Innenausbau, Außenkonstruktionen und als Dekorationsholz.

1.14.5. Wichtige außereuropäische Laubhölzer

Sämtliche Angaben über die Rohdichte der Hölzer sind Mittelwerte nach DIN 4076 in lufttrockenem Zustand bei etwa 15% Feuchtigkeitsgehalt, bezogen auf das Darrgewicht.

Nennen Sie wichtige außereuropäische Laubhölzer!

Benennung	Kurzzeichen	Botanische Bezeichnung
Abachi	ABA	Triplochiton scleroxylon
Afrormosia (Kokrudua)	AFR	Pericopsis (Afrormosia) elata
Afzelia	AFZ	Afzelia spp.
Agba	AGB	Gossweilerodendron balsamiferum
Avodire	AVO	Turraeanthus spp.
Balsa	BAL	Ochroma spp.
Ebenholz	EBE	Diospyros spp.
Hickory	HIC	Carya spp.
Ilomba	ILO	Pycnanthus angolensis
Iroko (Kambala)	IRO	Chlorophora spp.
Limba	LMB	Terminalia superba
Macassar-Ebenholz	EBM	Diospyros celebica
Mahagoni, Echtes	MAE	Swietenia spp.
Makore	MAC	Dumoria (Tieghemella) heckelii
Mansonia	MAN	Mansonia spp.
Okoume (Gabun)	OKU	Aucoumea klaineana
Padouk, Afrikanisches	PAF	Pterocarpus spp.
Palisander, Ostind.	POS	Dalbergia latifolia
Palisander, Rio-	PRO	Dalbergia nigra
Pockholz	POH	Guaiacum spp.
Ramin	RAM	Gonystylus bancanus
Rosenholz, Bahia-	RSB	Dalbergia frutescens
Sapelli	MAS	Entandrophragma cylindricum
Satinholz, Ostind.	SAO	Chloroxylon swietenia
Satinholz, Westind.	SAW	Zanthoxylum flavum
Sen	SEN	Acanthopanax ricinifolius
Sipo	MAU	Entandrophragma utile
Teak	TEK	Tectona grandis
Wenge	WEN	Millettia laurentii
Whitewood	WIW	Liriodendron tulipifera
Zingana (Zebrano)	ZIN	Microberlinia spp.

(spp. = species plantarum = Pflanzenart, Artbezeichnung)

Beschreiben Sie Abachi — ABA — (Obeche, Wawa, Samba)!
Vorkommen: Tropisches Westafrika. Namen wie Wawa und Samba weisen auf das Herkunftsgebiet hin.

Kernholz und Splintholz sind blaßgelb bis olivbraun, oft farblich nicht unterschieden. Das Holz ist seidig glänzend, sehr leicht, weich, gut zu trocknen und schwindet wenig. Es läßt sich gut bearbeiten, messern, verleimen, schälen, beizen und polieren. Insekten- und pilzanfällig (Verblauung). Dichte 0,39.

Verwendung: Gutes Tischlerholz für Rahmen, Füllungen, Bekleidungen, Kisten und als Schälfurnier zur Sperrholzherstellung.

Welche Rolle spielt Afzelia, auch Doussie — AFZ — für den Tischler?
Dieser Kernholzbaum wächst in den Regenwäldern Afrikas und in Südostasien. Seine Farbe ist im Kern gelblich-hellbraun und im schmalen Splint grau. Das Holz glänzt matt, ist schwer, ziemlich hart, elastisch und schwindet nur gering. Es ist mit allen Werkzeugen gut und sauber zu bearbeiten. Dichte 0,80.

Verwendung: Für Innen- und Außenbau, für Rahmen, Fenster, Türen, Treppen, Parkett und als Ersatz für Teak und Eiche.

Was ist Agba — AGB — (Tola, Tola branca, Weißes Tola)?
Das fälschlicherweise auch als „Goldkiefer" bezeichnete Holz wächst in Mittel- und Westafrika.

Das Kernholz ist mit seiner gelbroten bis blaßbraunen Farbe vom Splint nicht scharf getrennt. Frisch duftet das Holz nach Harz, ist mäßig leicht, weich bis mittelhart, steht gut, schwindet mäßig, hat Harzkanäle und ist witterungs- und termitenfest. Es ist leicht zu bearbeiten, zu leimen, zu beizen und zu lackieren. Dichte 0,50.

Verwendung: Innen- und Außenbau, Möbel, Parkett, Vertäfelungen, Blindholz und zur Sperrholzherstellung.

Erklären Sie Avodire — AVO — (Lusamba)!
Dieser im tropischen Westafrika beheimatete Baum wird bei uns auch als „Afrikanische Erle" gehandelt. Falsch ist jedoch die Bezeichnung „Afrikanische Goldbirke".

Kern und Splint sind blaßgelb bis goldbraun. Das Holz ist ziemlich weich, mäßig schwer, dekorativ und von hoher Biegefestigkeit. Es schwindet wenig, ist gut zu bearbeiten und zu polieren, messer- und schälbar. Dichte 0,55.

Verwendung: Gutes Holz für Furnier- und Sperrholzindustrie, für Möbelbau und Innenausbau, aber auch für Parkett und Drechslerei.

Welche Eigenart hat Balsa — BAL —?

Balsaholz wächst im tropischen Amerika, Asien und Afrika und ist bereits nach 6 bis 12 Jahren schlagreif.

Das Kernholz ist blaßrötlich und der Splint fast weiß. Das Holz ist außergewöhnlich leicht, sehr weich und besteht aus fast reiner Zellulose. Es ist schlecht zu bearbeiten, läßt sich aber gut leimen und lackieren. Dichte 0,15 (leichtestes Holz).

Verwendung: Balsa eignet sich gut zur Isolation für Wärme-, Kälte- und Schalldämmung, als Verpackungsmaterial, für Flugzeugbau und als Korkersatz für Schwimmkörper.

Nennen Sie Wissenswertes über Ebenholz — EBE — (Ebène, Ebony)!

Ebenholz wächst in Afrika, Madagaskar und Südostasien (Ceylon-Ebenholz). Es ist schwarzbraun bis schwarz, besonders schwer, sehr hart, reißt sehr leicht, schwindet stark und ist schwierig zu bearbeiten. Schleifstaub reizt die Haut. Dichte 1,05 bis 1,10.

Verwendung: Bevorzugt zu Intarsien, für Messerhefte, Klaviertasten, Holzmusikinstrumentenbau, für Möbel und Innenausbau.

Welche Bedeutung hat Hickory — HIC —?

Echtes Hickoryholz wächst im östlichen Nordamerika und ist durch seine Härte, Elastizität, Zähigkeit und Widerstandsfähigkeit gegen Bruch sehr gut geeignet im Wagen- und Sportgerätebau (Ski). Seine Farbe ist im Kernholz rötlichbraun und im Splint gelblichweiß.

Das Holz ist schwer, stark schwindend und schwierig zu bearbeiten. Dichte 0,80.

Geben Sie Eigenart und Verwendung von Ilomba — ILO — an!

Die Wachstumsgebiete von Ilomba liegen in Westafrika.
Splint und Kernholz sind gleichfarbig grau bis gelblich-bräunlich. Das Holz ist leicht, steht gut, ist weich und gut zu bearbeiten. Es kann gemessert und geschält werden, ist aber sehr anfällig für Pilze und Insekten. Frisch hat es einen unangenehmen Geruch. Dichte 0,49.

Verwendung: In der Sperrholzindustrie, als Schälfurnier und Blindholz und in der Kistenfabrikation.

Welche Rolle spielt Iroko — IRO —, auch Kambala genannt, für den Schreiner?

Herkunftsgebiete sind das tropische West- bis Ostafrika. Falsche Bezeichnungen sind „Afrikanische Eiche", „Afrikanisches Teak" sowie „Kambala-Teak".

Kambala hat einen schmalen, grauen Splint und blaßgelbes bis goldglänzendes Kernholz. Es ist schwer, witterungsfest, sehr dauerhaft, mittelhart, mäßig schwindend und gut bearbeitbar. Dichte 0,68.
Verwendung: Für Innen- und Außenbau, Türen, Tore, Fenster und im Bootsbau. Oft wird es auch als Ersatz für Teak und Eiche verarbeitet.

Welche Bedeutung hat Afrormosia — AFR — (Kokrudua, Asamela)?

Falsche Bezeichnungen für dieses in Westafrika beheimatete Holz sind „Gold-Teak" und „Goldlärche".
Das von einem schmalen Splint umgebene Kernholz ist dunkelrotbraun, mäßig schwer, hart, bleibt gut stehen und läßt sich gut messern und bearbeiten. Durch seine chemische Wirkung reizt KOK die Haut. Dichte 0,70.
Verwendung: Afrormosia ist ein ausgezeichnetes Furnierholz und wirkt sehr dekorativ. Es eignet sich auch als Bauholz für Außen- und Innenzwecke, ebenso für Parkett.

Nennen Sie das Wichtigste über Limba — LMB —!

Vorkommen: Tropisches West- und Zentralafrika.
Kern und Splint sind graugelb bis gelbbraun. Limbaholz ist mäßig hart, mäßig schwer, bleibt gut stehen und läßt sich gut trocknen. Es ist leicht zu bearbeiten und oberflächig gut zu behandeln. Gehobelte Flächen glänzen seidig. Dichte 0,56.
Verwendung: Limba eignet sich besonders zur Gewinnung von Schäl- und Deckfurnieren für Sperrholz, für Möbel mit großen Flächen und zur Herstellung von Türen und Schnitzereien.

Was wissen Sie über Macassar-Ebenholz — EBM — (Gestreiftes Ebenholz)?

Dieses Holz stammt aus Südostasien und Indonesien und erhielt nach dem Ausfuhrhafen Makassar auf Celebes seinen Namen.
Es ist schwer, sehr hart, mäßig schwindend, dauerhaft, sehr schwer zu bearbeiten und wird nach dem Gewicht gehandelt. Seine Farbe ist im Kern schwarz mit rötlichbraunen Streifen. Dichte 1,05.
Verwendung wie beim Ebenholz und speziell zur Herstellung von Furnieren.

Welche Mahagoniarten gibt es?

Die verschiedenen Wachstumsgebiete ergeben Abweichungen in Aussehen und Eigenschaften des Mahagoniholzes. Man unterscheidet: Honduras-, Tabasco-, San Domingo-, Nicaragua- und Panama-Mahagoni. Inselmahagoni aus Kuba ist feiner und fester und daher besonders wertvoll.
Je nachdem, ob die Textur schlicht, gefleckt, gestreift, gewellt, geflammt oder gemasert ist, spricht man von Mahagoni moiré, Pyramidenmahagoni, Blumenmahagoni u. ä.

Beschreiben Sie Echtes Mahagoni — MAE —!

Unter „Echtem Mahagoni" versteht man nur solche Hölzer, die der Gattung Swietenia angehören. Die sonst als Mahagoni gehandelten Hölzer sind nur farblich vergleichbar, jedoch nicht in Maserung, Struktur und Textur. Herkunftsgebiete von Mahagoni sind die Westindischen Inseln sowie Mittel- und Südamerika.

Der Kern ist rotbraun, der Splint grau. Das Holz hat gutes Stehvermögen, schwindet wenig, ist witterungsfest, mäßig leicht, ziemlich hart und leicht und sauber zu bearbeiten. Dichte 0,54 bis 0,62.
Verwendung: Es eignet sich hervorragend als Ausstattungsholz für Innenausbau, Möbel, Furniere, Intarsien und Schnitzereien.

Erklären Sie Makore — MAC —!

Das Holz wird fälschlicherweise als „Afrikanisch-Birnbaum" bezeichnet. Es ist im tropischen Westafrika zu Hause.

Das Kernholz ist hellrot bis dunkelrotbraun, der Splint graurosa. Es ist mäßig schwer bis schwer, dauerhaft, bleibt gut stehen, ist hart und fest. Schleifstaub führt zu Entzündungen der Schleimhäute und Rötungen der Haut. Dichte 0,65.

Verwendung: Makoré ist ein beliebtes Holz für Furniere, massive Möbel, Innenausbau, Sperrholz und für Parkett.

Was wissen Sie über Mansonia — MAN — (Bete)?

Durch die nußbaumähnliche Art wird das Holz irreführenderweise als „Afrikanisch-Nußbaum" bezeichnet. Es ist als Ersatz für Nußbaum ungeeignet. Der Baum ist in Westafrika zu Hause.

Das Kernholz ist oliv bis violettbraun, der Splint schmal, weißgrau und scharf abgesetzt. Das mittelschwere, mäßig harte Holz bleibt gut stehen, läßt sich leicht bearbeiten, messern, schälen und polieren. Es eignet sich besonders gut als Furnier oder massiv für Innenausbau und Möbel, Sitzmöbel, Parkett und für Drechslerarbeiten. Der Schleifstaub hat stark reizende und gesundheitsschädigende Wirkung. Dichte 0,64.

Beschreiben Sie Okoume — OKU — (Gabunholz, Gaboon)!

Herkunftsgebiete sind Westafrika, Gabun, Kongo und Guinea.
Das Kernholz ist grau bis blaurosa, der Splint schmal und ebenfalls grau. Das Holz ist leicht, weich, elastisch, gut bearbeitbar und zeigt gutes Stehvermögen. Dichte 0,44.

Verwendung: Absperrfurnier, Blindholz, Zigarrenkistenholz und zur Innenausstattung im Möbelbau.

Welche Bedeutung hat Padouk (Padauk)?
Vorkommen: Afrikanisches Padouk (PAF) aus West- und Südafrika, Ostafrikanisches Padouk = Muninga (MNA), Manila-Padouk (PML), Burma-Padouk (PBA) und Andamanen-Padouk.

Das Holz besitzt je nach Herkunftsgebiet einen rotbraunen bis purpurroten Kern und einen cremefarbigen Splint. Es ist hart, dicht, schwer, dauerhaft, leicht zu bearbeiten und zu polieren. Dichte 0,52 bis 0,84.

Verwendung: Alle Padoukarten eignen sich vorwiegend als dekoratives Ausstattungsholz, für massive und furnierte Arbeiten und z. T. auch als maß- und formfestes Bauholz.

Welche Arten von Palisander gibt es?
Die wichtigsten Arten sind der Ostindische Palisander (POS) aus Indien, Java und Ceylon und der Rio-Palisander (PRO), auch Rio-Jacaranda genannt, aus Brasilien und z. T. aus Westindien.

Geben Sie Eigenart und Verwendung von Palisander an!
Der Ostindische Palisander ist im Kern dunkelbraun bis violett mit dunklen Streifen und gelblichem Splint.

Beim Rio-Palisander ist der Kern gelb- bis violettbraun mit schwarzen Adern und der Splint weiß.

Palisanderholz ist schwer, hart, fest, läßt sich gut bearbeiten und hat einen aromatischen süßlichen Geruch. Dichte um 0,85.

Verwendung: Dekorative Furniere, Musikinstrumentenbau, kunstgewerbliche Arbeiten, Einlegearbeiten und Innenausbau.

Nennen Sie das Wichtigste über Pockholz — POH —!
Die Heimat von Pockholz ist Mittelamerika, Südamerika und Westindien.

Dieses Holz mit olivbraunem bis grünlichem Kern und schmalem, gelblichem Splint ist sehr hart, zäh, sehr schwer, reich an wachsigen und öligen Stoffen, außerordentlich widerstandsfähig und unbegrenzt dauerhaft, jedoch schwer bearbeitbar. Dichte 1,22 (neben Schlangenholz, Dichte 1,24, das schwerste Holz).

Verwendung: Hobelsohlen, Holzhämmer, Kegelkugeln, Schlegel usw. Die große Härte und Dauerhaftigkeit unter Wasser und der Ölgehalt machen Pockholz zu einem Spezialholz für Wellenlager von Schiffsschrauben. Es gibt bis heute keinen gleichwertigen Ersatz.

Welche Rolle spielt Ramin — RAM — für den Tischler?

Herkunftsgebiet ist Südostasien (Indonesien, Borneo, Java und Malaya). Das Kernholz ist bräunlichgelb und der Splint gelblichweiß. Ramin ist mäßig schwer, mäßig hart, schwindet wenig und läßt sich gut bearbeiten und oberflächig behandeln. Nachteilig sind die Anfälligkeit für Pilzbefall und die Gefahr schwarzblauer Verfärbungen. Rindenreste reizen die Haut. Dichte 0,62.
Verwendung: Gut geeignet für Innenausbau, für Furniere, Leisten, Sperrholz und auch als Massivholz im Möbelbau.

Beschreiben Sie Rosenholz (Bahia-Rosenholz) — RSB —!

Dieser im östlichen Südamerika beheimatete Baum erreicht als Stamm nur einen Durchmesser bis zu 25 cm. Die Bezeichnung „Rosenholz" bezieht sich auf den aromatischen, rosenartigen Duft.
Die Farbe des Kerns ist gelblich mit dunkelroter Streifung, der Splint ist weißlich. Das Holz ist hart und schwer, dauerhaft, schwierig zu bearbeiten, aber gut zu drechseln, messern und polieren. Dichte 0,98.
Verwendung: Durch seine sehr schöne und dekorative Wirkung wird Rosenholz besonders für Möbel, Furniere, Innenausbau, Intarsien und Luxusgegenstände verwendet.

Nennen Sie Wissenswertes über Sapelli (Sapeli) — MAS —!

Bezeichnungen wie „Sapeli-Mahagoni" sollten vermieden werden, da dieses Holz nicht zu den „echten" Mahagoniarten gehört. Es wächst vorwiegend im tropischen Afrika.
Der Kern zeigt eine hell- bis rotbraune Farbe, die intensiv nachdunkelt. Der Splint ist grau bis hellrötlich. Sapelli ist mäßig schwer, hart, fest, mäßig schwindend, neigt aber zu Verwerfungen. Es läßt sich gut bearbeiten, messern und polieren. Dichte 0,65.
Verwendung: Vorwiegend als Furnierholz, zum Innen- und Außenbau, zur Möbelherstellung, für Treppen und Parkett und als Drechslerholz.

Welche Eigenschaften und Verwendung hat Satinholz?

Man unterscheidet Ostindisches Satinholz (SAO) aus Südwestasien und Westindisches Satinholz (SAW), in Deutschland auch Atlasholz genannt, vor allem aus Mittelamerika.
Bei beiden Arten ist das Kernholz gelblich bis goldbraun und der Splint gelb. Gehobelte Flächen schimmern seidig. Das Holz ist sehr schwer, hart und fest und läßt sich gut bearbeiten. Es schwindet mäßig, ist aber anfällig für Pilze (bläuliche Verfärbungen). Dichte: Ostindisches Satinholz 0,90; Westindisches Satinholz 0,86.
Verwendung: Wertvolle Furniere, für Möbelbau und Vertäfelungen mit starken Lichtwirkungen, für Intarsien und Drechslereien.

Beschreiben Sie Sen — SEN —!

„Japanische Goldrüster" und „Sen-Esche" sind falsche Bezeichnungen von Sen. Es wächst hauptsächlich in Ostasien (Japan, Korea, Ceylon und China).

Sen zeigt einen hell- bis graugelben Kern und einen schmalen, fast weißen Splint. Das Holz ist mäßig leicht, hart, zäh, schwindet gering, steht gut und ist gut zu bearbeiten sowie messer- und schälbar. Dichte 0,54.

Verwendung: Bevorzugtes Holz für Furniere, Füllungen, Innenausbau, Möbel, in der Kunsttischlerei, für Schnitzereien und Drechslereien.

Welche Bedeutung hat Sipo — MAU — (Utile)?

Die Bezeichnung „Sipo-Mahagoni" ist falsch, da der Baum nicht zu den Swietenia-Arten des „Echten Mahagoni" gehört. Sipo gehört zu den schönsten und höchsten Bäumen im tropischen West- bis Ostafrika (bis zu 50 m Höhe).

Kern und Splint sind scharf getrennt und haben eine rötlichbraune bzw. gräuliche Farbe. Das Holz neigt zum Werfen, ist ziemlich hart, mittelschwer und gut bearbeitbar. Es läßt sich messern, schälen sowie gut polieren und schleifen. Dichte 0,62.

Verwendung: Für alle Tischlerarbeiten im Innen- und Außenbau geeignet.

Beschreiben Sie Teak — TEK —!

Teakholz wächst auf dem südasiatischen Festland und in Java, nicht aber in Malaya. Burma Teak, Java Teak, Siam Teak, Rangoon Teak usw. deuten auf den Standort hin. Die Bezeichnung „Indische Eiche" ist völlig unzutreffend und deshalb abzulehnen.

Teak hat goldbraunes Kernholz, ähnlich dem Eichenholz, und einen schmalen, grauen Splint. Es ist mäßig schwer bis schwer, hart, fest, schwindet gering, steht sehr gut, ist widerstandsfähig und sauber zu bearbeiten. Staub reizt die Haut. Durch den Gehalt an reinem Kautschuk fühlt es sich wachsig und fettig an. Dichte 0,69.

Verwendung: Teak ist ein seit Jahrtausenden geschätztes Werkholz und eignet sich ebensogut für Möbelbau, Sitzmöbel, Vertäfelungen, Furniere, Parkett und Innenausbau wie für Außenzwecke, Schiffs- und Brückenbau.

Nennen Sie das Wichtigste über Wenge — WEN —!
Seine Heimat ist der tropische Regenwald Afrikas.
Der fast weiße Splint setzt sich gegenüber dem kaffee- bis schwarzbraunen Kern scharf ab. Das Holz ist schwer, schwindet gering, steht gut, ist witterungsfest, hart und elastisch. Es läßt sich messern, schälen, sägen, drechseln und schnitzen, aber schlecht polieren und leimen und nicht lackieren. Dichte 0,80.
Verwendung: Zur Furnierherstellung, für Möbel, Innenausbau, Parkett, Fenster und Türen.

Welche Rolle spielt Whitewood — WIW — (Tulpenbaum) für den Schreiner?
Whitewood wächst in Nordamerika und heißt in Deutschland auch „Weiche Espe".
Der Kern ist zunächst gelbgrün, später dunkel- bis olivbraun und der Splint cremefarbig. Das Holz ähnelt der Pappel, ist leicht, weich, schwindet mäßig, steht sehr gut und ist sehr gut zu bearbeiten.
Verwendung: Whitewood wird zur Herstellung von Zeichentischplatten, Modellen, Absperrfurnieren und Blindfurnieren unter Edelfurnieren und als Blindholz verwendet. Es eignet sich auch als Papier- und Faserholz.

Beschreiben Sie Zingana — ZIN — (Zebrano)!
Es wächst im tropischen Westafrika, in Kamerun und im Kongogebiet.
Das graubraune bis hellbraune Kernholz hat dunkelbraune, tangential verlaufende Streifen, ist mittelhart, schwer, elastisch, termiten- und insektenfest und sehr dekorativ. Es läßt sich messern, schälen, gut bearbeiten, beizen und polieren. Der fast weiße Splint ist nicht zu gebrauchen. Dichte 0,76.
Verwendung: Bevorzugtes Holz für Messerfurniere, Innenausbau, Möbel und in der Kunsttischlerei.

Geben Sie Eigenart und Verwendung von Zitronenholz (Citrus) an!
Citrus ist ein Sammelname. Dazu gehören Zitrone, Orange, Mandarine, Apfelsine, Grapefruit usw. Sie wachsen in allen klimatisch günstigen Gebieten der Erde, kultiviert und z. T. auch verwildert.

Die Hölzer sind in ihrer Art ziemlich gleich, d. h. gelb bis rötlichgelb, hart und zäh, aber gut zu bearbeiten und vor allem sehr gut zu polieren. Dichte 0,70 bis 0,90.
Verwendung: Schnitzereien, Drechslerarbeiten, Schatullen, Intarsien, Galanteriewaren, aber auch als Furnier für Einrichtungen und Möbel.

1.15. Furniere

Was versteht man unter Furnier?
Furniere sind bei Laubhölzern dünne Holzblätter von 0,55 bis 0,75 mm und bei Nadelhölzern von 1 mm Dicke, die durch Sägen, Messern oder Schälen von einem Stamm oder einem Stammteil abgetrennt wurden (nach DIN 68 330).

Wie lange kennt man schon Furniere?
Die Herstellung dünner Holzblättchen war schon vor über 3000 Jahren bei den Ägyptern, Griechen und Römern bekannt. Mit primitiven „Klobsägen" schnitt man im Mittelalter in mühsamer Arbeit die damaligen „Furniere" — Holzblättchen von 3 bis 4 mm Dicke. Maschinen zur Herstellung von Furnieren wurden in der 2. Hälfte des 19. Jahrhunderts entwickelt.

Warum verwendet man Furniere?
Möbel aus Edelholz in Vollholzarbeit bleiben nicht stehen und sind sehr kostspielig. Auch stehen die dazu nötigen Edelhölzer nicht in ausreichender Menge zur Verfügung.

Welche Furnierarten unterscheidet man nach dem Verwendungszweck?
Nach DIN 68 330 verarbeitet man Deckfurniere, Außenfurniere, Innenfurniere, Absperrfurniere und Unterfurniere (Blindfurniere).

Welche Aufgaben haben Absperrfurniere?
Absperrfurniere sind Holzblätter, mit denen Werkstoffe furniert werden, um ihre Formstabilität zu verbessern. Dabei verlaufen die Schwund- und Quellrichtungen der verschiedenen Lagen entgegengesetzt und sperren sich gegenseitig.

Welche Bedeutung haben Deckfurniere (Edelfurniere)?
Sie geben der fertigen Arbeit ein schmückendes und dekoratives Aussehen.
Man spricht von Außenfurnieren bei Außenflächen und von Innenfurnieren bei Innenflächen von Möbeln.

Wozu verwendet man Unterfurniere (Blindfurniere)?
Unterfurniere, die unter dem Deckfurnier liegen, dienen der Verbesserung der Oberfläche.
Unterfurniere verwendet man auch dann, wenn Sperrfurnier und Edelfurnier gleichlaufen würden sowie beim Aufleimen von Maserfurnieren.

Welche Furnierarten unterscheidet man nach Art der Herstellung?
Säge-, Messer- und Schälfurniere.

Wie werden Sägefurniere hergestellt?
Entrindete und vorgerichtete Holzblöcke werden gegen ein Furniergatter oder eine Furnierkreissäge geführt. Dabei können je nach Holzqualität und Schnittgüte Furniere von 1 mm Dicke an aufwärts bei großer Schnittgenauigkeit abgetrennt werden.

Welche Vorteile haben Sägefurniere?
Das Holz muß nicht gedämpft und nicht gekocht werden. Es behält dadurch seine Naturfarbe und bleibt im Gefüge unverändert. Diese Furniere sind wertvoll, glatt und rissefrei. Fehlverleimungen und Leimdurchschläge kommen nicht vor.

Welche Nachteile haben Sägefurniere?
Die Stämme können teilweise nur zu etwa 50% ausgenützt werden, da der Holzverschnitt sehr groß ist. Auch erfordert die Herstellung ein langwieriges Arbeitsverfahren. Diese Faktoren verteuern den Preis für solche Furniere erheblich.

Wozu werden Sägefurniere verwendet?
Ihre Verwendung ist auf hochwertige Arbeiten beschränkt, z. B. für Tischplatten, Türblätter, Türfriese und für andere, stark beanspruchte Teile bei Möbeln und im Innenausbau.

Nennen Sie Holzarten für Sägefurniere!
Ahorn, Rüster, Nußbaum, Lärche, Zirbelkiefer und ganz besonders Eichen-Erdstämme aus dem Spessart, die auch den größten Umsatz für Sägefurniere erzielen.

Wie werden Messerfurniere hergestellt?
Gedämpftes oder gekochtes Holz wird als Halbstamm auf der Messermaschine unverrückbar eingespannt und gegen das schrägstehende Messer geführt. Der Tisch hebt sich nach jedem Schnitt um die eingestellte Furnierdicke.

In welchen Dicken wird gemessert?
Nach DIN 4079 betragen die Furnierdicken bei 11 bis 13% Feuchtigkeitsgehalt, bezogen auf das Darrgewicht:
0,55 mm bei Nußbaum
0,60 mm bei Ahorn, Birke, Birnbaum, Gabun, Limba, Buche, Pappel, Kirsche, Sipo, Mahagoni, Makore, Palisander u. a.
0,65 mm bei Esche, Rüster, Teak, Sen u. a.
0,75 mm bei Eiche, Linde, Abachi, Wenge u. a.
1,00 mm bei Fichte, Tanne, Kiefer, Lärche und anderen Nadelhölzern.
Absperrfurniere in Dicken über 1 mm werden nicht auf Lager erzeugt, sondern jeweils nach Bestellung angefertigt.

Wie werden gemesserte Furniere bezeichnet?
Bezeichnung eines Messerfurniers von 1,00 mm Dicke aus Tanne:
Messerfurnier 1,00 DIN 4079 — TA.

Welche Vorteile haben Messerfurniere?
Bei der Herstellung von Messerfurnieren entsteht kein Holzverlust durch Zerspanung, sie erfolgt also nahezu verschnittfrei. Die Zeichnung (Textur) des Holzes bleibt wie beim Sägefurnier erhalten.

Welche Nachteile entstehen durch das Messern?
Durch die Druckleiste an der Maschine und durch die Biegebeanspruchung des Furniers entstehen an der unteren Seite (als linke oder „offene" Seite bezeichnet) feine Haarrisse, die Leimdurchschlag begünstigen. Dämpfen und unsaubere Dämpfgruben können zu Fleckenbildung und Verfärbungen führen.

Merke: Möglichst linke Seite aufleimen!

Wozu werden Messerfurniere verwendet?
Edelfurniere von 0,55 mm bis 3,00 mm verarbeitet man vornehmlich im Möbelbau, in der Innenausstattung und für wertvolle Außenarbeiten.
0,55 mm bis 0,75 mm dicke, gemesserte Nußbaum-Splintfurniere eignen sich besonders als Unterfurniere.

Was versteht man unter „Dämpfen" des Holzes?
Halbierte Stämme werden je nach Holzart und Holzstruktur von 12 Stunden bis zu 6 Tagen in großen Dämpfgruben unter Dampf gesetzt. Dabei wird das Holz weich und geschmeidig. Außerdem werden Pilzanlagen und Eigelege abgetötet und verderbliche Eiweißstoffe ausgeschwemmt.

Wann wird Holz „gekocht" bzw. „gewässert"?
Empfindliche Hölzer, wie z. B. Birke und Ahorn, verfärben sich beim Dämpfen rötlich. Um auch diese Hölzer vor dem Messern geschmeidig zu machen, wird Birke meist bis nahe an den Siedepunkt gekocht und Ahorn grün verarbeitet oder vorher in warmem Wasser weich und elastisch gemacht. Dabei müssen alle Teile völlig unter Wasser liegen, und die Verarbeitung sollte wegen der Pilzbefallgefahr möglichst vor Beginn der warmen Jahreszeit erfolgen.

Welche Herstellungsarten unterscheidet man bei Schälfurnieren?
Rundschälfurnier, Exzenter-Schälfurnier und Radialfurnier.

Wie werden Rundschälfurniere hergestellt?
Gedämpfte oder gekochte Stämme drehen sich gegen ein feststehendes Messer, wobei Dicken von 1,0 bis 10 mm abgetrennt werden können. So entsteht ein endloses Furnierband, das aufgehaspelt wird oder je nach Bedarf sofort von einer Furnierschere auf bestimmte Größen geschnitten werden kann.

Welche Vor- bzw. Nachteile haben Schälfurniere?
Beim Herstellen von Schälfurnieren ist der Holzverschnitt, abgesehen vom Zurichten der Stämme, gering.
Wie beim Messern entstehen beim Abtrennen der Furnierschichten feine Haarrisse.

Wozu werden Schälfurniere verwendet?
Auserlesene Hölzer eignen sich für Absperr- und Deckfurniere. So können z. B. Birke geflammt, ungarische Esche gewellt oder die vielen kleinen Punktästchen des Zuckerahorns (Vogelaugenahorn) nur durch Schälen der Stämme erreicht werden.
Schlechtere Stammqualitäten werden als Stäbchen-Mittellagen für Tischlerplatten verwendet.

Welche Hölzer eignen sich zum Schälen?
Für Absperr- und Edelfurniere verarbeitet man außer Birke, Esche und Zuckerahorn auch Rotbuche, Limba, Ilomba, Whitewood, Abachi und Pappel. Für Stäbchen-Mittellagen eignen sich z. B. Tanne, Fichte, Kiefer und Gabun.

Was versteht man unter Exzenter-Schälfurnier?
Hierbei wird der Schälklotz exzentrisch, d. h. außerhalb der Mitte eingespannt, so daß beim Schälen die Jahresringe nahezu tangential durchschnitten werden und eine dem Messerfurnier ähnliche Maserung ergeben (Flachbogenschnitt).

Wie werden Radialfurniere hergestellt?
Diese Technik ähnelt dem Spitzen eines Bleistiftes mit einem Handbleistiftspitzer. Bei diesem kegelförmigen Abschälen entstehen runde Furnierblätter mit strahlenartiger, sich wiederholender Maserung bis zu einem Durchmesser von 1,20 m. In der Kreismitte bleibt dabei eine Öffnung, die sich leicht durch eine Intarsie ausfüllen läßt.

Wozu werden Radialfurniere verwendet?
Sie eignen sich zum Furnieren runder Flächen wie Tischplatten u. ä. Bei entsprechender Anordnung können auch rechteckige Flächen mit sehr schönen Furnierbildern zusammengesetzt werden.

Was sind Maserfurniere?
Aus Maserknollen, Stammgabelungen sowie aus Stock- und Wurzelholz werden sowohl durch Messern als auch durch Schälen wertvolle Furniere gewonnen, die für Möbel und Innenausstattungen gesucht sind.

Nennen Sie wertvolle Maserfurniere!
Rüster — Rüstermaser, Nußbaum — Nußmaser, Pappel — Mapamaser, nordische Birke — Birkenmaser, Ahorn — Ahornmaser, Redwood — Vavonamaser, Atlaszypresse (Sandarak) — Thuyamaser, Amboina — Amboinamaser, Madrona — Madronamaser usw.

Was versteht man unter „Fineline"?
Fineline (sprich: fainlain) ist ein geschützter Name für Furniere, die nach einem besonderen Verfahren aus verschiedenen Holzarten in Dänemark hergestellt werden. Ausgesuchte, fehlerfreie Furniere werden zu einem Block verleimt und nachher senkrecht zu den Furnierfugen zu etwa 0,7 mm dicken Furnieren gemessert.
Fineline-Furniere haben eine ausgesprochene Streifenstruktur, deren Kontraste durch die Farbe der im abwechselnden Rhythmus verleimten Furniere bestimmt werden.

Wie werden Furniere getrocknet?
Sofort nach dem Einschnitt trocknet man die Furniere in einer Naturtrockenanlage auf Hürden oder künstlich im Rollen- und Bandtrockner durch hohe Temperatur und gelenkte Luftumwälzung. Die Feuchtigkeit wird dabei bis auf etwa 6 bis 8 % entzogen.

Wie werden Furniere aufbewahrt und gepflegt?
Nach dem Trocknen bündelt man die Furniere in der Blattreihenfolge, numeriert sie und lagert sie kühl und mäßig trocken in der Reihenfolge der Herstellung in Räumen mit Entlüftungs- und Klimaanlagen. Maserfurniere sollten zwischen Holzplatten gelegt werden, damit sie sich nicht wellen.

Wie werden Furniere gehandelt?
Furnierblätter kommen in Paketen gebündelt zum Verkauf. Die Blattzahl solcher Furnierpakete ist 24, 32 oder 40.

1.16. Plattenförmige Holzwerkstoffe

Hierher gehören:
1. Sperrholz (SP)
2. Schichtholz (SCH)
3. Holzfaserplatte (HF)
4. Holzspanplatte (HS)

1.16.1. Sperrholz

Was versteht man unter dem Begriff „Sperrholz"?
Nach DIN 68 705 ist Sperrholz die kreuzweise Verleimung von mindestens drei Holzlagen, um die durch das Arbeitsvermögen bedingten Spannungen und deren maß- und formändernde Auswirkungen zu unterbinden bzw. weitmöglichst auszuschalten.

Wozu dient Sperrholz?
Sperrholz für allgemeine Zwecke verarbeitet man hauptsächlich zur Herstellung von Möbeln, im Innenausbau von Räumen sowie für Verkleidungen in allen Anwendungsgebieten.

Welche Arten von Sperrholz unterscheidet man?
Nach DIN 68705 ist Sperrholz ein Oberbegriff. Man unterscheidet:
1. Furnierplatte (FU)
2. Sternholz (SN)
3. Tischlerplatten (TI)
    Tischlerplatten werden nach Art ihrer Mittellagen unterteilt in:
    a) Stäbchen-Mittellage (STAE)
    b) Stab-Mittellage (ST)
    c) Streifen-Mittellage (SR)
Außerdem gibt es noch Verbundplatten mit Hohlraum-Mittellagen.

Wie ist eine Furnierplatte (FU) aufgebaut?
Flachliegende Furnierblätter werden in Lagen kreuzweise aufeinandergeleimt. Die Zahl der Furniere ist in der Regel ungerade, d. h. 3, 5, 7, 9 Lagen usw. Bei einer geraden Anzahl von Lagen verlaufen die Fasern der beiden inneren Furniere gleich. Die Faserrichtung der äußeren Furnierblätter muß auf jeden Fall parallel sein.

Welche Hölzer eignen sich für Furnierplatten?
Man verwendet als Deckfurnier meist Schälware aus Rotbuche, Limba, Fichte, Gabun oder Abachi. Die inneren Schichten können aus geringwertigeren Furnieren bestehen.

Nennen Sie Dickenmaße von Furnierplatten!
FU-Platten werden nach DIN 4078 in Dicken von 4, 5, 6, 8, 10 und 12 mm hergestellt. Für Furnierplatten über 12 mm Dicke gelten die Maße und zulässigen Abweichungen von Tischlerplatten.

In welchen Längen werden FU-Platten geliefert?
Längen: 1250, 1530, 1730, 2050, 2200, 2500 und 3050 mm.
Die Länge wird stets in Faserrichtung der Deckfurniere gemessen; deshalb kann die Breite oft größer als die Länge sein.

In welchen Breiten sind FU-Platten im Handel?
Es gibt die Breiten 1250, 1530, 1730 und 1830 mm.

Welche Güteklassen unterscheidet man bei Furnierplatten?
Nach Art der Beschaffenheit der Deckfurniere stehen drei Güteklassen zur Verfügung: I = fehlerfrei, II = kleinere Fehler, III = gröbere Fehler.
Fehler sind: Naturäste, ausgeflickte Äste, Wuchsfehler und Verfärbungen.
Die Bezeichnung II/III kennzeichnet z. B. die Güteklasse der einen und der anderen Seite.

Wozu werden Furnierplatten verwendet?
Ihre Verwendung beschränkt sich hauptsächlich auf Rückwände, Schubkastenböden, Zwischen- und Einlegeböden, Füllungen, Wand- und Deckenverkleidungen.
Eine Reihe von besonderen Furnierplatten, so z. B. Paneelplatten, Kunstharz-Preßholz, Reliefholz u. a. erweitern die Verwendungsmöglichkeiten.

Was ist eine Paneelplatte (FUP)?
Paneele sind Furnierplatten aus Eiche, Teak, Nußbaum oder Palisander in den Größen 60×30 cm, die mit Stahlstiften oder Klebstoff direkt auf einer Wand befestigt werden können.

Was versteht man unter Kunstharz-Preßholz (KP)?
Mit Kunstharz getränkte Furnierplatten, sog. Kunstharz-Preßholz, läßt sich verformen und eignet sich zur Herstellung von Formpreßteilen in der Möbelindustrie und anderen Industriezweigen.

Was ist Reliefholz?
Reliefholz besteht aus 6 Schichten Furnieren, die mit Leimfilm verleimt sind. Bei einer Temperatur von 130°C werden in die angefeuchtete Oberfläche Ornamente verschiedener Art eingepreßt. Das 3 mm dicke Reliefholz eignet sich zu Verzierungen von Stilmöbeln, Möbelfassaden und Wandverkleidungen.

Was versteht man unter Sternholz (SN)?
Das ist eine Furnierplatte aus mindestens 5 bis zu 9 aufeinandergeleimten Furnierlagen, wobei die einzelnen Lagen in der Faserrichtung um 45° sternförmig zueinander versetzt sind.

Wozu verwendet man Sternholz?
Das teure Sternholz eignet sich zur Herstellung von geräuschlos laufenden Zahnrädern, Ritzeln, Flach- und Keilriemenscheiben usw.

Was versteht man unter einer Tischlerplatte (Tl)?
Die Tischlerplatte ist Sperrholz aus mindestens zwei Deckfurnieren (Absperrfurnieren) und einer Mittellage (Blindholz) aus nebeneinanderliegenden Holzleisten. Die Faser der Deckfurniere verläuft bei drei Schichten quer und bei fünf Schichten parallel zur Faser der Mittellage. Alle Lagen sind kreuzweise aufeinandergeleimt.

Welche Hölzer eignen sich für Mittellagen (Blindholz)?
Man verwendet vorwiegend Fichte und andere Nadelhölzer, die in ausreichender Menge vorhanden sind. Gut geeignet ist auch Pappelholz wegen seiner Gleichmäßigkeit in Aufbau und Härte.

Welche Hölzer verwendet man als Absperrfurniere?
Besonders geeignet sind Gabun (Okoume) und Limba, aber auch Rotbuche, Pappel, Erle und in beschränktem Maß Birke und Fichte. Abachi und Ilomba sind unzulässig.
Die Dicke der Absperrfurniere soll allgemein 10 % der Plattendicke betragen.

Wie werden Absperrfurniere aufgeleimt?
Mit Leimauftragmaschinen werden auf die Mittellagen hochwertige Kunstharzleime aufgetragen. Nach Auflegen der Sperrfurniere werden die Platten in Spindelpressen, hydraulischen Ein- oder Mehretagenpressen verpreßt.

Nennen Sie die genormten Dicken von Tischlerplatten!
Diese sind nach DIN 4078: 13, 16, 19, 22, 25, 30 und 38 mm. Diese Dickenmaße gelten auch für Furnierplatten, wenn sie die Dicke von 12 mm übersteigen.

In welchen Lagermaßen werden Tischlerplatten geliefert?
Die Längen richten sich stets nach dem Faserverlauf der Deckfurniere und betragen 1530, 1730 und 1830 mm.
Die Breiten sind 4600 und 5100 mm (= Länge der Mittellagen).

Welche Güteklassen gibt es bei Tischlerplatten?
Als Standardsorten werden zwei Güteklassen hergestellt, die die Bezeichnungen I/II bzw. II/II haben.

Welche Arten von Tischlerplatten unterscheidet man?
Nach DIN 68705 unterteilt man Tischlerplatten je nach Art der Mittellagen in Platten mit Stäbchen-Mittellage, Stab-Mittellage und Streifen-Mittellage.

Beschreiben Sie den Aufbau einer Platte mit Stäbchen-Mittellage (STAE)!
Bei Tischlerplatten mit Stäbchen-Mittellage werden bis zu 8 mm Dicke Rundschälfurniere durch Streifen- oder Punktverleimung zu einem Block verleimt, zu Mittellagen aufgetrennt und abgesperrt.
Vorteil: Stehende Jahresringe mit gleichen Quell- und Schwundeigenschaften, gutes Stehvermögen.

Wozu verwendet man Platten mit Stäbchen-Mittellage?
Durch die hochwertigen Mittellagen eignen sich diese Platten besonders für furnierte Möbelfronten und Türen, die poliert werden sowie für Tischplatten und Trägerplatten für Schichtpreßstoffe.

Wie ist eine Platte mit Stab-Mittellage (ST) aufgebaut?
Es gibt zwei verschiedene Verfahren, das Block- und das Leistenverfahren.
Beim Blockverfahren werden 24 bis 30 mm dicke Seitenbretter durch Punktverleimung zu einem Block verleimt und anschließend an der Blockbandsäge zu Mittellagen aufgeschnitten und abgesperrt.
Beim Leistenverfahren schneidet man an der Vielfachkreissäge Bretter zu gleich breiten Leisten, die dann durch Punktverleimung zu Mittellagen zusammengesetzt werden. Die Breite der Stäbe ergibt dabei die Dicke der Mittellage.

Nennen Sie Verwendungsmöglichkeiten für Platten mit Stab-Mittellage!
Diese Platten eignen sich für Mittelseiten, billige Einbauarbeiten, Fachböden und Massenartikel, nicht aber für Arbeiten mit hochglanzpolierten Flächen.

Erklären Sie den Aufbau einer Platte mit Streifen-Mittellage (SR)!
Die Mittellage besteht aus dicht aneinandergelegten, nicht verleimten, 24 bis höchstens 30 mm breiten Holzleisten. Diese werden mit einem Bindfaden in einer Sägenut oder einem Blechstreifen in der Hirnkante zusammengehalten, bis sie abgesperrt sind.
Nachteil: Stehende und liegende Jahresringe; Mittellage aus Kern-, Mittel- und Seitenbrettern, dadurch verschiedene Quell- und Schwundverhältnisse.

Wie stellt man gewölbte Tischlerplatten her?
Bei Verwendung von verleimten Kernbrettern wird die Mittellage einseitig bis zu $2/3$ der Holzdicke eingeschnitten (geritzt), gebogen und abgesperrt. Die Einschnitte kennzeichnen sich besonders bei polierten Flächen.
Mittellagen aus drei gleichlaufenden Schichten erübrigen ein Einschneiden.

Was sind Verbundplatten mit Hohlraum-Mittellagen (HO)?
Darunter versteht man Plattenkonstruktionen, deren Mittellage Hohlräume aufweist. Solche Platten finden vorwiegend in der Türenfabrikation als Sperrtür, aber auch im Möbelbau, Verwendung.
Wir unterscheiden als Mittellagen Latten- und Leistenkonstruktionen sowie Gitterroste aus sich kreuzenden, wellen- oder wabenförmig angeordneten Holz- oder Preßholzstäben.

Wie werden Tischlerplatten gelagert?
Die Lagerung soll stets in geschlossenen, trockenen, aber luftigen, möglichst klimatisierten Räumen erfolgen. Die Platten werden auf eine mit der Wasserwaage genau ausgerichtete Bodenplatte aus Kanthölzern (Bodenabstand 20 cm) ohne Zwischenräume dicht auf dicht gestapelt oder frei an die Wand gestellt. Sie dürfen auf keinen Fall durchhängen.

1.16.2. Schichtholz (SCH)

Was versteht man unter Schichtholz?
Hierbei handelt es sich um Platten, bei denen die einzelnen Furnierlagen (mindestens 40) nicht kreuzend, sondern faserparallel verleimt werden. Wird jedes fünfte Furnierblatt quergelegt, so spricht man von Kreuzschichtholz.

Welche Arten von Schichtholz unterscheidet man?
Es gibt normale (unverdichtete) und stabilisierte (verdichtete) Platten. Der Grad der Verdichtung richtet sich nach der Lagenzahl, den Preßdrücken und Preßtemperaturen. Die Dicke ist über 10 mm.

Welche Hölzer eignen sich für Schichtholz?
Besonders geeignet sind Birke, aber auch Buche und Pappel. Die Verleimung erfolgt mit Kunstharzleimen.

Wozu verwendet man Schichtholz?
Schichtholzplatten finden im Flugzeugbau, im Maschinenbau und im Sportgerätebau Verwendung.

1.16.3. Holzfaserplatten (HF)

Was sind Holzfaserplatten?
Holzfaserplatten sind Erzeugnisse, die aus verholzten Fasern mit oder ohne Füllstoffe und mit oder ohne Bindemittel hergestellt werden. Zusätze von Chemikalien und Kunstharzen geben den Platten besondere Eigenschaften.

Welche Arten von Holzfaserplatten gibt es?
Man unterscheidet:
1. Poröse Holzfaserplatten (HFD), meist als Isolier- oder Dämmplatten bezeichnet.
2. Harte Holzfaserplatten (HFH), auch Holzfaserhartplatten genannt.

Welche Eigenschaften haben Dämmplatten?
Sie sind in ihrem Aufbau porös und weniger stark verpreßt. Sie wirken isolierend gegen Wärme und Kälte. Eingeschnittene und gelochte Platten sind besonders schallschluckend (Schallschluck- oder Akustikplatten). Dichte im Mittel 0,30.

In welchen Dicken gibt es Dämmplatten?
Nach DIN 68750 unterscheidet man hochporöse Holzfaserdämmplatten und poröse Holzfaserdämmplatten, jeweils in der Dicke von 6 bis 30 mm.

Wozu werden Dämmplatten verwendet?
Sie eignen sich zum Verschalen bzw. Isolieren von Dachausbauten, zu Deckenverkleidungen und für Trennwände.

Schallschluckplatten sind vorwiegend in Büroräumen, Krankenhäusern, Schul- und Konzerträumen, Kinos, Theatern, Vortrags- und Sendesälen eingebaut.

Was versteht man unter Holzfaserhartplatten?
Das sind unter großer Hitze stark verpreßte Platten, die eine glatte Oberfläche haben. Durch Aufspritzen von Wachs, Paraffin, Öl oder Kunstharz kann die Oberfläche wasserabweisend bzw. kratz- und hitzefest sowie unempfindlich gegen Wasser, Spiritus, Benzin, Öl, Spirituosen, Tinte usw. gemacht werden.

Welche Eigenschaften haben Holzfaserhartplatten?
Die Farbe der Platten ist hell- bis mittelbraun oder auch gelblichweiß. Sie sind je nach Herstellungsart glatt, gelocht, eingeschnitten, hart, halbhart, extrahart, mit lederartiger Oberfläche, kunstharzbeschichtet oder auch mit Folien- bzw. Metallüberzug. Dichte im Mittel 0,85.

Welche Dicken haben Holzfaserhartplatten?
Harte Holzfaserplatten (HFH)	3,5 bis 8 mm
Halbharte Holzfaserplatten (HFH 1)	4 bis 12 mm
Extraharte Holzfaserplatten (HFH 2)	3,5 bis 8 mm

Wo werden Holzfaserhartplatten verwendet?
Halbharte und harte Platten eignen sich für Füllungen, Rückwände, Schubkastenböden, Wand- und Deckenverkleidungen, zum Möbelbau und zur Türenherstellung.
Extraharte Platten verwendet man bei Einfluß feuchter Luft und als Fußbodenbeläge.
Platten mit lederartiger Oberfläche finden wir im Wagen- und Karosseriebau und Platten mit Kunstharzoberfläche in Bädern und Küchen als Wandverkleidung.

Was ist über die Verarbeitung von Holzfaserplatten zu sagen?
Sie lassen sich sägen, bohren, schrauben, nageln, lackieren, mattieren, beizen, leimen und furnieren.
Vor dem Verleimen und Furnieren muß die Paraffin- bzw. Kunstharzschicht abgeschliffen werden.

1.16.4. Holzspanplatten (HS)

Was versteht man unter Spanplatten?
Holzspanplatten sind Holzwerkstoffe, die aus hölzernen Spänen oder verholzten Rohstoffen mit Kunstharz als Bindemittel hergestellt werden. Sie kommen ungeschliffen (preßblank), geschliffen, furniert oder auch beschichtet in den Handel.

Wie werden Spanplatten hergestellt?
Eingeweichtes oder gedämpftes Holz wird zerspant und auf 6 bis 8% Feuchtigkeit getrocknet. Nach Zugabe von Kunstharz als Bindemittel werden die Späne geschichtet und anschließend auf die gewünschte Dicke zusammengepreßt.

Welche Hölzer eignen sich zur Spanplattenherstellung?
Man verwendet dünnes Stammholz, Astholz und sonstiges Abfallholz, hauptsächlich von Tanne, Fichte, Kiefer, Pappel und Erle, seltener von Buche und Birke.

Welche Arten von Spanplatten unterscheidet man?
1. Flachpreßplatten (FP): Holzspäne liegen parallel zur Plattenebene. Man unterteilt in Einschicht-, Zweischicht-, Dreischicht- und Vielschichtplatten sowie Platten mit allmählichem Übergang in der Struktur.
2. Strangpreßplatten (SPP): Holzspäne liegen senkrecht zur Plattenebene.

Außerdem gibt es kunstharzgetränkte Spezialholzspanplatten. (Siehe unter Kunststoffe!)

In welchen Dickenmaßen werden Spanplatten geliefert?
Nach DIN 68 760 betragen die Nenndicken (Vorzugsmaße) 6, 8, 10, 13, 16, 19, 22, 25, 28, 32, 36, 40, 45, 50, 60 und 70 mm.

Welche Eigenschaften haben Spanplatten?
Einschichtige Platten haben nur Späne gleicher Größe. Bei drei- und mehrschichtigen Platten sind die Späne der beiden äußersten Deckschichten z. T. sehr fein und ergeben so eine besonders dichte Oberfläche.

Spanplatten sind dem Sperrholz gleichwertig, maßbeständig, beiz- und polierbar, streich- und lackierfähig und direkt furnierbar. Rohdichte 0,45 bis 0,75.

Wozu werden Spanplatten verwendet?
Im Möbelbau verwendet man vorwiegend Platten zwischen 16 und 25 mm, z. B. für Türen, Seiten, Böden, Wand- und Deckenverkleidungen. Geringere Dicken eignen sich für Rückwände, Füllungen, Schubkasten- und Abdeckböden.

Für Fußböden werden Spanplatten mit besonders dichter Oberfläche verarbeitet.

Was ist über die Verarbeitung von Spanplatten zu sagen?
Spanplatten lassen sich etwas schwieriger bearbeiten als Sperrholz. Bei maschineller Bearbeitung sind Hartmetallschneiden, hohe Drehzahlen und langsamer Vorschub vorteilhaft. Man kann die Platten biegen, leimen, furnieren, mit Kunststoffen belegen, nageln und schrauben, sofern vorher in entsprechende Nuten Hartholz eingeleimt wurde.

Eignen sich Spanplatten für Verbindungen?
Es können fast alle Holzverbindungen angewendet werden, so z. B. Nut mit angeschnittener Feder, auf Gehrung mit Feder und Winkelfeder, auf Gehrung gedübelt, stumpfer Stoß gedübelt, auf Gehrung mit Eckdübel und Falz mit angeschnittener Gehrung. Zinken und Gratverbindungen eignen sich nicht.

Wie werden Spanplatten gelagert?
Die Lagerung erfolgt wie bei Tischlerplatten trocken und luftig in geschlossenen Räumen gestapelt oder frei an die Wand gestellt.

1.17. Furnieren

Was versteht man unter Furnieren?
Das Aufleimen eines Edelfurniers auf Vollholz, Furnierplatten, Tischlerplatten, Holzspanplatten oder Holzfaserplatten in einfacher, dekorativer oder durchlaufender Form.

Beschreiben Sie das einfache Furnieren!
Man verleiht dem Möbel mit dem einfachen Längsfurnier das Aussehen von Vollholz, z. B. bei Rahmen, Schubkastenvorderstücken u. a.

Nennen Sie Möglichkeiten der dekorativen Furnierung!
Um eine besonders schmückende Wirkung zu erzielen, setzt man Furniere rautenförmig oder in Karos zusammen. Eine dekorative Wirkung erreicht man auch durch Kreuzfugen und eingelegte Furnieradern.

Was versteht man unter einem durchlaufenden Furnier?
Hierbei wird der Faserverlauf der Werkstücke nicht berücksichtigt. Das Furnier läuft von oben nach unten oder von links nach rechts durch, z. B. über Sockel, Türen und Schubkasten.

Was ist bei der Auswahl von Furnieren zu berücksichtigen?
Beim Auswählen der passenden Furniere spielen der Zweck des Gegenstandes, die Holzstruktur, die Holzfarbe, die Ansprüche an die Oberfläche und auch der „Geschmack" des Kunden eine Rolle. Äste, Wuchsfehler, Farbfehler und vermesserte Furnierblätter sind auszuscheiden.

Wie werden wellige Furniere geglättet?
Wellige Furniere feuchtet man leicht an und preßt sie zwischen unbedrucktem, farbfreiem Papier und ungeölten Zulagen mit leichtem Druck.

Wie muß die Faserrichtung der Furniere verlaufen?
Bei Vollholz muß die Faserrichtung des Edelfurniers immer mit der Faserrichtung des Vollholzes übereinstimmen, da sonst Einrisse entstehen.
Bei Furnier- und Tischlerplatten läuft die Faserrichtung grundsätzlich quer zum Sperrfurnier.
Bei Spanplatten braucht man auf eine bestimmte Richtung des Faserverlaufs nicht zu achten.

Nennen Sie wichtige Gesichtspunkte für das Furnieren!
Um gute Flächen zu erhalten, sollen die Trägerplatten auf beiden Seiten in gleicher Faserrichtung furniert werden. Dabei sollen die Deckfurniere gleich dick und von derselben Holzart sein, sich zumindest aber in Gefüge und Porigkeit entsprechen.

Womit werden Furniere zugeschnitten?
Das Zuschneiden erfolgt mit der Pendelsäge (Sägeblatt mit kleinen Zähnen), der Absetzsäge, der Furniersäge, dem Furniermesser, dem Furnierschneider, dem Fugenschneider, der Furnierschere oder der Furnierfügemaschine.

Wie werden Fugen nachgefügt?
Um dichte Fugen zu erhalten, fügt man die Schnittkanten bei hellen Furnieren mit der Rauhbank nach, z. B. bei Ahorn, Birke, Esche und Birnbaum.

Wie verbindet man Furnierfugen?
Furnierfugen werden mit dünnem, zähem, auf jeden Fall säurefreiem Fugenpapier überklebt und bei hochwertigen Arbeiten durch Umklappen geleimt. Um ein Einreißen des Furniers an den Hirnenden zu verhindern, überklebt man diese mit Fugenpapier.

Nennen Sie Geräte zur Verbindung von Furnierfugen!
Neben dem Aufkleben des Fugenleimpapiers von Hand verwendet man auch Furnierfugen-Klebeapparate und Fugenverleimmaschinen.

Wie sollen Vollholzkanten sein?
Durch Aufleimen von Kantenholz (Umleimern) werden die Kanten der Trägerplatte verdeckt. Dadurch wird das Anfräsen von Profilen, die in der Holzart dem Furnier entsprechen, ermöglicht. Damit der Umleimer sich nicht auf dem Deckfurnier abzeichnet, ist er so schmal wie möglich zu halten.

Wie erfolgt der Leimauftrag beim Furnieren?
Zahnspachtel, Leimauftragsrolle oder Leimauftragsmaschine garantieren bei richtiger Anwendung einwandfreies Furnieren mit dünnschichtigen Kunstharzleimen.
Dickflüssigere Weiß- und Glutinleime streicht man oft noch mit dem Leimpinsel auf. Eine gleichmäßige Leimverteilung auf der Fläche wird dabei nicht erreicht.

Wieviel Leim wird beim Furnieren benötigt?
Um eine einwandfreie Verleimung und eine möglichst dünne Leimfuge zu erreichen, genügen 80 bis 100 g/m².

Bei zu viel Leim ist der Wasseranteil zu hoch, bei zu wenig Leim entstehen unbeleimte Stellen und bei zu dickem Leim können Spannungen und Rißbildungen verursacht werden.

Was ist beim Auflegen der Furniere zu beachten?
Bei der Verwendung von Glutinleim sind die Furnierblätter erst dann aufzulegen, wenn der Leim erstarrt ist. Dadurch verdunstet überschüssiges Wasser und kann so vom Holz nicht mehr aufgenommen werden. Bei Kunstharzleimen ist die Gefahr des zu frühen Anklebens geringer.

Auch ist darauf zu achten, daß die Furniere beim Auflegen nicht verrutschen.

Nennen Sie Geräte zum Aufpressen von Furnieren!
Man preßt das Furniergut zwischen 2 bis 3 mm dicken, je nach Leim- und Holzart vorerwärmten Zink- oder Aluminiumzulagen in Furnierböcken oder Furnierspindelpressen. Größere Betriebe verwenden hydraulische Etagenheizpressen, die durch Dampf, Wasser oder elektrischen Strom aufgeheizt werden.

Wie arbeiten Spindelpressen?
Furnierspindelpressen haben meist 3 Spindeln, die nach dem Einlegen des Furniergutes von Hand von innen nach außen zugedreht werden, um eine Leimstauung zu vermeiden.
Sie ermöglichen durch ausziehbare Tische eine günstigere Bedienung, gleichmäßigen Druck und größere Preßlagen.

Welche Vorteile haben Heißpressen?
Durch hohe Temperaturen und einstellbaren Druck erreicht man die Verdunstung der Leimfeuchtigkeit, eine kurze Spannzeit mit rascher Abbindung und damit rationelles Arbeiten bei Serienfertigung.

Wie lang sind die Preßzeiten?
Glutinleim (Warmleim) wird bei 40 bis 60 °C und einer Spannzeit bis zu 2 Stunden verarbeitet. Modifizierte Glutinleime benötigen 6 bis 20 Minuten bei einer Temperatur von 50 bis 90 °C.

Kauritleim erfordert bei Kaltverleimung 2 bis 10 Stunden Spannzeit, bei Warmverleimung (40 bis 70 °C) 10 bis 60 Minuten und bei Heißverleimung (70 bis 100 °C) 1,5 bis 10 Minuten.

Welche Arten von Furnierzulagen unterscheidet man?
Man verwendet Zink- oder Aluminiumbleche von 2 bis 3 mm Dicke. Zinkzulagen sind biegsam und halten lange die Wärme, nützen sich aber rasch ab, sind schwer und teuer.

Aluminiumzulagen erwärmen sich sehr rasch, sind billiger, gut zu reinigen und günstig für Heißpressen, aber sie geben die Wärme bei Einrichtungen ohne Aufheizung rasch ab und eignen sich nicht für Formfurnierungen.

Wie müssen Furnierzulagen behandelt werden?
Furnierzulagen müssen sauber und frei von Leim- und Papierresten sein. Um ein Ankleben beim Pressen zu vermeiden, werden sie mit säurefreiem Zulagenfett eingefettet.

Empfindliche Furniere schützt man durch Zwischenlagen von unbedrucktem, farbfreiem Papier vor Verfärbungen.

Nennen Sie Fehler, die beim Furnieren vorkommen können!
Welliges Aussehen durch ungleich dicke Absperrfurniere, ungleicher Preßdruck, verschiedene Wärmegrade bei Zulagen, Leimfehler (z. B. halbabgebundener Leim, verminderte Abbindekraft), Kürschner (unbeleimte Stellen), Leimwülste, Leimdurchschlag, Verfärbungen, Übereinanderschieben oder Verrutschen der Furniere beim Pressen, fleckige Stellen und Einreißen der Furniere.

Wie entstehen Kürschner?
Die Ursachen sind vielseitig: Blindholzfehler (z. B. Äste, Harzgallen und Kittstellen), zu kurze Preßzeit, ungleichmäßiger Preßdruck, ungleicher Leimauftrag, zu stark gestreckter Leim, ungelöste Knollen des Streckmittels, zu heiße Furnierzulagen, die den Leim verbrennen und nicht entferntes Fugenleimpapier.

Wie beseitigt man Kürschner?
Die ungeleimten Stellen werden mit einem scharfen Messer aufgeschnitten, beleimt und mit warmen Zulagen nachgepreßt oder mit einem heißen Eisen gebügelt. Papierzulage nicht vergessen!

Was sind Leimwülste?
Das sind Wülste im Furnier, die mit Leim gefüllt sind. Sie entstehen, wenn der Leim übermäßig und ungleich aufgetragen wird und wenn der überschüssige Leim infolge falschen Preßdrucks nicht entweichen kann.

Wie werden Leimwülste beseitigt?
Man schneidet die Wulst vorsichtig auf, entfernt den überflüssigen Leim und preßt diese Stellen sofort nach der Entnahme aus der Presse mit warmen Zulagen nach.

Wodurch entsteht Leimdurchschlag?
Leim kann durchschlagen, wenn die Furniere grobporig (z. B. Eiche, Limba), dünn oder vermessert sind, bei Maserfurnieren, bei Furnierrissen, bei zu heißen Furnierzulagen, bei zu dünnem Leim, und wenn dem Leim keine Füllmittel beigemischt wurden.

Wie kann man Leimdurchschlag verhindern?
Voraussetzung für die Verhinderung von Leimdurchschlag ist die richtige Leim-Viskosität, die durch Zugabe von Füllstoffen erreicht werden kann. Grundsätzlich sollen alle Furnierleime so dickflüssig wie möglich gebraucht, aber dünn aufgetragen werden. Bei dunklen Hölzern empfiehlt sich die Beigabe von Farbstoff.

Beseitigung von Leimdurchschlag siehe bei Oberflächenbehandlung!

Wie können Verfärbungen des Furniers vermieden werden?
Eisenhaltige Werkzeuge zum Leimauftrag, säurehaltige Leime, minderwertiges Furnierfugenpapier und Alkalien verursachen Verfärbungen.

Beseitigung siehe bei Oberflächenbehandlung!

Wie verhindert man das Verrutschen von Furnieren?
Bei maßfertigen Flächen leimt man vor dem Furnieren am Rand Holzklötzchen an, so daß ein Verschieben unmöglich ist.
Geleimte Furnierfugen verhindern ein Übereinander- bzw. Auseinanderschieben der Furnierblätter.

Was bedeutet Unterfurnieren (Blindfurnieren)?
Um bei hochglanzpolierten, lackierten und maserfurnierten Flächen Rißbildungen und Unebenheiten zu vermeiden, werden auf die Absperrfurniere beidseitig Unterfurniere (Blindfurniere) im Winkel von 30° zum Faserverlauf der Sperrfurniere aufgeleimt.
Besonders geeignet sind Nußbaumsplintfurniere und evtl. auch schlichte Ahornfurniere.

Wie furniert man gewölbte Möbelteile?
Man verwendet hierzu Formen und Zulagen mit Profilen und Gegenprofilen sowie Gummischläuche oder Gummisäcke zum Anpressen des Furniers.

Wie werden Rundungen furniert?
Abgerundete Tischfüße, Türkanten, Viertelstäbe und Profile furniert man im Furnierapparat. Als Zulagen nimmt man Gummi- oder Linoleumstreifen.

Was versteht man unter Aufreiben von Furnieren?
Wenn bei schmalen Kanten das Aufpressen von Furnieren nicht möglich ist, reibt man diese mit dickflüssigem Leim und angewärmtem Furnierhammer auf.
Zum Aufreiben von Furnieren verwendet man auch Sonderleime und Kontaktkleber.

Was versteht man unter Einlegen von Adern?
Um eine Fläche zu beleben, werden mit dem Furnieraderschneider oder Fugen- und Streifenschneider schmale Streifen von Furnieren (z. T. auch Metall) geschnitten und diese meist vor dem Furnieren in die Furnierfläche eingefügt.

Wie werden furnierte Platten gelagert?
Furnierte Platten müssen vor ihrer Weiterverarbeitung so gelagert werden, daß der Leim voll abbinden bzw. aushärten und die Leimfeuchtigkeit heraustrocknen kann.

1.18. Leime und Kleber

Was versteht man unter Leim?
Leime sind Klebstoffe. Sie sind das wichtigste Mittel zum Verbinden von Werkteilen aus Holz in jeder Form sowie von Holz mit anderen Stoffen, z. B. mit Kunststoffen, Marmor, Linoleum usw.

Beschreiben Sie die Aufgaben der Holzleime!
Das Zusammenkleben von Holzteilen nennt man im allgemeinen Verleimen. Die Festigkeit einer Leimverbindung hängt einerseits von den Kräften ab, die an den Grenzflächen zwischen den Hölzern und dem Leim wirken (Adhäsion = Haltekraft) und andererseits von der Festigkeit und dem inneren Zusammenhalt des Leimfilms (Kohäsion = Bindekraft).
Durch das mehr oder weniger starke Eindringen des flüssigen Leims in das Holz wirken die Kräfte der Adhäsion als Verdübelung oder Verzahnung. Voraussetzung ist eine gleichmäßige und vollständige Beschichtung mit Leim und die entsprechende Viskosität (Zähflüssigkeit) der Leimlösung.

Von welchen Faktoren ist eine gute Verleimung abhängig?
Gutes Verleimen setzt Kenntnisse über Holzart, Holzfeuchte und Verhalten des Werkstoffs beim Verleimen sowie über die Vorbereitung der zu verleimenden Holzflächen voraus.

Welchen Einfluß hat die Holzart auf eine gute Verleimung?
Großlumige Zellen (Zellen mit großen Hohlräumen) ermöglichen eine gute Verzahnung des Leims mit der Holzoberfläche. Zähe und dichte Hölzer und Hölzer mit Inhaltsstoffen (z. B. Fette, Harze u. a.) nehmen den Leim schwer an und sollten deshalb vorher mit dem Zahnhobel aufgerauht werden.

Wie sollen Holzoberflächen für eine Verleimung vorbereitet sein?
Die Oberflächen müssen gut aufeinanderpassen, um Fehlverleimungen zu vermeiden. Unebenheiten müssen durch Hobeln, Schleifen oder Abzahnen ausgeglichen werden. Außerdem sind alle Verunreinigungen auf der Leimfläche (auch Handschweiß) zu entfernen.

Welchen Feuchtigkeitsgehalt darf Holz beim Verleimen haben?
Um eine größtmögliche Verleimungsfestigkeit zu erreichen, soll die Holzfeuchtigkeit im allgemeinen zwischen 6 und 12 % liegen. Zu feuchtes Holz verlangsamt das Verdunsten des Wassers im Leim, zu trockenes Holz saugt den Leim zu sehr auf, hauptsächlich bei dünnflüssigem Ansatz.

Wie setzen sich Leimansätze zusammen?
Als Leimansatz (Leimflotte) bezeichnet man die verarbeitungsfertige Leimmischung. Sie setzt sich im allgemeinen aus Leim, Härter, Streckmittel (Füllmittel) und Verdünnungswasser zusammen.
Beim Schaumleimverfahren wird außerdem noch ein Schaummittel zugesetzt.

Was ist bei der Herstellung von Leimansätzen zu beachten?
Bei der Herstellung einer Leimmischung ist darauf zu achten, daß alle Bestandteile sorgfältig abgemessen werden. Leim und Streckmittel mißt man nach Gewicht, Härter und Wasser nach Volumen.
Zur Herstellung verwendet man Gefäße oder bei größeren Mengen Leimmischer mit Rührwerk.

Was versteht man beim Leim unter Topfzeit?
Die Topfzeit umfaßt die Gebrauchsdauer der Leimmischung, d. h. die Zeitspanne zwischen der Herstellung der Leimlösung (z. B. Zugabe des Härters zum Leim-Streckmittel-Gemisch) und dem Zeitpunkt, an dem sich der Leim nicht mehr auftragen läßt (DIN 16921).
Die Gebrauchsdauer hängt von der Leimzusammensetzung und der Temperatur ab.

Welche Wartezeiten unterscheidet man bei einer Verleimung?
Man unterscheidet Abtrocknungszeit, offene Wartezeit und geschlossene Wartezeit. Außerdem spricht man von Einlege- oder Beschickungszeit und Preßschließzeit. Diese beziehen sich auf den Zeitaufwand beim Preßvorgang und hängen von der Gebrauchsdauer des Leims (Topfzeit) ab.

Welche Zeit bezeichnet man bei Verleimungsarbeiten als Abtrocknungszeit?
Man versteht darunter die Wartezeit, die vom Beleimen der Flächen bis zu dem Zeitpunkt, an dem der volle Preßdruck erreicht ist, benötigt wird.

Was versteht man beim Verleimen unter „offener Zeit"?
Die offene Wartezeit ist die Zeitspanne, die sich vom Leimauftrag an bis zum Zusammenlegen der zu verleimenden Flächen ergibt.
Nach dem Beleimen läßt man besonders beim Kaltverfahren den Leim etwas „anziehen" (ablüften), bevor man die zu verleimenden Teile zusammenbringt.

Was versteht man beim Verleimen unter „geschlossener Zeit"?
Die geschlossene Wartezeit beginnt mit dem Zusammenlegen der zu verleimenden Teile und endet, wenn der volle Preßdruck erreicht ist.

Was versteht man unter Preßzeit?
Die Preß- oder Spannzeit umfaßt die gesamte Zeitspanne zwischen Beginn und Beendigung des Preßdrucks und dauert so lange, bis der Leim abgebunden hat.
Die Dauer dieser Zeit hängt von der Art des Leims und des Härters, der Temperatur, dem Streckungsgrad und der Holzfeuchtigkeit ab.

Welche Klebstoffe (Leimgruppen) unterscheidet man?
1. Natürliche, organische Leime, auch als Eiweißleime oder tierische Leime bezeichnet:
   a) Glutinleim (GL)
   b) Kaseinleim (C)
   c) Blutalbuminleim (A)
2. Synthetische Leime (Kunstharzleime):
   a) Härtbare Kunstharzleime oder Kondensationsleime
   b) Thermoplastische Kunstharzleime oder Dispersionsleime
3. Feste Kunstharzklebstoffe, z. B. Schmelzkleber (SK), Leimfilme und Kontaktkleber (Schnellkleber)

Welche Glutinleimsorten gibt es?
Zu den Warmleimsorten gehören Hautleim, Lederleim, Knochenleim und Mischleim (aus Knochen-, Haut- und Lederleim).
Außerdem gibt es modifizierte Glutinleime (Sonder-Glutinleime) als Schnellbinder, Heißleime und Kaltleime.

Nennen Sie die Ausgangsstoffe für Glutinleim!
Glutinleime werden industriell aus glutinhaltigen, tierischen Abfällen wie Häuten, Sehnen, Knorpeln und Knochen sowie aus entgerbten Abfällen der Lederindustrie hergestellt.

Wie geht die Herstellung von Glutinleim vor sich?
Die Ausgangsstoffe werden sortiert, gereinigt, entfettet, gekocht, durch Wasserentzug eingedickt und anschließend geformt und getrocknet.

In welcher Form kommt Glutinleim in den Handel?
Als Tafel-, Würfel-, Perlen-, Körner-, Plättchen-, Kristall- und Flockenleim sowie in Pulverform.

Wie wird Glutinleim für den Gebrauch zubereitet?
Glutinleim wird zunächst eingeweicht und dann im Wasserbad bis zu 60 °C erhitzt. Dabei schmilzt der Leim und wird flüssig. Kochen und mehrmaliges Erwärmen verschlechtern die Bindekraft und die Farbe.

Beschreiben Sie den Abbindevorgang bei Glutinleim!
Beim Abbinden in der Leimfuge tritt durch Entzug des Wassers aus der Leimflüssigkeit und durch Abkühlung zunächst ein gallertartiger und später ein fester Zustand ein (physikalischer Vorgang).

Welche Vorteile haben Glutinleime?
Sie haben eine lange, offene Zeit und hinterlassen keine Verfärbungen, sofern sie säurefrei sind. Leimdurchschläge lassen sich leicht entfernen.

Nennen Sie die Nachteile von Glutinleim!
Glutinleime eignen sich nur für Innenausbau. Sie sind nicht wetter- und wasserfest, nicht schimmelfest und benötigen eine lange Trocknungszeit.

Womit wird Glutinleim aufgetragen?
Zum Leimauftrag verwendet man Pinsel ohne Blech- oder Drahtbindung, Zahnspachteln oder Leimauftragmaschine.

Wozu wird Glutinleim verwendet?
Glutinleime spielen heute für den Tischler eine untergeordnete Rolle. Hauptverbraucher sind die holzverarbeitende Industrie, die Papierindustrie und papierverarbeitende Betriebe sowie chemische Industriezweige. Außerdem finden Glutinleime Verwendung bei der Herstellung von Schmirgelbändern, Kleberollen, Zündhölzern, Korkwaren, Lederwaren, Etuis, Bleistiften und im Instrumentenbau (Geigen, Klaviere usw.).

Warum gibt man Leimzusätze bei?
Durch Zusätze will man Leim einsparen und Leimdurchschläge verhindern. Von Nachteil ist, daß die Bindekraft des Leims dadurch herabgesetzt wird.

Nennen Sie Leimzusätze!
Dem Leim gibt man bis zu 30 % Füll- oder Streckmittel zu, z. B. Schlämmkreide, Holzmehl, technisches Roggenmehl, Pora, Ulmer Streckmittel u. a.

Was versteht man unter modifizierten Glutinleimen?
Das sind Sonder-Glutinleime, die infolge chemischer Zusätze schneller abbinden, so Glutin-Schnellbinder, Glutin-Heißbinder und Glutin-Kaltleime.

Was ist Glutin-Schnellbinder?
Schnellbinder sind Glutinleime, die sehr stark mit Füllstoffen gestreckt werden können, ohne ihre Bindekraft wesentlich zu verlieren. Durch chemische Zusätze wird die Preßdauer auf 12 bis 15 Minuten reduziert.

Beschreiben Sie Glutin-Heißbinder!
Durch Zusatz von chemischen Härtungsmitteln bindet das Glutin erst bei Temperaturen von 70 bis 95 °C ab. Es genügt eine Preßzeit von 3 bis 5 Minuten in hydraulischen Heißpressen. Absperren und Furnieren sind in einem Arbeitsgang möglich. Kein Leimdurchschlag! Keine Verfärbung der Furniere!
Glutin-Heißbinder ist der einzige Glutinleim, der heute noch in größerer Menge verarbeitet wird, da die Leimfuge auch nach dem Abbinden biegsam und elastisch bleibt.

Was sind Glutin-Kaltleime?
Durch Zusatz von Chemikalien ist die Schmelz- und Erstarrungstemperatur so weit herabgesetzt, daß diese Leime in kaltem Zustand (bei +15 °C) noch streichfähig sind und auch abbinden.

Aus welchen Stoffen bauen sich Kaseinleime auf?
Diese Kaltleime werden industriell auf der Basis von Quark (Kasein des Käsestoffs) und Kalk hergestellt, sind aber heute durch wirtschaftlichere, synthetische Kaltleime ersetzt.
Konkurrieren können nur noch modifizierte Kaseinleime (Schnellbinderleime).

Nennen Sie besondere Eigenschaften des Kaseinleims!
Kaseinleim kommt in Pulverform, vermischt mit Konservierungs- und Füllmitteln in den Handel. Er ist witterungs- und wasserbeständiger als Glutinleim, bindet jedoch langsam ab (2 bis 10 Stunden), ist umständlich anzumachen und neigt zum Verfärben gerbstoffreicher Hölzer und zur Schimmelbildung.

Was sind Blutalbuminleime?
Diese Leime sind auf der Eiweißbasis des Blutalbumins aus Rinder- und Pferdeblut hergestellt und kommen in Pulver- oder Plättchenform in den Handel.
Die Abbindung erfolgt durch eine chemische Reaktion zwischen dem Blutalbumin und dem zugefügten Kalkhydrat.

Was versteht man unter Kunstharzleimen?
Kunstharzleime sind synthetische Klebstoffe, die auf der Basis von Kunstharzen aufgebaut sind. Je nach Art der verwendeten Kunstharze und ihrem Abbindevorgang unterscheidet man Kondensationsleime, Dispersionsleime und feste Kunstharzklebstoffe.
Auch die Schnellkleber (Kontaktkleber) basieren auf Kunstharzen als Ausgangsstoff.

Was sind Kondensationsleime und wie binden sie ab?
Sie bestehen aus härtbaren Kunstharzen, z. B. Harnstoff-, Melamin- und Phenol-Formaldehydharzen.
Kondensationsleime binden nur durch eine chemische Reaktion ab, wobei eine stoffliche Veränderung des Leimkörpers entsteht. Diese chemischen Reaktionen werden durch die Einwirkung von Hitze und in vielen Fällen durch Zugabe von Härtern beschleunigt. Bei selbsthärtenden Kondensationsleimen entfällt die Härterzugabe.

Nennen Sie handelsübliche Kondensationsleime!
Es gibt Kalt-, Warm- und Heißleime. Je nach Rohstoffgrundlage unterscheiden wir Harnstoffharzleime (z. B. Kaurit, Melocol, Jowalit), Melaminharzleime (z. B. Pressal, Melocol M) und Phenolharzleime (z. B. Bakelit-Leim, Montagit, Imprenal). Besondere Arten sind der Leimfilm (Tegofilm) von $7/100$ mm Dicke und Kauresinleim.

In welcher Form kommen Kondensationsleime in den Handel?
Härtbare Kunstharzleime sind in Pulverform, als Paste, flüssig in Kannen und Fässern und als Leimfilm erhältlich. Auch Härter sind pulverförmig oder als Lösung im Handel.

Was wissen Sie über die Verpressung von Kondensationsleimen?
Zur Abbindung bei Heißverleimung sind beheizte, hydraulische Pressen mit Temperaturen bis zu 140 °C notwendig. Die Zufuhr von Wärme kann durch Heißwasser, Dampf, auf elektrischem Weg, durch Infrarotstrahlen und durch Hochfrequenzheizung erfolgen.
Zugaben von nichtalkalischen Streckmitteln bis zu 40 % (z. B. Pora-Spezial, technisches Roggenmehl u. a.) verhindern Leimdurchschläge.

Welche besonderen Eigenschaften haben Kondensationsleime?
Sie sind wasser-, hitze-, zersetzungs- und tropenbeständig, schimmel- und kochfest und haben wenig Wassergehalt und bei Zufuhr von Hitze eine kurze Abbindezeit (ab 10 Sekunden).

Welche nachteiligen Eigenschaften haben Kondensationsleime?
Die Leimfugen sind hart, spröde und wenig elastisch. Werkzeuge werden dadurch stark verbraucht. Leimdurchschläge und Fehlleimungen können nicht mehr entfernt bzw. rückgängig gemacht werden. Säurehaltige Härter führen zu Verfärbungen bei hellen Hölzern. Mit Härter vermischte Lösung bleibt nur etwa 2 Stunden verarbeitungsfähig.

Wozu werden Kondensationsleime verwendet?
Sie finden bevorzugt als Montage- und Furnierleim beim Handwerk und in der Industrie Verwendung, z. B. im Holzträgerbau, Möbelbau, in der Sperrholz- und Spanplattenherstellung, im Fahrzeug-, Waggon-, Schiffs- und Flugzeugbau.

Welche Leimverfahren wendet man bei Kondensationsleimen an?
1. Untermischverfahren: Der Härter ist entweder im Leimpulver enthalten oder wird als Lösung bzw. in Form von Pulver dem Leimansatz beigemischt.
2. Vorstrichverfahren: Man trägt auf die weniger quellende Holzfläche die Härterlösung auf. Ist diese vollständig abgetrocknet, gibt man auf der anderen Fläche härterfreien Leim an.

Welche Aufgaben haben Härter?
Härter sind Säuren und Salze. Sie bewirken die Auskondensation (Aushärten) des Kunstharzes zu einem wasserunlöslichen und unschmelzbaren Leimfilm. Hitzezufuhr beschleunigt das Aushärten.

Was versteht man unter Schaumleimverfahren?
Hierbei werden mit Schaumschlaggeräten winzige Luftbläschen untergemischt, wobei sich durch die Volumenvergrößerung des Leims die Menge des Auftrags verringert und der Leim vom Holz nicht aufgesogen wird. Schaumleim ermöglicht erhebliche Ersparnisse beim Leimverbrauch.

Was ist Kauresinleim?
Dieser Leim besteht aus einer Mischung von Phenolharz und Resorcinharz und ist flüssig. Mit Härtepulver verarbeitet erreicht man besonders wetter- und tropenfeste Verleimungen ohne Nachtrocknungsmängel.

Was versteht man unter Dispersion?
Dispersion bedeutet Zerteilung, d. h., in einem Dispersionsmittel (z. B. Wasser) ist ein zweiter Stoff, der darin unlöslich ist, so fein verteilt, daß er sich nicht absetzt.

Was sind Dispersionsleime und wie binden sie ab?
Diese auch als Weißleime bezeichneten Leime sind flüssig und bestehen aus thermoplastischen (wärmebildsamen) Kunststoffen. Die Abbindung und Aushärtung erfolgt ohne Härterzusatz nur durch Trocknung und Abgabe von Wasser (physikalischer Vorgang).

Nennen Sie im Handel gebräuchliche Arten von Dispersionsleimen!
Hierher gehören Rakoll, Ponal, Collafix, Preccoll, Cederin, Hymir, Glockenleim u. v. a.

Welche Leimverfahren gibt es bei Dispersionsleimen?
Dispersionsleime gibt es als Kalt-, Warm-, Heiß- und als Sonderleime (Schnellbinder).
Beim Siegelverfahren können aufgetragene und bereits ausgetrocknete PVAC-Sonderleime (Polyvinylacetat-Dispersionsleime) unter Preßdruck und Wärme zwischen 100 und 120 °C abbinden.

Nennen Sie vorteilhafte Eigenschaften der Dispersionsleime!
Dispersionsleime haben eine kurze Abbindezeit, die durch Wärme wesentlich herabgedrückt werden kann. Leimdurchschläge können durch Zusatz von Streckmitteln (nicht über 20% Kreide) vermieden werden bzw. lassen sich in frischem Zustand mit warmem Wasser auswaschen, später nur noch mit Lösungsmitteln (z. B. Aceton) entfernen.
Dispersionsleime sind lagerbeständig, feuchtfest und von hoher Bindefestigkeit. Die Leimfugen bleiben elastisch, wodurch beim Bearbeiten die Werkzeugschneiden geschont werden.

Welche nachteiligen Eigenschaften haben Dispersionsleime?
Weißleime verfärben gerbstoffhaltige und helle Hölzer. In Gefäßen eingetrocknete Leimreste sind unlöslich und unbrauchbar. Der Leim ist frostempfindlich und nicht witterungsbeständig. Bei höheren Temperaturen können Leimfugen weich werden.

Wozu verwendet man Dispersionsleime?
Weißleime sind besonders beliebt für Fugenverleimungen, für Absperrarbeiten, für Bautischlerarbeiten und auch zum Furnieren kleinerer Flächen.

Womit werden Kunstharzleime aufgetragen?
Zum Auftragen eignen sich Pinsel (ohne Metallzwingen), Handwalze, Spachtel, Leimkamm und Leimauftragmaschine.

Was versteht man unter Leimfilmen?
Der Leimfilm ist eine etwa 0,07 mm dicke Papierschicht, die mit Phenol-, Harnstoff- oder Melaminharz getränkt ist. Der Leimfilm schmilzt bei 130 bis 140 °C, bindet dann ab und härtet aus.

Was sind sog. Schmelzkleber (SK)?
Schmelzkleber sind thermoplastische (wärmebildsame) Kunststoffe, die in automatischen, heizbaren Kantenanleimmaschinen bei einer Temperatur von 195 bis 200 °C schmelzen und in Serienfertigung Holzkanten und PVC-Umleimer (Kunststoffkanten) beim Durchlauf so fest verkleben, daß die Werkteile sofort weiterverarbeitet werden können. Diese Verklebungen sind wärmebeständig und wasserfest.

Was versteht man unter Kontaktklebern?
Kleber sind Lösungen aus Kunstkautschuk (Perbunan und Neoprene), die im Kontaktverfahren verarbeitet werden. Man unterscheidet:
Kunststoff-Kleber   = Klebstoff für Kunststoffe
Kunststoff-Klebstoff = Klebstoff aus Kunststoff

Nennen Sie verschiedene Markenkleber!
Handelsnamen sind z. B. Bisotex, Ardal, Terokal, Rakoll 66, Kleiberit, Pattex, Bostik, Jowat-Contaxa 400, Wecoll-Rekord, Parkettkleber D u. a.

Welche Arten von Klebern gibt es?
Man unterscheidet Einkomponentenkleber ohne Härter und Zweikomponentenkleber mit Härterzusatz. Härter wird bei Verklebungen verwendet, die eine hohe Anfangshaftung, Wasserfestigkeit und große Wärmebeständigkeit verlangen.

Außerdem gibt es Folien- oder Plastikkleber und Sprühkleber in Sprühdosen.

Was sind Folien- oder Plastikkleber?
Folien- oder Plastikkleber sind Dispersionskleber. Sie werden nur auf das Trägermaterial aufgetragen, wobei nach dem sofortigen Auflegen und Auswalzen der Folien die Dispersionsmittel in die Trägerplatte abwandern, also kein Ablüften des Klebefilms notwendig ist.

Wie erfolgt die Verklebung bei Kontaktklebern?
Alle Klebeflächen müssen raumtemperiert, trocken und frei von Öl, Fett, Schmutz und Staub sein. Nach dem Auftragen des Klebers muß gewartet werden, bis sich beim sog. „Fingertest" alle Teile trocken anfühlen. Die Verklebung erfolgt durch kurzes, aber starkes Aufpressen in Böcken, Pressen oder mit der Preßrolle.

Welche Eigenschaften haben Kleber?
Kleberfugen sind wasserfest, elastisch und widerstandsfähig gegen Säuren, Laugen und Öl. Bei Härterzusatz erreicht man außerdem eine Wärmebeständigkeit bis zu 100°C. Verarbeitungsvorschriften sind genau zu beachten!

Welche Vorteile haben Kontaktkleber?
Kleber bringen keine Feuchtigkeit ins Holz, führen zu einer raschen Verklebung, erfordern nur eine kurze Preßzeit und ergeben eine elastische Fuge. Die Verklebung erfolgt kalt.

Nennen Sie die Nachteile von Klebern!
Nachteilig wirken sich die Löslichkeit durch bestimmte Lösungsmittel der verwendeten Oberflächenlacke und die Löslichkeit der ohne Härter verwendeten Kleber bei Überhitzung aus. Kleber sind feuergefährlich!

Wozu werden Kontaktkleber verwendet?
Sie eignen sich besonders zum Ankleben von Wandverkleidungen aus Faser-, Dämm- und Akustikplatten, zum Anleimen von Kanten, zum Furnieren von Rundungen, zum Aufkleben von Umleimern aus Kunststoff, zum Anbringen von Kunstwerkstoffplatten auf Putzwänden sowie zum Aufkleben von Gummi, Metallfolien und Leder auf Holz.

Womit werden Kleber aufgetragen?
Zum Auftragen von Kontaktklebern nimmt man Metallspachteln (Kämme), die den Kleber dünn und gleichmäßig dosieren.

1.19. Glas und Dichtstoffe für Verglasungen

Aus welchen Rohstoffen wird Glas hergestellt?
Quarz, Soda, Kalk, Dolomit und Natriumsulfat werden gemahlen, miteinander vermengt und bei 1400 bis 1500 °C zu einer dickflüssigen Masse geschmolzen.
Das Mischungsverhältnis dieser Stoffe ist je nach Glasart verschieden.

Wie erfolgt die Formgebung bei Glas?
Die Schmelze läßt sich durch Blasen, Ziehen, Floaten, Gießen und Pressen leicht zu Glas formen.

Welche Arten der Glasherstellung unterscheidet man?
Wir unterteilen in geblasenes Glas, gezogenes Glas (Ziehglas), gegossenes Glas (Gußglas) und gepreßtes Glas (Preßglas).

Welche Unterscheidung trifft man nach der Form des Glases?
Man unterscheidet Flachglas und Hohlglas. Hohlglas kommt als Werkstoff beim Tischler und Glaser nicht vor.

Wie wird Glas berechnet?
1. Berechnung von Dünnglas und Fensterglas (MD- und DD-Glas): Freimaße und Festmaße (nach Angabe des Bestellers) werden nach vollen Zentimetern von 1:1 cm steigend berechnet. Gebrochene Zentimeter werden wie der nächst höhere volle Zentimeter berechnet, z. B. 45 x 66,6 cm als 45 x 67 cm.
2. Die Berechnung von Spiegel-, Guß-, Verbund- und Sicherheitsglas erfolgt bei Freimaßen (Lagermaßen) von 1:1 cm steigend und bei Festmaßen (nach Angaben des Bestellers) von 3:3 cm steigend. Zwischenmaße sind nach der nächsthöheren Dreierzahl zu berechnen.

Welche Glasarten gehören zum Bauglas?
Die Bezeichnung Bauglas ist ein Sammelbegriff und gliedert sich folgendermaßen auf:
1. Flachglas: Tafelglas (Dünnglas, Fensterglas, Kristallspiegelglas)
   Gußglas und Drahtglas
   Oberflächenveredelte Gläser
   Farbglas und Filterglas
   Sondererzeugnisse aus Tafelglas (Spezialgläser)
2. Preßglas: Prismen, Betongläser, Glasbausteine, Glasdachziegel
3. Glasfaser-Baustoffe

Was versteht man unter Tafelglas?
Tafelglas ist maschinell gezogenes Flachglas, das die Ziehmaschine in gebrauchsfertigem Zustand verläßt. Es ist klar, durchsichtig, farblos, praktisch eben und gleichmäßig dick. Dichte 2,5 kg/dm^3.
Beim Ziehen entstehen in der Ziehrichtung sog. Ziehstreifen.

Welche Güteeigenschaften unterscheidet man bei Tafelglas?
Bei Fensterglas und Spiegelglas unterscheidet man folgende Sortierung:
V = Verglasungsqualität (für normale Bauverglasung)
VA = Verarbeitungsqualität (für Veredelungszwecke und Autoglas)
BG = Belegequalität (z. B. für Spiegel)
Sorte Gartenblankglas (Gärtnereiglas)
V-Qualität und VA-Qualität dürfen vereinzelte, geringfügige und unauffällige Fehler (z. B. Schlieren, Bläschen, sog. Knoten, Wellen, leichte Kratzer u. ä.) aufweisen, die V-Qualität die gleichen Fehler in etwas stärkerem Ausmaß.

Welche Gruppen von Tafelglas unterscheidet man?
Nach DIN 1249 unterteilt man in 2 Gruppen: Dünnglas und Fensterglas. Dickglas wird nicht mehr hergestellt. Man verwendet dafür Kristallspiegelglas.

Wozu verwendet man Dünnglas?
Es dient als Bilderglas (Fotoglas), als Schutzglas, für Feuermelder und als Objektträger.

In welchen Dickenmaßen gibt es Dünnglas?
Nach DIN 1849 vom Juni 1973 gibt es folgende Dicken: 0,7 mm, 0,9 mm, 1,1 mm, 1,35 mm, 1,65 mm und 1,9 mm.
Dünnglas von 0,7 bis 1,65 mm gibt es nur in VA-Qualität, über 1,65 mm nur in V-Qualität.

Wie wird Fensterglas gemessen?
Da die Ziehstreifen beim Einsetzen des Glases möglichst waagrecht verlaufen sollen, ist bei festen Maßen nach Bestellangaben stets zuerst die Breite und dann die Länge anzugeben, auch wenn die Breite größer als die Länge ist.

Nennen Sie die Handelsdicken von Fensterglas!
Nach DIN 1849 vom Juni 1973 unterscheidet man folgende Dicken:
MD (mittlere Dicke) = 2,8 mm, Toleranz +0,2; −0,1
DD (doppelte Dicke) = 3,8 mm, Toleranz +0,2; −0,2

Welche Handelsmaße gibt es bei Fensterglas?
Bei Standard-Packungen für Freimaße gibt es folgende Breiten:
MD-Glas bis 120 cm (bis 80 cm in durch 4 teilbaren Zentimetermaßen, über 80 cm in durch 8 teilbaren Zentimetermaßen).
DD-Glas bis 140 cm (bis 80 cm in Breitenstufen von 4 cm zu 4 cm und über 80 cm in Breitenstufen von 8 cm zu 8 cm steigend).

Nennen Sie die größten Liefermaße bei Fensterglas!
MD-Glas: Freimaße und Festmaße 120 x 188 cm
          Bandmaße 132 x 246 cm
DD-Glas: Freimaße und Festmaße 140 x 216 cm
          Bandmaße 216 x 300 cm

Was versteht man unter Kristallspiegelglas?
Das seither im Gießverfahren hergestellte, fehlerfreie, geschliffene und hochglanzpolierte Spiegelglas wird neuerdings durch ein im sog. Float-Verfahren, d. h. in einem Float-Bad (Zinkbad) gezogenes Glas ersetzt. Dieses neuartige Glas tritt an die Stelle des seitherigen Dick- und Spiegelglases.
Die Bezeichnung „Kristallspiegelglas" oder „Spiegelglas" für dieses neuartige Glas wurde beibehalten.

Welche Handelsmaße gibt es bei Spiegelglas?
Spiegelglas im Float-Verfahren gibt es in Dicken von 4 mm, 5 mm, 6 mm, 8 mm und 10 mm.
Es wird unter den Sortenbezeichnungen Planilux und Optiglas in Bandmaßen bis zu einer Breite von 318 cm und einer Länge bis zu 510 cm bzw. 600 cm im Handel geführt.

Wozu verwendet man Kristallspiegelglas?
Spiegelglas eignet sich für Möbelglas, für Schaufenster, Ladeneinrichtungen, Thekenplatten, Schiebetüren und Aufleger.
Durch Aufbringen einer dünnen Silberschicht auf der Rückseite des Spiegelglases erhält man einen Spiegel.

Was versteht man unter Gußglas?
Hierbei wird die Glasschmelze zwischen Walzenpaaren oder zwischen Einzelwalzen und einem Tisch mit oder ohne Drahteinlage ausgewalzt. Gußglasscheiben können auf beiden Seiten glatt oder ornamentiert sein, aber auch nur einseitig glatt bzw. ornamentiert.

Nennen Sie Gußgläser!
Rohglas, Ornamentglas, Schmuckgläser, Drahtglas, Drahtornamentglas, Sondergläser und Gartenblankglas (Gärtnereiglas).

Beschreiben Sie Rohglas!
Rohglas gibt es in Dicken von 4 bis 10 mm. Die Oberfläche kann glatt, gerippt, feingerippt, gerautet oder gehämmert sein. Rohglas ist weiß oder farbig und nicht klar durchsichtig.

Wozu verwendet man Rohglas?
Es eignet sich besonders für großflächige Verglasungen, die eine erhöhte Widerstandsfähigkeit gegen auftretende Beanspruchungen verlangen, z. B. für Fachböden, Tischplatten, Ablageplatten und zum Auskleiden von Kühlschränken.

Was versteht man unter Ornamentglas?
Dieses 3 bis 4 mm dicke Glas hat zahlreiche Oberflächenmuster, die mit Nummern und z. T. mit zusätzlichen Musterbezeichnungen wie Klarglas, Lava, Regentropfen, Moiré, Lakritz, Perlen usw. geführt werden.
Zu den Ornamentgläsern gehören auch groß- und kleingehämmerte Kathedralgläser in verschiedenen Farben.

Nennen Sie Verwendungsmöglichkeiten von Ornamentglas!
Ornamentglas kommt bei der Verglasung von Türen, Fenstern, Schutz- und Trennwänden zur Anwendung.
Kathedralglas eignet sich für die Verglasung von Kirchenfenstern, Zimmer- und Möbeltüren.

Welche Gläser bezeichnet man als Schmuckgläser?
Es sind Gläser, die in verschiedenen Farben für besondere Zwecke, z. B. zum Verglasen von Möbeln und Beleuchtungskörpern, verwendet werden; z. B. Altdeutsch, Butzenglas, Glattantik, Gußantik und Rosenmuster.

Was ist Drahtglas?
Drahtglas enthält eine eingewalzte Drahteinlage und dient vorwiegend für Verglasungen mit hoher Sicherheit und Widerstandsfähigkeit gegen Feuer.

Was ist Drahtornamentglas?
Hat Drahtglas ein zusätzliches Muster auf der Oberfläche, dann kommt es als Drahtornamentglas, Drahtdifulitglas und Drahtokulitglas in den Handel.
Wärmeabsorbierende Drahtgläser sind Drahtglas Contracalor mit punktgeschweißtem Netz.

Was sind Sondergläser?
Sondergläser für bestimmte Zwecke haben meist eine starke Lichtstreuung.
Hierher gehören: Difulit-, Edelit-, Linien-, Modolit-, Listral-, Karolit- und Wellenglas. Die Glasdicken sind 3 bis 4 mm und 4 bis 6 mm bzw. 6 bis 8 mm bei Wellenglas.

Beschreiben Sie Gartenblankglas!
Dieses 3 mm, 3,8 mm und 5 mm dicke Glas mit einseitig genarbter Oberfläche und starker Lichtstreuung wird vorwiegend im Gartenbau verwendet.

Wie kann Tafelglas veredelt werden?
Die Oberfläche fertiger Tafelgläser kann durch Biegen, Schleifen, Ätzen, Sandstrahlen (Aufrauhen), Einbrennen von Farben und durch Verspiegelung verändert werden.

Nennen Sie oberflächenveredelte Tafelgläser!
1. Tafelglas mit justierten und geschliffenen Kanten
2. Mattglas, Streifen-Mattglas und gemustertes Mattglas
3. Eisblumenglas
4. Musselinglas mit Blumen- und Sternchenmustern
5. Seidentonglas
6. Hintermaltes Glas für Reklamezwecke
7. Einweg-Glas
8. Drahtspiegelglas und Chauvel-Drahtglas

Erklären Sie Mattglas bzw. Streifen-Mattglas!
Mattglas ist ein durchscheinendes Glas, das durch Sandstrahlgebläse oder Flußsäureätzung aufgerauht ist. Es garantiert eine gleichmäßige Lichtverteilung.
Durch Abdecken nicht zu mattierender Teile mit Zinkblech oder Karton erhält man Streifen-Mattglas bzw. gemustertes Mattglas.

Was ist Eisblumenglas?
Auf die Fläche von einseitig angerauhtem, sandstrahlmattiertem Glas wird flüssiger Leim aufgetragen, der beim Trocknen und Schrumpfen Glasteilchen abreißt und eine eisblumenähnliche Musterung hinterläßt. Heute wird es im Walzverfahren hergestellt.

Was versteht man unter Seidentonglas?
Bei diesem Glas werden Farben, meist Metalloxide, in Mustern aufgebrannt und als Buntfenster verwendet.

Was ist Einweg-Glas?
Einweg-Glas ist einseitig verspiegelt und ermöglicht die Sicht vom Dunkeln ins Helle. In umgekehrter Richtung ist es undurchsichtig und wirkt als Spiegel. Verwendung z. B. für „Spion"-Fenster.

Welche Gläser zählen zu den Farbgläsern?
Durch Zusätze von Metalloxiden zur Glasschmelze erhält man Farbgläser für künstlerisch gestaltete Glasfenster. Hierher gehören:
1. Antikglas im Mundblasverfahren, 2,5 bis 2,8 mm dick
2. Überfangglas mit farbiger oder weißer Überfangschicht
3. Milch- oder Opalglas (Trübglas) für Beleuchtungskörper
4. Glaswandplatten, 5 bis 10 mm dick, völlig undurchsichtig, gefärbt und mit polierter Oberfläche für Wandverkleidungen und Tischplatten, z. B. Opakglas und Detopakglas

Was versteht man unter Filterglas?
Durch Zusätze wird eine Absorption gewisser Lichtstrahlen, z. B. der ultravioletten Strahlen erreicht. Filtergläser eignen sich für Museen, Sanatorien und Krankenhäuser, so z. B. Uvilex-Glas und Sanalux.
Besondere Bedeutung haben Wärmeschutzgläser, die Wärmestrahlen absorbieren, z. B. Katacalor, Contracalor, Detag-Gold u. a.

Welche Sondererzeugnisse (Spezialgläser) aus Tafelglas gibt es?
Wir unterscheiden Sicherheitsgläser (Einscheiben- und Verbund-Sicherheitsglas), Thermolux-Glas, Isoliergläser, plastisch veredeltes Glas und Profilit-Bauglas für Wand- und Dachverglasungen.

Was versteht man unter Einscheiben-Sicherheitsglas?
Das ist Spiegelglas, das durch Spezialwärmebehandlung vorgespannt wird und dadurch elastisch, bruchfest, splitterfrei und temperaturunempfindlich ist, z. B. Sekurit, Duro-Glas, Durvit und Delodur (Dicke 8 bis 10 mm, durchsichtig, lichtdurchlässig und lichtundurchlässig).

Was versteht man unter Verbund-Sicherheitsglas?
Verbund-Sicherheitsglas besteht aus zwei oder mehreren miteinander verpreßten Glasscheiben, zwischen denen Kunststoff-Folien eingelegt sind, die farblos, gefärbt oder getrübt sein können.
Geliefert werden normales Verbund-Sicherheitsglas aus zwei Scheiben (z. B. Sigla, 3 bis 24 mm dick), Panzerglas mindestens dreischichtig mit hoher Schußfestigkeit und Draht-Verbund-Sicherheitsglas mit zusätzlichen Einlagen von Stahldrähten.

Was ist Thermolux-Glas?
Dies ist ein Verbundglas aus zwei Tafeln Fenster-, Spiegel-, Guß- oder Drahtglas und einer dazwischenliegenden 1 bis 3 mm dicken Schicht weißer, seidenartiger Glasfäden.
Thermolux-Glas verhindert direkte Sonneneinstrahlung, ist lichtstreuend, lichtlenkend, wärme- und kälteisolierend sowie schalldämpfend. Neu: Phono-Thermglas zur Schallisolation!

Erklären Sie den Aufbau von Isolierglas!

Isoliergläser bestehen aus zwei oder mehreren Glasscheiben, die im Abstand von 6 bis 12 mm luftdicht miteinander verbunden sind. Die Luft zwischen den Scheiben ist vollkommen trocken, staubfrei und besonders wärmedämmend.

Aus welchem Glas bestehen Isolierglas-Einheiten?

Geeignet sind Fenster-, Spiegel-, Sicherheits-, Verbund-, Guß- und Drahtglas.

Die Verbindung der Scheiben erfolgt durch Löten (bei Thermopane), Kleben (bei Cudo), Kitten (bei Emover) oder durch Zusammenschweißen (bei Gado). Weitere Fabrikate sind Ekatherm S, Isolar-Glas, Infrastop-Sonnenschutz-Isolierscheiben, Phonstop-Isolierscheiben u. a.

Was versteht man unter plastisch veredeltem Glas?

Das ist Tafelglas, das bei einer Temperatur von etwa 600 °C erweicht und entsprechend der gewünschten Form gebogen wurde. Es dient zur Verglasung von Schaufenstern, Glaswänden und Vitrinen.

Beschreiben Sie Kunststoffgläser!

Kunststoffglas, auch Acrylglas genannt, wird aus thermoplastischem Acrylharz hergestellt und eignet sich vor allem für Lichtkuppeln und als Well-Glas. Bekannt sind z. B. Plexiglas und Resartglas.

Außerdem gibt es glasfaserverstärkte Polyesterplatten als ebene Platten oder Wellplatten, z. B. Scobalit, Tronex, Lamilux, Acowell, Eterplast u. a.

Womit wird Glas geschnitten?

Glas wird mit einem Glasschneider (Hartmetallrädchen) oder einem Diamanten, dem härtesten aller bekannten Stoffe, einseitig angeritzt und dann gebrochen. Wiederholen Sie nie einen Schnitt in einer schon vorhandenen Schnittfurche!

Welche Arten von Dichtstoffen gibt es?

Wir unterscheiden:
1. Plastisch bleibende Dichtstoffe, weich- bis zähelastisch, formlos oder vorgeformt
2. Elastisch bleibende Dichtstoffe, formlos oder vorgeformt
3. Erhärtende Dichtstoffe (Kitte)

Aus welchen Rohstoffen werden Dichtstoffe hergestellt?
Plastisch bleibende und vorgeformte, plastisch bleibende Dichtstoffe gibt es auf der Basis pflanzlicher und sonstiger Öle, auf der Basis kombinierter Öl- und Kunststoffmassen und auf bituminöser Grundlage (Bitumen = klebende Stoffe aus Erdöl).
Elastisch bleibende Dichtstoffe beruhen auf der Basis von Silikon, Polysulfid u. a. Wenn Sie vorgeformt sind, bestehen sie aus Gummi auf Polychloroprene-Grundlage.
Zu den erhärtenden Dichtstoffen gehören z. B. Leinölkitte aus 15 % Leinöl und Schlämmkreide (Dichte 2,1).

Wie unterteilt man Dichtstoffe nach Art der Mischung?
Man unterscheidet Einkomponentendichtstoffe, die sofort verarbeitet werden können, und Zweikomponentendichtstoffe mit begrenzter Topfzeit. Diese Dichtstoffe müssen vor der Verarbeitung aus zwei verschiedenen Materialien (Komponenten) gemischt werden.

Welche Aufgaben haben Dichtstoffe zu erfüllen?
Dichtstoffe sind − wie der Name sagt − Abdichtungs- und keine Befestigungsmaterialien. Sie dichten das Glas in der Umrahmung gegen Regen und Luftzug ab und betten es so ein, daß Vibrationen, Klirren, Erschütterungen, Dehnungen, Spannungen und Schrumpfungen ausgeglichen bzw. aufgefangen werden.

Welchen Beanspruchungen sind Glasabdichtungen ausgesetzt?
Glasabdichtungen werden beeinflußt durch die Einwirkung von Wind, Feuchtigkeit, Schnee und Erschütterungen durch Außenlärm. Außerdem werden Glasabdichtungen durch chemische Einflüsse (z. B. Dämpfe, chlorhaltiges Wasser usw.) und durch atmosphärische Einflüsse (z. B. starke Luftverunreinigungen, ultraviolette Strahlung u. a.) beansprucht.
Auch Fensterart, Rahmenmaterial und Konstruktion, Scheibenfläche, Kantenlänge und Fensteranordnung in der Fassade spielen bei der Beanspruchung der Abdichtung eine Rolle.

Wie sollen Dichtstoffe gelagert werden?
Alle Dichtstoffe sind in gut verschlossenen Behältern kühl und trocken zu lagern. Ein- und Zweikomponentendichtstoffe haben begrenzte Lagerzeit. Durch Kälte steif gewordene plastische Dichtstoffe werden durch Erwärmen − nicht Erhitzen − wieder geschmeidig.

Was versteht man unter kittloser Verglasung?
Bei der kittlosen Verglasung werden unter Druck Bänder oder Profile aus Neoprene zwischen Glasscheibe und Falz bzw. Glashalteleiste eingepreßt.

1.20. Kunststoffe und Werkstoffe aus Kunststoff

Was sind Kunststoffe?
Kunststoffe sind chemisch abgewandelte, organische Naturstoffe oder völlig neue Werkstoffe, die auf künstlichem (synthetischem) Weg durch Umwandlung von einfachen Grundstoffen erzeugt werden. Sie sind aus Makromolekülen aufgebaut und lassen sich plastisch formen oder sind im Lauf ihrer Herstellung plastisch geformt worden.

Da die meisten Kunststoffe zwischen 100 und 200 °C weich und verformbar (plastisch) sind, werden sie auch „Plastics" oder Plaste genannt.

Nennen Sie die Ausgangsstoffe für Kunststoffe!
Grundstoffe für Kunststoff-Synthesen sind vorwiegend Erdöl, Erdgas oder Kohle, die zunächst zu einfachen Kohlenstoffverbindungen aufgeschlossen werden. Dazu kommen Wasser, Luft und Kochsalz, welche die notwendigen Elemente Wasserstoff, Sauerstoff, Stickstoff und Chlor für die Synthesen liefern.

Was versteht man bei Kunststoffen unter makromolekularem Aufbau?
Kunststoffe sind aus Riesenmolekülen, sog. Makromolekülen (makro, griech., groß) aufgebaut. Makromoleküle bestehen im Gegensatz zu Niedermolekülen, die nur eine geringe Anzahl von Atomen enthalten, aus einer großen Anzahl kleiner, gleicher oder ähnlicher Grundmoleküle (in der Regel mehr als 1000), die man auch als Grundbausteine bezeichnet.

Man unterscheidet fadenförmige und raumnetzförmige Makromoleküle, je nachdem, ob sich die Grundmoleküle zu langen Ketten, sog. Fadenmolekülen, oder in allen drei Richtungen des Raumes zu räumlichen Netzen, sog. Raumnetzmolekülen, miteinander verknüpfen.

Welche Gruppen von Kunststoffen unterscheiden wir?
Kunststoffe, die aus Raumnetzmolekülen aufgebaut sind, bezeichnet man als duroplastische (härtbare) Kunststoffe = Duroplaste oder Duromere.

Kunststoffe aus Fadenmolekülen sind sog. thermoplastische (wärmebildsame) Kunststoffe = Thermoplaste oder Plastomere.
Außerdem gibt es Silikone oder Elastomere und abgewandelte Naturstoffe.

Welche Herstellungsverfahren für Kunststoffe gibt es?
Nach chemischen Gesichtspunkten unterscheidet man:
1. Polykondensation zur Herstellung von Duroplasten
2. Polymerisation zur Herstellung von Thermoplasten
3. Polyaddition zur Herstellung von Polyurethan-Lacken

Was versteht man unter Polykondensation?
Das ist eine chemische Reaktion, bei der sich verschieden aufgebaute, reaktionsfähige Grundmoleküle unter Abspaltung von einfachen Stoffen (z. B. Wasser) zu Makromolekülen vereinigen.

Was versteht man unter Polymerisation?
Man versteht darunter eine chemische Reaktion, bei der sich zahlreiche gleichartige, kleine Moleküle zu Makromolekülen aneinanderlagern.

Was versteht man unter Polyaddition?
Hierbei erfolgt die Bildung des Makromoleküls durch Zusammenschluß zweier verschiedener, reaktionsfähiger Verbindungen unter Umlagerung von Wasserstoffatomen.

Nennen Sie allgemeine Eigenschaften von Kunststoffen!
Kunststoffe sind begrenzt temperaturbeständig, chemisch beständig, bruchsicher, leicht (spez. Gewicht = Dichte = 0,9 bis 1,5), hygienisch sowie isolierend gegen Wärme, Kälte und elektrischen Strom.

Beschreiben Sie Duroplaste (härtbare Kunststoffe)!
Duroplastische Kunststoffe bestehen aus synthetischen Harzen, die bei 170 °C unter Preßdruck chemisch so verändert werden, daß sie „aushärten", d. h., sie behalten ihre Form und Härte und können nicht mehr nachgeformt werden.

Zählen Sie duroplastische Kunststoffe auf!
Die technischen Bezeichnungen sind:
1. Phenolharz-Preßstoffe (PF) = Phenoplaste
2. Harnstoffharz-Preßstoffe (UF) ⎫ = Aminoplaste
3. Melaminharz-Preßstoffe (MF) ⎭
Drucklos härtende Duroplaste sind:
1. Ungesättigte Polyesterharze (UP)
2. Epoxidharze (EP)
3. Polyurethane (PUR)

In welchen Lieferformen gibt es Duroplaste?
Sie kommen u. a. als technische Harze, Schichtpreßstoffe, Preßschichtholz, Kunstharzpreßholz und als sog. „Gießharze" in den Handel.

Wozu verwendet man technische Harze?
Technische Harze dienen als Bindemittel für Holzwerkstoffe. Aus Phenolharz werden dunkle Leime, z. B. Bakelite und Tegofilm, aus Harnstoffharz hellfarbige Leime, z. B. Kaurit und Komakoll und aus Melaminharz ebenfalls helle Leime, z. B. Pressal und Melocol hergestellt.

Was versteht man unter Schichtpreßstoffen?
Das sind Duroplaste mit Füllstoffbahnen aus Hartpapier, Hartgeweben, Glasseidengeweben, Asbestfasern, Glasfasern oder Holzfurnieren, die mit härtbaren Kunstharzen imprägniert sind, in der Wärme mit hohem Druck verpreßt werden und aushärten.

Wie sind Schichtpreßstoffplatten aufgebaut?
Sie bestehen aus 10 bis 25 saugfähigen Spezialpapieren, die mit Phenolharz getränkt sind und unter hohem Druck bei 150 °C heiß verpreßt wurden.
Die beiden obersten mit Melaminharz getränkten Schichten setzen sich aus einem „Dekorpapier", das mit bunten Mustern (Dessin) bedruckt ist, und einem Overlaypapier als Überpresser zusammen. Das Overlaypapier wird nach dem Verpressen durchsichtig und bewahrt das Dekor vor Beschädigungen.

Welche Eigenschaften haben Schichtpreßstoffplatten?
Ausgehärtete Platten sind 1,3 bis 5 mm dick, glashart, nicht mehr lösbar, druckfest, spröde, abwaschbar, unempfindlich gegen Feuchtigkeit, wetterfest und widerstandsfähig gegen Chemikalien, Alkohol und Temperaturen bis zu 130 °C und können verleimt werden.
Eingepreßte Metallfolien machen die Platten unempfindlich gegen Zigarettenglut.

Welche Arten von Schichtpreßstoffplatten gibt es?
Nach DIN 16 926 unterscheidet man dekorative Schichtpreßstoffplatten A in drei Typen:
1. Typ AN für allgemeinen Gebrauch
2. Typ AZ zusätzlich gegen Zigarettenglut beständig
3. Typ AF besonders schwer entflammbar
Schichtpreßstoffplatten erhält man auch mit Kupfer-Relief und mit künstlerischen Unterdrucken.

Nennen Sie im Handel vorkommende Schichtpreßstoffplatten!
Hierher gehören Resopal, Duropal, Trolonit, Ultrapas, Melopas, Formica, Perstorp, Getalit, Homapas u. a.

Wozu werden Schichtpreßstoffplatten verwendet?
Sie werden vor allem im Möbelbau, für langzeitig gebrauchte Tischplatten, für Wandverkleidungen von Küchen, Kühlschränken und Badezimmern, für Ladeneinrichtungen usw. verarbeitet.

Duroplastische Kunststoffe eignen sich auch für Haushaltgegenstände, Lichtschalter, Steckdosen usw.

Wie werden Schichtpreßstoffplatten gelagert?
Man stapelt sie auf glatter, ebener Unterlage oder neigt sie gegen stabile Platten bei einer Raumtemperatur von 20 °C. Eine Papierschicht zwischen den Platten oder eine durchsichtige Schutzfolie, die sich nach Fertigstellung der Arbeit abziehen läßt, schützen die Oberfläche vor Beschädigung und Kratzern.

Wie verarbeitet man Schichtpreßstoffplatten?
Da Kunststoffplatten glashart sind, werden bei der Bearbeitung mit Hartmetall bestückte Werkzeuge oder Spezial-Kunststoffwerkzeuge verwendet. Schichtstofftafeln werden auf Trägerplatten (Hartfaser-, Tischler-, Span- und Furnierplatten) mit Kunstharzleimen oder Kontaktklebern befestigt.

Was versteht man unter kunststoffbeschichteten dekorativen Holzfaserplatten (KH)?
Das sind Holzfaserhartplatten oder Spanplatten, die mit einer Kunststoffschicht aus Dekorpapier (Dessin) und Overlaypapier (durchsichtiger Überpresser) ein- oder beidseitig beschichtet sind.

Nennen Sie im Handel erhältliche kunststoffbeschichtete dekorative Holzwerkstoffplatten!
Hartfaserplatten: Hornitex, Allopal, Homapas, Afitex u. a.
Spanplatten: Allospan, Telsa-Tex, Ticoplan, Ricolor u. a.

Wann finden Edelfurniere als Kunststoffträger Verwendung?
Will man neben den Vorzügen der Kunststoffe nicht auf die Holzmaserung verzichten, werden Edelfurniere mit Kunstharzen getränkt und zu Platten verpreßt, z. B. Liwa, Panela u. a.

Was ist Preßschichtholz (PSCH)?
Nach DIN 4076 werden unter sehr hohem Druck 20 bis 30 oder mehr Furnierlagen mit Kunststoffschichten (Phenolharz) zu einer Platte von hoher Druck-, Zug- und Biegefestigkeit verpreßt.
Preßschichtholz wird für Zahnräder und Maschinenteile verwendet.

Was versteht man unter Kunstharzpreßholz?
Nach DIN 7707 handelt es sich dabei um Platten, die aus Furnier-Formpreßstoff (z. B. Durofol, PAG-Holz) bzw. aus Spanholz-Formpreßstoff (z. B. Werzalit) sowie aus der Bagasse (Preßrückstände) von Erdnüssen, Zuckerrohr und Sisalhanf zusammen mit härtbarem Melaminharz unter hohem Druck und bei 170 °C in Stahlformen verpreßt werden.

Welche Eigenschaften haben Platten aus Kunstharzpreßholz?
Das Trägermaterial, das einen Feuchtigkeitsgehalt von 2% hat, ist von allen Seiten mit einer dekorativen Kunststoffschicht von hoher Güte und Beständigkeit nahtlos beschichtet und unlösbar verschweißt. Die Deckschicht kann auch aus Edelfurnieren bestehen. Kunstharzpreßholz fault, reißt und verwittert nicht, ist zigarettenfest, kochtopffest und säurebeständig.

Wozu eignen sich kunstharzgetränkte Preßholzplatten?
Die Verwendungsmöglichkeiten sind sehr vielseitig. Preßholzplatten eignen sich für Außenwand-, Balkon- und Garagentorverkleidungen, für Gartenzäune und Fensterbänke sowie für Tischplatten, Tabletts, Stuhlsitze, Küchenarbeitsplatten, Rundfunk- und Fernsehgehäuse, Armaturenbretter, Möbel, Verpackungsmittel, als Kassettenplatten für Wände und Decken usw.

Welche Bedeutung haben Polyesterharze (UP)?
Ungesättigte Polyesterharze sind farblos und härtbar. Ihre Aushärtung erfolgt durch Hitze und Druck oder kalt durch Härterzusatz. Nach dem Aushärten sind sie unschmelzbar, hart und wärmebeständig. Einfärbung und Einbettung von Glasseide ist möglich.

Wozu verwendet man Polyesterharze?
In Styrol gelöst, finden Polyesterharze als Lacke Verwendung. Wichtige Erzeugnisse für den Tischler aus glasfaserverstärkten, ungesättigten Polyesterharzen sind glatte und gewellte Platten für Trennwände, Türen, Balkonverkleidungen, Oberlichter, Vordächer und Gartenmöbel. Darüber hinaus ist vielseitige Verwendung möglich.

Was sind Polyurethane (PUR)?
Polyurethanharz wird durch eine chemische Reaktion zwischen Desmodur und Desmophen gebildet. Man stellt daraus Beschichtungsmassen, Kleber und die sog. DD-Lacke her, die große Elastizität, Widerstandsfähigkeit und Wetterfestigkeit besitzen.
Weichelastische Polyurethan-Schaumstoffe, z. B. Moltopren, dienen als Polster- und Verpackungsmaterial usw.

Beschreiben Sie Thermoplaste (wärmebildsame Kunststoffe)!
Thermoplastische Kunststoffe werden mit zunehmender Temperatur weich und schließlich plastisch fließend. Bei Abkühlung erhärten sie wieder und verbleiben in dieser Form.

Nennen Sie wichtige Thermoplaste!
Polyäthylen, Polystyrol, Polyamide, Polyvinylchlorid, Polyvinylacetat und Acrylglas (Polymethacrylat).

Welche Rolle spielt Polyäthylen (PE)?
Unter den Namen Hostalen, Vestolen und Lupolen bekannt, eignet sich PE für Beschlagteile, Stuhlsitze, Gleitschienen für Schubkasten und Schiebetüren, Heizkörperverkleidungen, Eimer und als Verpackungsfolien sowie als Schutzfolien im Bauwesen. Die Verwendung ist sehr vielseitig.

Welche Eigenschaften hat Polyäthylen?
PE ist mattglänzend, gut biegsam, fast unzerbrechlich, geschmack- und geruchfrei, beständig gegen Laugen und Säuren, unempfindlich gegen Wasser, korrosionsfest und kältefest bis $-40\,°C$. Es kann eingefärbt, geschweißt und verklebt werden. Dichte 0,92 bis 0,96; Dauergebrauchstemperatur $80\,°C$.

Welche Bedeutung hat Polystyrol (PS)?
PS ist u. a. unter den Bezeichnungen Polystyrol, Vestyron und Hostyren im Handel. Für den Tischler sind PS-Erzeugnisse als Beschlagteile, Besteck- und Schubkasten bekannt.
Außerdem eignet sich Polystyrol für vielerlei Haushaltartikel und als Schaum, besonders für Wärmeisolierung und Verpackung (z. B. Styropor, Poresta und Styromull in Flockenform).

Nennen Sie die Eigenschaften von Polystyrol!
PS ist glasklar, hart, etwas spröde, wärmestandfest, formstabil, nicht kratzfest, geschmack- und geruchfrei. Polystyrol kann man kleben, schweißen und einfärben. Dichte 1,05; Dauergebrauchstemperatur 60 bis $80\,°C$.

Welche Verwendung finden Polyamide (PA)?
Bekannte Handelsnamen sind Ultramid, Perlon und Nylon. Polyamide eignen sich im Holzberuf für Gewebe, Schnüre, Schiebetürgleiter, Scharniere, Türbänder, Schrank- und Fachträger sowie als Flach- und Keilriemeneinlagen, Zahnräder und Lager.

Beschreiben Sie die Eigenschaften der Polyamide!
PA sind außerordentlich zäh, hart und elastisch, zug-, abrieb-, druck- und stoßfest, undurchsichtig und beständig gegen Benzin, Öle und Fette. Dichte 1,13; Dauergebrauchstemperatur etwa 90 °C.

Welche Bedeutung hat Polyvinylchlorid (PVC)?
Dieser Kunststoff, auch dem Laien unter der Kurzbezeichnung „PVC" bekannt, ist einer der wichtigsten und bedeutendsten Kunststoffe, verwendbar „vom Keller bis zum Dach, von der Schuhsohle bis zum Hutband".

PVC kommt als Tafeln, Folien und Profile, hart, halbhart und weich in den Handel.

Nennen Sie Verwendungsmöglichkeiten für PVC!
Der Schreiner verarbeitet PVC als Kantenumleimer, Schubkastenführungen, Rolladenstäbe, Wandsockelleisten, Treppenkanten, Handläufe, Profile und als Folien zum Beschichten von Oberflächen bei Kücheneinrichtungen und Möbeln.

Mit Füllstoffen, z. B. mit Asbest, Kreide, Schiefermehl oder Feldspat vermischt, eignet sich PVC für Fußbodenplatten; mit Gewebe-, Kork- oder Filzunterlage als Fußbodenbelag und mit Textilgewebe verstärkt für Kunstleder, Vorhänge, Tischtücher u. v. a.

Welche Eigenschaften hat Polyvinylchlorid?
Es ist glasklar, hart, fest, einfärbbar, geruch- und geschmackfrei, bruchsicher, beständig und unempfindlich gegen Chemikalien und Feuchtigkeit.

PVC läßt sich ab 85 °C erweichen, ab 130 °C dehnen und bei 130 bis 160 °C verschweißen. Man kann PVC spanabhebend verarbeiten und kleben. Dichte 1,39; Dauergebrauchstemperatur 60 °C.
Durch Beimischung von Weichmachern erhält man Weich-PVC, das zwischen −20 °C und +50 °C gummielastisch und flexibel ist. Dauergebrauchstemperatur 40 °C.

Wo kommt Polyvinylacetat (PVAC) vor?
PVAC ist, in Wasser verrührt und mit wenigen Zusätzen vermischt, als Weißleim (Dispersionsleim), z. B. Rakoll, Preccoll und Ponal, sowie als Dispersionsfarbe bekannt.

Was ist Acrylglas (Polymethacrylat — PMMA)?
Acrylglas, unter den Bezeichnungen Plexiglas, Resartglas, Resarit und Deglas im Handel, ist glasklar, sehr fest, hart, zäh, farbenschön, formstabil, licht- und witterungsbeständig sowie geruch- und geschmackfrei. Dichte 1,18; Dauergebrauchstemperatur 75 °C.

Man verwendet PMMA für Schlüsselschilder, Türschoner, Zierstäbe, Schütten und für eine Vielzahl von Konsumwaren. (Siehe auch unter Glas!)

Wie verarbeitet man Thermoplaste?
Der Untergrund muß eben, glatt, klebfest, trocken und staubfrei sein. Zum Anbringen von PVC-Umleimern und Folien eignen sich besonders Kleber, da sie dünn, gleichmäßig und ohne Streifenbildung aufgetragen werden können.

Was sind Silikone — SI (Elastomere)?
Silikone sind ölartige, wasserklare Kunststoffe, die als Silikonharz, als technischer Schichtpreßstoff und als Silikonkautschuk mit einem Temperaturbereich von − 100 °C bis +200 °C im Handel sind.

Verwendung: Schmierstoffe mit Silikon eignen sich als moderne Mehrbereichsöle, zur Herstellung wasserabweisender Mittel im Bauwesen, in der Möbelverarbeitung und bei der Autopflege.

Was versteht man unter abgewandelten Naturstoffen?
Das sind Stoffe, die sich durch eine chemische Veränderung von Naturstoffen ergeben, z. B.:

Vulkanfiber aus Zellstoff- oder Papierbahnen mit Chlorzinklösung, Zelluloid (Zellhorn) aus Nitrozellulose, Kunsthorn aus Kasein (im Handel als Galalith geführt) und Alkydharz usw.

Wo finden abgewandelte Naturstoffe Verwendung?
Vulkanfiber zu Laufschienen für Schiebefenster und für Hobelsohlen.
Zelluloid (Zellhorn) für Türschoner und als Grundstoff für Nitrolacke

Kunsthorn für Möbelknöpfe, Griffe und Türschilder
Alkydharz als Grundstoff für Kunstharzlacke usw.

1.21. Belagstoffe (Linoleum, Marmor, Leder und Kacheln), Sperr- und Dämmstoffe

Aus welchen Stoffen wird Linoleum hergestellt?
Linoleum besteht aus oxydiertem Leinöl, Harzen, Korkmehl und Farbstoffen. Die Mischung ist auf Jute oder andere Gewebe aufgepreßt. Ein Linoleumersatz auf Pappunterlage ist z. B. Stragula und Balatum.

Nennen Sie die handelsüblichen Maße von Linoleum!
Tischlinoleum gibt es in Breiten von 50, 60, 70, 80, 100 und 120 cm. Die Dicken betragen 1,2 mm, 1,5 mm und 1,7 mm.

Wozu wird Linoleum verwendet?
Es eignet sich als Auflage für Küchenmöbel, Schreibtischplatten, Möbelschieber, Anrichtplatten, Schranksockel, Einlege- und Schubkastenböden und zum Belegen von Fußböden.

Womit wird Tischlinoleum aufgeklebt?
Die Befestigung erfolgt mit Sonderklebern, Glutin- oder Kunstharzleimen.
Freiliegende Linoleumkanten deckt man mit Holzleisten, Metall- oder Kunststoffkanten ab.

Was ist Marmor?
Marmor ist kohlensaurer Kalk mit kristallinischem, feinkörnigem Gefüge. Er kommt weiß und mit farbgebenden Beimengungen vor.

Aus welchen Ländern wird Marmor eingeführt?
Weißer Marmor wird in Italien und Griechenland, schwarzer Marmor in Belgien gebrochen.

Nennen Sie Vorkommen von Marmor in Deutschland!
Die bekanntesten Marmorsteinbrüche sind im Lahntal, in der Eifel, im Harz und Jura, im Chiemgau, auf der Schwäbischen Alb, in Thüringen und Schlesien.

Wo wird in der Tischlerei Marmor verarbeitet?
Geschliffene Platten eignen sich als Servier- und Rauchtischplatten, als Auflagen für Ladentheken und als Fensterbänke.
Zum Befestigen verwendet man Glutinleime oder Kleber.

Wozu wird Leder in der Schreinerei verwendet?
Als Belagstoffe für Möbel und Schreibtischplatten und als Überzugsstoffe für Sitzgarnituren verwendet man sog. Vachettenleder (pflanzlich gegerbtes Rindsleder, 1 bis 1,5 mm dick) und als Luxusleder hellgelbe, gegerbte Schweinshaut sowie verschiedenfarbige Velourlederarten. Preisgünstiger sind Möbel mit Kunstlederverarbeitung. Zu den technischen Ledern gehören Riemen-, Manschetten- und Dichtungsleder.

Aus welchem Material erzeugt man Kacheln?
Kacheln sind Platten aus reinem oder mit Schamotte gemagertem Ton, Steingut oder Porzellan. Sie können glatt, reliefartig gemustert, bemalt und auch mit einer dichten Glasurschicht überzogen sein.

Wozu verwendet der Tischler Kacheln?
Sie eignen sich zum Belegen von Ziertischen, Couchtischen, Blumentischen, Blumenhockern und zum Einbau in Kücheneinrichtungen.

Welche Aufgaben haben Sperrstoffe?
Sperrstoffe sollen das Durchdringen von Feuchtigkeit verhindern.

Nennen Sie Sperrstoffe!
Gummi, Eternit, Glas, Metallfolien, Asphalt- und Teerpappen sowie Öl-, Lack-, Zellulose-, Asphalt- und Teeranstriche.

Was versteht man unter Dämmstoffen?
Das sind Stoffe, die eine besondere Schutzwirkung gegen Wärme, Kälte und Schall haben, z. B. Asbest, Kork, Glaswolle, Asche, Kieselgur, Holzwolle, Torf u. a.

Welche Rolle spielen Dämmstoffe in der Tischlerei?
Man verwendet sie zur Isolation bei Heizkörperverkleidungen, Fernsprechzellen, Kühl- und Wärmeschränken und bei schallgedämmten Türen.

1.22. Metalle, Nägel und Schrauben

Welche Stahlarten gibt es?
Je nach Zusammensetzung unterscheidet man unlegierten Stahl (Kohlenstoffstahl) und legierten Stahl.
Unter Legieren versteht man das Mischen von Metallen in flüssigem Zustand. Dichte von Stahl 7,85.

Wozu wird unlegierter Stahl gebraucht?
Unlegierter Stahl besteht nur aus Eisen (Fe) und Kohlenstoff (C). Er eignet sich für Spannwerkzeuge, Beschläge, Nägel und Schrauben.

Wozu wird legierter Stahl verwendet?
Legierter Stahl enthält neben Eisen und Kohlenstoff noch andere Metalle, z. B. Chrom, Mangan, Molybdän, Nickel, Vanadium und Wolfram. Er eignet sich als Werkzeugstahl mit hoher Schneidhaltigkeit, Härte und Zähigkeit.

Was bedeutet die Bezeichnung Werkzeugstahl?
Man versteht darunter alle zu Werkzeugen verwendeten legierten und unlegierten, härtbaren Stähle. Schnellschnittstahl ist infolge hoher Zusätze an Chrom und Wolfram ein hochlegierter Werkzeugstahl.

Was versteht man unter Baustahl?
Alle nichthärtbaren Stähle bezeichnet man als Baustahl. Es gibt legierte und unlegierte Baustähle für Fenster- und Türbänder, Schlösser, Bankhaken, Spindeln usw.

Was ist Grauguß und wozu wird er verwendet?
Grauguß ist Gußeisen mit Lamellengraphit. Er ist spröde und stoßempfindlich, aber schwingungsdämpfend und eignet sich zur Herstellung von Lagern, Motorengehäusen, Maschinenständern und Maschinentischen.

Was ist Temperguß und wozu eignet er sich?
Durch ein besonderes Glühverfahren (Tempern) wird Eisenguß zäh und beschränkt biegbar. Temperguß findet Verwendung z. B. für Beschläge und Schlüssel.

Nennen Sie Nichteisen-Metalle!
Man unterteilt die Nichteisen-Metalle in
a) Leichtmetalle, z. B. Aluminium und Magnesium
b) Schwermetalle, z. B. Kupfer, Chrom, Nickel, Zink und Zinn
Für den Tischler sind hauptsächlich Legierungen dieser Metalle von Bedeutung.

Was versteht man unter einer Legierung?
Legierungen entstehen durch Zusammenschmelzen von zwei oder mehreren Metallen, auch mit Nichtmetallen.

Zählen Sie verschiedene Legierungen auf!
Messing (aus Kupfer und Zink), Bronze (aus Kupfer und Zinn), Rotguß (aus Kupfer, Zinn und Zink), Aluminium-Legierungen u. a.

Wozu werden Legierungen verwendet?
Messing eignet sich für Schrauben und Beschläge. Rotguß (gegossen), Rotmetall (gewalzt) und Bronze verwendet man ebenfalls für Beschläge und für Lagerbüchsen von Maschinen.
Aluminium-Legierungen, gewalzt, geschmiedet oder gegossen, eignen sich für Schaufenster- und Türrahmen, für Schlüssel und Beschläge.

Was sind Hartmetalle?
Hartmetalle sind Verbindungen von Wolfram oder Titan mit Kohlenstoff. Sie haben hervorragende Schneidhaltigkeit und eignen sich daher besonders als Schneidplättchen für Maschinenwerkzeuge, so z. B. Widia und Titanit.

Warum ist bei Metallen Oberflächenschutz notwendig?
Außer Gold, Silber und Platin werden alle Metalle durch Sauerstoff, Wasser, Säuren, Laugen und Salze angegriffen und zerstört. Diesen Vorgang nennt man Korrosion, beim Eisen auch Rosten.
Das Auftragen einer Schutzschicht verhindert Korrosion.

Wie schützt man Oberflächen von Metallen?
Als Oberflächenschutz eignen sich verschiedene Verfahren: Zaponlack (Nitrozelluloselack), Schwarzbrennen, Phosphatieren, Plattieren und Eloxieren (elektrisches Oxydieren).
Korrosion kann auch durch einen Zinküberzug oder durch Galvanisieren, d. h. durch Überzüge aus Kupfer, Messing, Nickel oder Chrom mit Hilfe von elektrischem Gleichstrom in einem Bad mit Metallsalzen, verhindert werden.

Welche Aufgaben haben Nägel?
Nägel sind Holzverbindungsmittel, vorwiegend für Bauschreinerarbeiten.

Aus welchem Material werden Nägel hergestellt?
Handelsübliche Nägel sind aus Thomas-Flußstahl von hoher Zugfestigkeit und werden trockenblank oder gegen Rostgefahr verzinkt geliefert.

Welche Arten von Nägeln unterscheidet man?
Holznägel, Sternfensternägel, Schmiedenägel, Drahtnägel, Drahtstifte und Haken.

Welche Bedeutung haben Holznägel bzw. Sternfensternägel?
Heute werden Holznägel nur noch selten verwendet, so z. B. als Fensterrahmennägel. Meistens werden sie durch Sternfensternägel aus verzinktem Stahl oder Leichtmetall in Längen von 20 bis 60 mm ersetzt.

Beschreiben Sie Schmiedenägel!
Schmiedenägel sind aus Stahl, rauh oder glatt und haben einen quadratischen oder rechteckigen Querschnitt. Sie dienen meist als Ziernägel bei geschmiedeten Beschlägen, bei Bretterdecken und zum Aufdoppeln von Türen und Toren. Mindestlänge 25 mm.

Was versteht man unter Drahtnägeln?
Sie sind aus Flußstahl maschinell hergestellt. Drahtnägel können auch vermessingt, verzinnt oder gebläut bzw. aus Messing oder Leichtmetall sein. Ihr Querschnitt ist rund oder quadratisch.

Welche Arten von Drahtnägeln unterscheidet man?
Nach Art der Kopfform unterteilt man in Drahtnägel mit glattem Flachkopf und geriffeltem Senkkopf, Drahtnägel mit Stauchkopf (versenkbar), Drahtnägel mit tiefversenktem glattem oder geriffeltem Kopf (Wagnerstift), Drahtnägel mit Halbrundkopf, Tapeziernägel und Breitkopfnägel (für Dachpappe, Schieferplatten und Gipsdielen).

Was sind Drahtstifte?
Als Drahtstifte bezeichnet man Nägel ohne Kopf, so Fischbandstifte und beidseitig zugespitzte Verbandstifte.

Wozu verwendet man Haken?
Zum Aufhängen schwerer Gegenstände nimmt man Bilderhaken, runde Stifthaken und Konsolhaken mit quadratischem oder rechteckigem Querschnitt.

Wie werden Nägel gehandelt?
Die Lieferung erfolgt lose geschüttet in Fässern, Kisten, Körben, Säcken und Paketen nach Gewicht in Kilogramm.

Wie werden Nagelpakete gekennzeichnet?
Farbige Aufklebezettel geben Auskunft über Nagelart nach DIN, Gewicht, Nagelform, Nagelgröße sowie Schaftdicke und Länge der Nägel; z. B. 17 x 40 bedeutet 1,7 mm Schaftdicke und 40 mm Nagellänge einschließlich Kopf.

Wovon ist die Haltekraft eines Nagels abhängig?
Die Festigkeit einer Nagelverbindung hängt von der Form und Nagelgröße (Haftlänge), von der Holzart, von der Holzdichte (Reibungswiderstand), vom Feuchtigkeitsgehalt des Holzes und von der Lage des Nagels zur Holzfaserrichtung ab.

Wie kann man beim Nageln das Spalten des Holzes verhindern?
Wenn die Nagelspitze mit dem Hammer abgestumpft wird, wirkt der Nagel nicht mehr als Keil, und die Spaltwirkung wird vermindert.

Wie kann ein Nagelkopf verdeckt werden?
Mit einem Versenker wird der Nagel versenkt und die entstandene Vertiefung verkittet.

Welche Aufgaben haben Holzschrauben?
Holzschrauben dienen als Verbindungsmittel von Werkteilen aus Holz und zum Befestigen von Beschlägen. Durch ihre bessere Haltekraft sind sie Nägeln vorzuziehen. Auch lassen sie sich leichter wieder lösen.

Aus welchem Material werden Holzschrauben hergestellt?
Holzschrauben sind aus Flußstahl, Messing oder Aluminiumlegierungen. Man verwendet auch brünierte, vermessingte, verzinkte oder vernickelte Stahlschrauben.

Aus welchen Teilen besteht eine Holzschraube?
Die Schraube hat einen Kopf mit Schlitz, einen Schaft und ein Gewinde.

Welche Arten von Holzschrauben unterscheidet man?
Nach Art der Kopfform unterteilt man in Linsensenkholzschrauben (DIN 95), Halbrundholzschrauben (DIN 96) und Senkholzschrauben (DIN 97).
Außerdem gehören zu den Schraubenarten Vier- und Sechskant-Holzschrauben (Gestellschrauben), Flachrundschrauben mit Vierkantansatz (Schloßschrauben), Blendrahmenschrauben, Zierschrauben, Nagelschrauben, Einschraubmuttern (Schraubdübel oder Gewindeeinsatzbüchsen) sowie Einschraubhaken in verschiedenen Formen.

Wozu verwendet man Gestellschrauben?
Vier- und Sechskant-Schrauben verarbeitet man bei der Verbindung großer und dicker Werkteile. Sie werden mit Schraubenschlüsseln eingedreht.

Wann werden Flachrundschrauben verwendet?
Diese Schrauben mit einem Vierkantansatz unter dem Schraubenkopf nimmt man zum Anschlagen von Türbeschlägen, z. B. von Langbändern und zum Verbinden einzelner Teile bei Bauarbeiten.

Was sind Blendrahmenschrauben?
Damit werden Blendrahmen von Fenstern oder Türen am Mauerwerk befestigt. Heute werden die Rahmen meist mit einem Bolzenschußapparat und entsprechenden Haltevorrichtungen „festgeschossen".

Wo werden Zierschrauben verwendet?
Zum Befestigen von Spiegeln dienen Schrauben mit Innengewinde zum Aufschrauben eines Zierkopfes.

Beschreiben Sie die Nagelschraube!
Ihre besondere Gewindeform erlaubt das Einschlagen mit dem Hammer. Sie täuscht eine Schraube vor. Ihr Halt ist geringer als beim Schraubengewinde.

Welche Aufgaben haben Einschraubmuttern?
Diese Schrauben, auch als Schraubdübel oder Gewindeeinsatzbüchsen bezeichnet, haben ein Innen- und ein Außengewinde und einen axial gerichteten Schlitz. Teilweise haben sie auch radiale Schneidbohrungen, sog. „Ensats", die sich beim Eindrehen in ein gewindeloses Bohrloch in den Werkstoff einschneiden.
Einschraubmuttern dienen zur Verankerung von Maschinenschrauben in Leichtmetall, Holz, Kunststoffen und Holzfaserstoffen.

Welche Arten von Einschraubhaken gibt es?
Man unterscheidet Geschirrhaken mit und ohne Bund, Schlüsselhaken und Ringschrauben.

Wie kommen Schrauben in den Handel?
Die Lieferung erfolgt bei DIN-Maßen unter 5,5 x 60 in Grundpackungen zu je 200 Stück, darüber in Paketen zu je 100 Stück und ab 10 mm Dicke zu je 50 Stück.

Wie werden Schraubenpakete gekennzeichnet?
Farbige Aufklebezettel kennzeichnen Schraubenart, Schraubenform und Schraubengröße; z. B. 3,5 x 40 bedeutet 3,5 mm Schaftdicke unter dem Kopf gemessen und 40 mm Länge einschließlich oder ausschließlich Kopf, je nach Schraubenart.

Wie werden Schrauben gemessen?
Die Dicke der Schraube bestimmt man immer unterhalb des Kopfes. Unter der Länge ist der Teil der Schraube zu verstehen, der im Holz eingeschraubt ist.

Wie wird die Schraubenart angegeben?
LIKO = Linsensenkholzschraube (DIN 95), RUKO = Halbrundholzschraube (DIN 96), FLAKO = Senkholzschraube (DIN 97), außerdem z. T. „Blank vern. gerommelt" oder „poliert".

Was bedeutet „gerommelt"?
Die Schrauben polieren sich nach dem Vernickeln in einer rotierenden Trommel mit Hilfe von Poliermitteln gegenseitig blank. „Poliert" bedeutet, daß jeder Schraubenkopf einzeln poliert wurde.

Was ist bei der Verwendung von Schrauben zu beachten?
Die Löcher werden am besten vorgebohrt. Versenkungen für Schraubenköpfe führt man mit einem Krauskopf aus. Die Schraubenschlitze sollen möglichst in einer Richtung stehen. Es ist vorteilhaft, wenn Schrauben vor dem Eindrehen in Hartholz mit Wachs eingefettet werden.

Wie erreicht man einen guten Sitz der Schrauben?
Schrauben dürfen nicht eingeschlagen werden, da sie sich ihr Gewinde selbst schneiden. Auch darf nicht mit zu großen Bohrern vorgebohrt werden. Schrauben, in Hirnholz eingebohrt, haben einen schlechten Halt.

Wie kann man Schrauben in Mauerwänden befestigen?
Befestigungsmöglichkeiten sind heute anstelle von Holzdübeln vielfach Dübel aus Metall, Kunststoff oder Fasergeflecht sowie Stahlbolzen.
Dübellöcher werden mit der Hand- bzw. Schlagbohrmaschine vorgebohrt. Stahlbolzen werden mit dem Schußapparat eingeschossen oder mit dem Schlagdübler eingeschlagen.

Welche Arten von Dübeln und Stahlbolzen gibt es?
Je nach Form und Wirkungsweise unterscheidet man Preßdübel und Spreizdübel bzw. Stahlbolzen mit verschiedenen Kopfformen sowie mit Innen- und Außengewinde.
Es gibt auch Stahlbolzen mit glattem Kopf und Beilagscheibe, die zum unmittelbaren Anschießen von Holz an Wänden verwendet werden.

1.23. Möbelbeschläge

Welche Aufgaben haben Möbelbeschläge?
Nach dem technischen Zweck unterscheidet man Beschläge zum Zusammenbau, zum Beweglichmachen und zum Öffnen und Verschließen. Oft sollen Möbelbeschläge gleichzeitig dekorativ wirken.

Aus welchen Werkstoffen werden Möbelbeschläge hergestellt?
Sie bestehen aus Stahl (blank, vermessingt oder vernickelt), Temperguß, Rotguß, Rotmetall, Messing, Bronze, Leichtmetall-Legierungen, Galalith (Kunsthorn), Kunststoffen usw.

Was ist bei der Auswahl und beim Anschlagen von Möbelbeschlägen zu beachten?
Sie müssen in Form und Größe zum Möbelstück passen, müssen sauber und korrekt angebracht, gut verschraubt und einwandfrei gangbar sein. Die Schraubenschlitze sollen möglichst in gleicher Richtung verlaufen.

Nennen Sie Beschläge zum Zusammenbau von Möbelteilen!
Schrankschrauben (Berliner Schrankschraube und Hamburger Schrankschraube), Einbohr-Schrankschließen aus Polyamid oder Metall, Bettbeschläge (Stahlplatte mit Linsensenkholzschraube und Berliner Bettbeschlag) sowie Bodenträger (Fachträger) aller Art.

Wozu verwendet man Schrankschrauben?
Schrankschrauben und Schrankschließen dienen zum Verbinden von Möbelteilen bei zerlegbaren Schränken und Einbauwänden.

Was versteht man unter Bettbeschlägen?
Solche Beschläge benötigt man zum Zusammenbau von Bettseiten mit Kopf- und Fußhäuptern. Sie ermöglichen ein leichtes Ein- und Aushängen.

Welche Arten von Bodenträgern gibt es?
Außer Fachleisten und Zahnleisten verwendet man Bodenträger (Fachträger), die im Handel aus Eisen, vernickelt, vermessingt und aus verschiedenfarbigen Kunststoffen erhältlich sind.
Man unterscheidet offene und geschlossene Bodenträger zum Eindrehen, abgeflachte Bodenträger mit eingespritztem oder durchgestecktem Stift zum Einschlagen, verschiedene Bodenträgerformen mit Einsteckschaft und Hülsen zum Einbohren und Bodenträgerleisten mit Bodenträgern zum Einhaken.

Nennen Sie Beschlägegruppen zum Beweglichmachen von Möbelteilen!
Wir gliedern in Bänder und Scharniere, Klappenbeschläge und Beschläge für Schiebetüren.

Zählen Sie die Einzelteile eines Scharnierbandes auf!
Bänder und Scharniere bestehen aus dem Stift (Dorn), dem Gewerbe und den Lappen. Der Stift sitzt im Gewerbe, das in Lappen ausläuft.

Welche Herstellungsarten von Scharnieren gibt es?
Man unterscheidet gezogene, gegossene und geschmiedete Scharniere.

Beschreiben Sie das Gewerbe eines Scharnierbandes!
Es gibt durchgedrückte und nicht durchgedrückte Gewerbe. Ist das Gewerbe kürzer als die Länge der Lappen, so spricht man je nach der Form von Nuß-, Zylinder- oder Eichelbändern.

Welche Aufgabe hat der Stift (Dorn) bei Beschlägen?
Der Stift bewirkt das Bewegen der Scharniere. Man unterscheidet Scharniere mit festem Stift (nicht aushängbar), Scharniere zum Aushängen bzw. Scharniere mit ausziehbarem, losem Stift.
Sind an den Stiftenden gedrehte Knöpfe, so bezeichnet man diese Scharniere als Knopfscharniere.

Welche Formen von Lappen gibt es bei Scharnieren?
Die Lappen können gerollt oder geschlagen sein, d. h., sie bestehen aus einem einfachen bzw. doppelten Blech.
In ihrer Form sind sie gerade oder gekröpft.

Welche Kröpfungsarten unterscheidet man bei Scharnieren?
Es gibt die Kröpfungen A, B, C und D, wobei bei D die Kröpfung für den Falzüberschlag 5 mm, 7,5 mm oder 10 mm betragen kann.

Wozu werden gekröpfte Scharniere verwendet?
Kröpfung A eignet sich für Türen, bei denen beide Lappen in die Türkanten eingelassen werden (selten). Kröpfung B und C sind gleich, jedoch bezeichnet man sie für zurückstehende Türen mit B und für vorstehende Türen mit C. Scharniere mit Kröpfung D benötigt man bei überfälzten Türen.

Nennen Sie verschiedene Arten von Türbändern!
Je nach Bauart schlägt man Möbeltüren mit Einstemmbändern (Fischbänder oder Fitschbänder), mit Scharnierbändern verschiedener Art, mit Längs- und Schippenbändern (Schmuckbänder) oder mit Zapfenbändern an.

Beschreiben Sie Einstemmbänder!

Einstemmbänder, auch als Fitsch- oder Fischbänder bezeichnet (aus dem Französischen „ficher" = einschlagen), sind aushängbar. Sie haben eingestemmte Lappen, die mit Fitschbandstiften oder -schrauben befestigt werden. Zwischen beiden Lappen ist ein Laufring.
Einstemmbänder eignen sich nur für überfälzte Türen.

Wie werden Einstemmbänder gehandelt?

Für rechts angeschlagene Türen kommen rechte Bänder und für links angeschlagene Türen linke Bänder in Frage. Sie sind in Längen von 50 bis 100 mm mit und ohne Zierknöpfe im Handel.

Zählen Sie wichtige, nicht verdeckte Scharnierarten auf!

Zu den Scharnieren, die an der Außenfront eines Möbels z. T. sichtbar sind, gehören u. a.:
Stangen-, Schlitz-, Winkel- und Drehwinkelscharniere sowie Einbohr- (Einfräs-), Möbelwinkel-, Zwillings- und Paraventbänder.

Was sind Stangenscharniere?

Gerollte Stangenscharniere, auch als Klavierbänder bezeichnet, sind 3,50 m lang. Es gibt sie in verschiedenen Formen, Breiten und Dicken:
Form A: 25 mm breit, 0,7 mm und 0,8 mm dick
Form B: 32 mm breit und 0,7 mm dick
Form C: 40 mm breit und 1 bis 2 mm dick
Der Abstand der Löcher für Linsensenkholzschrauben beträgt bei allen Formen 60 mm.

Beschreiben Sie Schlitzscharniere!

Wir unterscheiden je nach Anschlag Eck-, Mittel- und Zwillingsscharniere. Sie sind von den Plattendicken der Türen und der Mittel- oder Seitenwände unabhängig und sind nur in der Scharnierfläche sichtbar.

Mittelscharnier　　　Zwillingsscharnier　　　Eckscharnier

Was sind Winkelscharniere?
Winkelscharniere eignen sich zum Anschlagen von Ecktüren und Türen auf einer Mittelseite, die sich gegeneinander öffnen lassen.

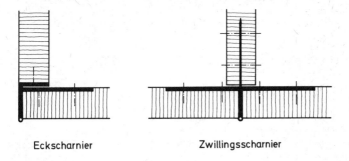

Eckscharnier   Zwillingsscharnier

Wie funktionieren Drehwinkelscharniere?
Solche Scharniere sind bei stumpf aufschlagenden Türen an der Türober- und Türunterseite angeschlagen, Sie stehen nicht vor und eignen sich für Anbau- und Einbaumöbel (vgl. Zapfenband!).

Beschreiben Sie Möbelwinkelbänder!
Für stumpf aufschlagende Türen gibt es Winkelbänder, bei denen der Drehpunkt nach vorne verlagert ist. Werden an ein Band zwei Türen gehängt, so spricht man von einem Zwillingsband.

Eckwinkelband   Zwillingsband   Mittelband

Welche Vorteile haben Einbohrbänder?
Diese Bänder, auch als Schnellbänder bezeichnet, lassen sich mit Hilfe einer Bohrlehre schnell und genau einbohren oder auch einschlagen. Angeschlagene Türen können nachgestellt werden.
Einbohrbänder gibt es als Zierschnell-, Zierzwillings- und als Kleinschnellbänder. Bekannte Systeme sind z. B. Grass, Anuba und Prämeta.

Beschreiben Sie das Einbohr-Stahlband zum Einschlagen!
Dieses Band nach System Grass hat die kürzeste Anschlagzeit, da sich die beiden schraubenartigen Stifte einfach einschlagen lassen und sich durch ihr bombiertes (gewölbtes) Feingewinde mit dem Werkstoff verankern.
Dieses Band eignet sich für aufschlagende, zurückspringende und überfälzte Türen.

Wie schlägt man ein Anuba-Band an?
Den unteren Zapfen dieses Einbohrbandes verbohrt und verstiftet man bei überfälzten Türen im Türrahmen, während der obere Zapfen in das Türblatt eingeschraubt wird.

Wie funktionieren Prämeta-Bänder?
Wir unterscheiden zwischen dem verdeckten Prämeta-Schnellband und dem Prämeta-Winkelschnellband. Beide eignen sich für stumpf aufliegende Möbel- und Einbauschranktüren bei einer Mindest-Holzdicke von 19 mm und sind aushängbar.
Sie werden maschinell mit Schablone angeschlagen und sind von außen nur an den Türkanten sichtbar.

Beschreiben Sie Paraventbänder!
Sie ermöglichen Drehbewegungen nach zwei Seiten und finden z. B. bei einer zusammenfaltbaren Schutzwand, die aus mehreren Teilen besteht, Anwendung (Paravent = Schutzwand).

Zählen Sie wichtige, verdeckte Scharnierarten auf!
Das sind Scharniere, die am Möbel von außen nicht sichtbar sind. Ihr Anschlag erfolgt an den Möbelinnenseiten oder durch Einlassen. Hierher gehören:
Vici-Band, Soss-, Zysa- und Sepa-Scharnier sowie Klapp-, Automatic- und Profilscharniere. Außerdem gibt es noch Spannkeil-Scharniere und andere unsichtbare Scharniere, z. B. Topfbänder.

Erklären Sie das Vici-Band!
Dieses Band besteht aus mehreren scherenartig wirkenden Gliedern, die die Verbindung beim Drehen herstellen. Es liegt völlig verdeckt im Tür- bzw. Möbelkorpusholz und läßt einen Öffnungswinkel der Türen von 180° zu.
In der gleichen Weise arbeitet das Soss-Scharnier mit seinen stabilen Stahlgelenken.

Wozu eignet sich das Zysa-Scharnier?
Dieses Scharnier mit scherenartigen Gliedern wie beim Vici-Band nimmt man für stumpf aufschlagende und stumpf einliegende Türen, die bis zu 180° geöffnet werden können.

Besonders vorteilhaft ist das zylindrisch-runde Einbohrscharnier, da die gerillten Zylinder ohne Verschrauben eingebohrt und verleimt werden können.

Beschreiben Sie das Sepa-Scharnier!
Das Sepa-Scharnier hat abgerundete Lappen zum maschinellen Einlassen, erlaubt das Öffnen von aufschlagenden Möbeltüren bis zu 180° und ist von außen nicht sichtbar.

Was versteht man unter einem Klappscharnier?
Das Klappscharnier mit doppelt versetztem Drehpunkt (2-D-Scharnier) hat Höhen-, Seiten- und Tiefenverstellbarkeit. Es ist links und rechts verwendbar und eignet sich zum Anschlag von aufliegenden Ecktüren, zum Anschlag von einer Tür an einer Mittelwand (bei Reihentüren) und zum gleichzeitigen Anschlagen von zwei Türen an einer Mittelwand als „Zwillingsband".

Wie funktionieren Automatic-Scharniere?
Automatic-Scharniere haben eine unsichtbare Federlagerung, die ein selbsttätiges Schließen und Öffnen von Möbeltüren ermöglichen, welche voll auf die Seiten aufschlagen.
Plastikstopfen bewirken ein geräuschdämpfendes Aufschlagen der Türen.

Was sind Profilscharniere?
Unter Profilscharnieren verstehen wir Scharniere, die mit einem Vierkantprofil, in dem der Drehpunkt sitzt, im Werkstoff voll eingelassen und von außen nicht sichtbar sind.
Wir unterscheiden verdeckte Profilscharniere zum Einlassen für Wohn- und Küchenmöbel bzw. zum Aufschrauben für kunststoffbeschichtete Möbel.

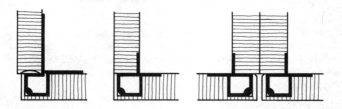

Zum Aufschrauben   Zum Einlassen
Verdeckte Profilscharniere

Was versteht man unter Schippenbändern?
Das sind Längs- und Zierbänder (Schmuckbänder), deren Lappen außen sichtbar aufgeschraubt werden. Sie haben meist Zierform und sind dem Gesamtbild des Möbels angepaßt. In der Regel sind Schippenbänder durch Handarbeit aus Stahl, Messing oder Bronze hergestellt.

Beschreiben Sie Zapfenbänder!
Zapfenbänder sitzen an der Tür oben und unten und sind nicht sichtbar. Man unterscheidet gewöhnliche Zapfenbänder mit und ohne Arretierung (Stoppvorrichtung), Eckzapfenbänder und Zwillingszapfenbänder (doppelte Eckzapfenbänder) bei zwei unmittelbar nebeneinanderliegenden Türkanten.

Welche Beschläge eignen sich zum Bewegen von Klappen?
Je nach Größe und Gewicht der Klappe verwendet man einfache Zapfenbänder, Sekretärband (starkes Zapfenband) mit Arretierung, Plano-Klappenscharniere für stumpf aufliegende Klappen, Klappen-Spezialscharniere und Hochklappscharniere für Aufbau- und Hochschränke.

Nennen Sie Beschläge zum Halten offener Klappen!
Hierzu eignen sich Klappenhalter aus Kunststoff, Scheren, Bügel, mechanische Klappenbremsen, Bremsklappenhalter und ein nach Bedarf angefertigter Klappenbeschlag mit zwei Gleitzapfen.
Zum Festhalten von Hochklappen, die nach oben geklappt werden, verwendet man Deckel- und Raststützen sowie Rastbremsen zum Einrasten und Festhalten.

Pneumatic-Chassisstützen und Bremsen ermöglichen den Einbau herausklappbarer Geräte, z. B. Radio, Plattenspieler usw.

Welche Beschläge verwendet man bei Möbel-Schiebetüren?
Bewährt haben sich Fibergleiter mit Fiberschienen und Führungsrollen, die an der Rückseite der Türen befestigt sind. Außerdem gibt es Gleitschienen (Doppelführungsschienen), Schiebetürgleiter, Rollen- und Kugellagerbeschläge.

Welche Beschläge eignen sich zum Festhalten von Möbeltüren?
Türen, die so schließen sollen, daß sie nicht aufgehen, erhalten Möbelschnäpper oder Magnetschnäpper.

Zählen Sie verschiedene Möbelschnäpper auf!
Man verwendet Kugelschnäpper mit Stahlkugel, Doppelkugelschnäpper, Plastik-Rollenschnäpper, Doppelgummirollenschnäpper, Plastik-Gleitschnäpper, Nylon-Schnäpper mit verzinkter Gegenplatte, Nylon-Möbelschnäpper zum Aufschrauben, Gelenkschnäpper, Schnappverschlüsse und automatische Federschnappverschlüsse.

Welche Arten von Magnetschnäppern gibt es?
Man unterscheidet verschiedene Arten von Fangmagneten, Haftmagneten und Magnetverschlüssen. Magnetschnäpper sind einfach anzubringen, dauerhaft, zuverlässig und geräuscharm.

Welche Gruppen von Möbelschlössern unterscheidet man?
Nach der Art des Anbringens unterscheidet man Aufschraub- (Kasten-), Einlaß- und Einsteckschlösser.

Wie heißen die wichtigsten Teile eines Möbelschlosses?
Zu den wichtigsten Schloßteilen gehören der Riegel mit Zuhaltungen, der im Schloßstulp geführt wird, der Schloßkasten mit Decke und für den Schlüssel die Schlüsselführung, die aus dem Dorn (Stift) und der Pfeife besteht.
Zum Riegel braucht man ein passendes Schließblech bzw. bei Stangenschlössern entsprechende Rollschließbleche.

Erklären Sie den Begriff „Dornmaß"!
Mit Dornmaß bezeichnet man den Abstand von Stulpvorderkante bis Dornmitte. Dieser beträgt 15 bis 60 mm und ist in Abständen von 5 mm gestuft.

Wann spricht man von einem Links- bzw. Rechtsschloß?
Ist die Tür eines Möbels von außen gesehen links angeschlagen, so bezeichnet man das Schloß als Linksschloß und bei rechts angeschlagenen Türen als Rechtsschloß. Manche Ausführungen eignen sich für beide Seiten.

Was versteht man unter einem Zuhaltungsschloß (Chubbschloß)?
Hat ein Schlüssel statt eines durchgehenden Nutenbarts Abstufungen, so spricht man von Zuhaltungen. 3 Zuhaltungen ermöglichen 6 verschiedene und 4 Zuhaltungen 24 verschiedene Schlüssel. Schlösser mit Zuhaltungen bieten größere Sicherheit. Zusätzliche Sicherheitsvorkehrungen sind Steckschlüssel, Sicherheitsketten und Riegel.

Welche Schlüsselarten unterscheidet man bei Möbelschlössern?
Je nach Art der Schlösser benötigt man Schlüssel mit Nutenbärten oder Schlüssel mit Zuhaltungsbärten.

Nennen Sie verschiedene Schlüsselringformen!
Gebräuchliche Formen sind Oval-, Flachrund-, Hufeisen-, Rund-, Gitter- und Bundringschlüssel.

Welche Arten von Schlüsselbüchsen werden verwendet?
Es gibt bündig eingelassene und überfälzte Schlüsselbüchsen sowie Schlüsselschilder zum Auf- bzw. Einschrauben in verschiedenen Formen. Sie sind aus Messing, Leichtmetall, Kunststoff, Horn oder Holz.

Zählen Sie wichtige Arten von Möbelschlössern auf!
Einfache Verschlüsse für Möbeltüren sind Riegel (Kantenriegel, Schubriegel und gekröpfte Riegel).
Als Schlösser verwendet man u. a. Riegel-, Schreibtisch- und Lisenenschlösser, Rolladen-, Schiebetür- und Schatullenschlösser, Uhrkasten-, Pilaster-, Mauseöhr-, Universal- und Rondellschlösser sowie Zylinderschlösser, Espagnolette-Verschlüsse, einfache und automatische Stangenverschlüsse und Zentralverschlüsse.

Was ist ein Riegelschloß?
Beim Zumachen einer aufgeschlagenen Tür schiebt sich ein Bügel durch einen Schlitz in das Schloßgehäuse. Beim Verschließen hält der Riegel diesen Bügel fest.

Was versteht man unter einem Schreibtisch- und einem Lisenenschloß?
Beide sind Einlaßschlösser, die einen kugelförmigen bzw. rechteckigen Schließhaken haben. Sie werden für stumpf aufschlagende Türen verwendet.

Woran erkennt man ein Rolladenschloß?
Rolladenschlösser (Jalousieschlösser) haben einen einfachen oder auch mit Zuhaltungen funktionierenden Hakenriegel und einen Führungsstift.

Wie sieht ein Schiebetürschloß (Klavierschloß) aus?
Ähnlich wie das Rolladenschloß wird dieses Schloß durch einen gebogenen Hakenriegel verschlossen, der von oben nach unten in das Schließblech eingreift.

Wie verriegelt ein Schatullenschloß?
Bei diesem Schloß schiebt sich beim Verschließen ein Riegel hinter einen am Schließblech sitzenden Dorn und verriegelt so die Möbeltür bzw. den Deckel einer Schatulle (Schmuck- oder Geldkassette).

Was ist ein Uhrkastenschloß?
Der Riegel verschließt die Tür durch Eingreifen in eine Riegelführung und eine Riegelschlaufe. Es findet bei aufschlagenden Türen Verwendung.

Beschreiben Sie ein Pilasterschloß!
Dieses Schloß ist in einen Mittelsteg oder in die Kante einer Mittelseite eingelassen und schließt mit einer Umdrehung die rechte und linke Tür gleichzeitig ab.

Was versteht man unter einem Mauseöhrschloß?
Das Mauseöhrschloß hat zwei Riegel mit Zuhaltungen, die beim Verschließen mit einem Doppelbartschlüssel seitlich aus einer Halterung, die auf dem Stulp sitzt, hervortreten und das Schloß im Schloßblech nach zwei Seiten verriegeln.

Was bedeutet die Bezeichnung „Universalschloß"?
Durch mitgelieferte Teilstücke kann man dieses Schloß als Kasten-, Einlaß- und Einsteckschloß sowohl für Türen und Schubkasten als auch links und rechts verwenden.

Wozu verwendet man ein Rondellschloß?
Das Rondellschloß ist ein Rundschloß (Rondell = Rundteil), bei dem alle Schloßteile plan im Holz liegen (z. B. Häfele-Rondell-Schloß). Es eignet sich speziell für Schreibklappen.

Was sind Zylinderschlösser?
Solche Schlösser haben Schließzylinder, z. B. BKS, Zeiss Ikon, Flott, Tox und Abus. Diese Sicherheitsschlösser ermöglichen so viele verschiedene Sperrungen, daß es den gleichen Schlüssel kaum ein zweites Mal gibt.
Sie eignen sich besonders zum Aufbau von Hauptschlüssel- und Zentralschloßanlagen.

Wie funktionieren Espagnolette-Verschlüsse?
Diese Profildrehstangen-Verschlüsse ziehen die Möbeltür fest an den Rahmen und verriegeln sie oben und unten durch konische Polyamid-Greifhaken. Es gibt sie mit Zierschlüsseln, Oliven und mit Hebelgriff.
Espagnolette-Verschlüsse eignen sich besonders für hohe Schränke in Schulen, Krankenhäusern, Küchen usw.

Beschreiben Sie Stangenschlösser!
Sie haben den Vorteil, daß zwei Türen gleichzeitig verschlossen werden können. Der Schließvorgang erfordert Stangen, die sich beim Verschließen nach oben bzw. unten bewegen und in gewölbten Schließblechen verriegeln.
Bei Automatic-Stangenverschlüssen entfällt das Auf- und Zuschließen, da sie selbsttätig schließen.

Was versteht man unter Zentralverschlüssen?
Die Konstruktion solcher Verschlüsse ermöglicht ein gleichzeitiges Verschließen mehrerer Schubkasten durch einfachen Druck ohne Schlüssel, während man zum Öffnen einen Schlüssel benötigt.

Zählen Sie sonstige Möbelbeschläge auf!
Möbelknöpfe, Möbelgriffe und Griffleisten aus Holz, Metall oder Kunststoffen, Kleiderstangen, Drehbeschläge für Eckschränke, Versenkmechaniken für Küchenmaschinen, Schwenkbeschläge, Schubkastengleitbeschläge, Rollschubführungen mit Arretierung für Besteck- und Schubkästen, Auszugs- und Drehbeschläge, z. B. für Fernsehapparate, Spezialbeschläge für die Montage von Hängeschränken, Klappkonsolen für Regalbau, Möbelrollen usw.

1.24. Baubeschläge

Was versteht man unter Baubeschlägen?
Hierher gehören alle Beschläge für Bauschreinerarbeiten, für Türen und Fenster.

Nennen Sie Beschläge für Türen nach der VOB!
Nach VOB „Beschlagarbeiten", DIN 18357, sind folgende Türbeschläge zu verwenden:
1. Einstemmbänder, Aufschraubbänder und Scharniere gerollt
2. Türdrücker mit und ohne Wechselstift
3. Langschilder mit Drückerführung für Wohnungs- bzw. Haustüren
4. Langschilder mit Knopf für Wohnungsabschluß- und Haustüren
5. Drückerrosette, Schlüsselschild, Knopf mit Rosette
6. Einsteckschlösser mit Schließblechen für Türen im Industriebau, für Zimmer- und Wohnungsabschlußtür, Haus-, Badezellen- und Aborttür

Welche Tür-Sonderbeschläge gibt es?
Pendeltürbänder (Bommerbänder), Beschläge für Hebe-, Schiebe-, Falt-, Dreh- und Harmonikatüren (Faltwandtüren) sowie für mehrflügelige Garagentore und gekuppelte Türen.
Eingangs-, Pendel- und Schiebetüren können auch einen elektrischen Türöffner mit Magnetsystem erhalten.

Welche Bänder eignen sich für Tore und einfache Türen?
Für Tore, Keller-, Latten- und Nebentüren verwendet man Lang- und Kurzbänder, Werfgehänge, Kreuzbänder, Winkelbänder und auch Schippenbänder.

Welche Bänder verwendet man für Haus- und Zimmertüren?
Für schwere Haus- und Garagentüren eignen sich Winkelfitschbänder und dreilappige Mittelbänder.
Gefälzte Zimmertüren schlägt man mit Einstemm- oder Einbohrbändern und ungefälzte Türen mit Aufschraubbändern an. Zum Anheben von Türen verwendet man Bänder mit aufsteigenden Lappen (Hebeband) oder aufgeschraubte Türheber.

Welche Maße gelten für den Sitz der Bänder bei Wohnungstüren?
Nach DIN 18101 gelten die Maße für den Sitz der Bänder von der Türblatt-Außenkante bis Mitte Band, und zwar unten 300 mm und oben 250 mm.

Nennen Sie Türverschlüsse!
Für Bretterüren nimmt man Vorhangschlösser oder Kastenschlösser mit Knebeldrücker und eingebautem Schieberiegel.
Innen- und Außentüren erhalten im allgemeinen Einsteckschlösser, Pendeltüren Pendeltürschließer.

Welche Arten von Einsteck-Zimmertürschlössern unterscheidet man?
Nach DIN 18251 gliedert man in:
1. Buntbart-Einsteckschloß (A_1) für Zimmertüren
2. Zuhaltungs-Einsteckschloß oder Chubbschloß mit mindestens 4 Zuhaltungen, und zwar A_2 für Wohnungsabschluß- und Zimmertüren und C_1 für Haustüren
3. Profilzylinder-Einsteckschloß (A_3 und C_2) und Rundzylinder-Einsteckschloß (B und D) mit Sicherungsmechanismus für Wohnungsabschluß- und Zimmertüren bzw. für Haustüren
4. Einsteckschloß (E) mit 1 Sperrzuhaltung für Badezellen- und Aborttüren

Was versteht man unter einem Pendeltürschließer?
Bei dieser Verschlußart werden Pendeltüren mittels Öldruck hydraulisch je nach eingestellter Schließgeschwindigkeit selbsttätig geschlossen.

Welche Teile gehören zu einem Zimmertürschloß?
Schloßkasten mit Stulp, Falle mit Fallenfeder, Nuß mit Nußfeder, Riegel mit Zuhaltungen und Zuhaltungsfeder. Hinzu kommen Schlüssel- und Winkelschließblech für gefälzte Türen bzw. Lappenschließblech für stumpf aufschlagende Türen.
Alle Schlösser sind zweitourig, d. h. zweimalig verriegelbar.

Welche Teile bezeichnet man als Schloßzubehör?
Türdrücker mit Langschildern, Drückerrosetten oder Knöpfe mit Rosetten und Schlüsselschilder. Werkstoffe hierfür sind Leichtmetall eloxiert, Temper- oder Grauguß u. a.

Was gehört zu einem Türdrücker?
Nach DIN 18255 setzt sich ein vollständiger Türdrücker aus 2 Drückern, 1 Drückerstift (Wechselstift, DIN 18259) und 1 abgeflachten, gerieften Keilstift zusammen.

Was versteht man unter Links- bzw. Rechtsschloß bei Türen?
Nach DIN 18251 bestimmt man gefälzte und ungefälzte Türen von der Aufschlagseite aus. Sind die Türbänder links angeschlagen, dann spricht man von Linksbändern und Linksschloß (L) und entsprechend umgekehrt von Rechtsbändern und Rechtsschloß (R).

Welche Angaben sind für die Bestellung eines Zimmertürschlosses erforderlich?
Genaue Bezeichnung der Schloßart, Dornmaß und Links- oder Rechtsschloß. Außerdem muß angegeben werden, ob die Tür gefälzt oder ungefälzt ist.
Beispiel: „A2 R2 DIN 18251 gefälzt" bedeutet rechtes Einsteckschloß für gefälzte Zimmertür mit Zuhaltungen und 2 Schlüsseln.

Geben Sie das Dornmaß bei Türschlössern an!
Bei Türschlössern beträgt der Abstand von Stulpvorderkante bis Mitte Dorn (Dornmaß) 25 bis 100 mm (von 5 zu 5 mm abgestuft). Meist kommt jedoch ein Dornmaß von 55 mm in Frage.

Wie groß ist der Abstand zwischen Dorn und Türdrücker?
Der Abstand von Mitte Türdrücker bis Mitte Dorn beträgt bei Zimmertür-Einsteckschlössern 72 mm und bei Haustürschlössern 92 mm.

Wie hoch sitzt der Türdrücker über dem Fußboden?
Nach DIN 18101 beträgt die Höhe von der Oberfläche des Fußbodens bis Mitte Drückernuß 1050 mm.

Welche Schlüsselarten unterscheidet man bei Türschlössern?
Buntbartschlüssel für Buntbartschlösser (geringste Sicherheit), Besatzungsschlüssel, Chubbschlüssel für Chubbschlösser (Zuhaltungsschlösser) und Zylinderschlüssel.

Welche Gruppen von Fensterbeschlägen unterscheidet man?
Beschläge zur Stockbefestigung, zur Versteifung der Flügelrahmen, zum Drehen (Beweglichmachen), Bänder für Verbundfenster, Beschläge zum Kippen, zum Drehen und Kippen, zum Verschließen, zum Offenhalten, zum Lüften und Sonderbeschläge.
Hinzu kommen Dichtungssysteme, Regenschutzschienen, Glashalteprofile und Fensterbankabdeckungen.

Nennen Sie Beschläge zur Stockbefestigung!
Zur Befestigung von Fensterrahmen im Mauerloch verwendet man Fensterbankeisen zum Einschlagen, Stockschlaudern (Stockeisen oder Pratzen), Hessenkrallen und Hülsensteinschrauben (Blendrahmenschrauben).

Wie können Flügelrahmen versteift werden?
Es eignen sich Einlaßecken (Scheinecken, Einlaßwinkel), geschmiedete Scheinwinkel, Kittfalzwinkel, Einschnittecken zum Einfräsen in den Kittfalz und Sternnägel aus Zinklegierung.

Welche Beschläge dienen zum Drehen von Fensterflügeln?
Die wichtigsten Beschläge sind u. a. das heute selten verwendete Winkelband mit Stützkloben, Einstemmbänder (Fitsche) mit festem Stift (C II) und losem Stift (C III), Dreilappenbänder, Aufschraubbänder, Einbohrbänder (z. B. Anuba, Oni, Fix, Winkhaus, Loma und Quick), Roto-2-Band mit einer Hülse zum Einbohren und einem Lappen zum Einstemmen sowie das Unitas-Fenster-Fischband mit je 2 Hülsen im oberen und unteren Bandteil zum Einbohren.

Nennen Sie Bänder für Verbundfenster!
Für Wagner-Verbundfenster mit Abstand nimmt man das Wagner-Band, Syringband oder ein spezielles Zwischenband.
Für Rekord-Verbundfenster ohne Abstand eignen sich Bänder und Kupplungen in Form kompletter Verbundfensterbeschläge.
Sonderformen sind Kupplungen für Kastenfenster.

Wie werden Fensterbänder angeschlagen?
Der Abstand von der Flügel-Außenkante bis Mitte Band beträgt nach DIN 18051 bei einem Rohbau-Richtmaß (RR) bis 625 mm Höhe 100 mm und darüber 180 mm.

Nennen Sie Beschläge zum Kippen von Fensterflügeln!
Zum Anschlagen von Kippflügeln verwendet man z. B. Fensterbänder (C III), Einbohrbänder, Bandkipplager, Kipp- und Hängelager, Fensterscheren, Falzscheren, Oberlichtbeschläge, Oberlichtschnäpper und Oberlichtöffner in verschiedenen Ausführungen.

Welche Beschläge eignen sich zum Drehen und Kippen von Fensterflügeln?
Man verwendet verschiedene Formen von Drehkippbeschlägen nach System Roto, Geze, Sigenia, Winkhaus u. a., Kurbel-Kipp-Beschläge für Großflächenfenster und Hebe-Dreh-Kipp-Beschläge für Hebefenstertüren.

Zählen Sie wichtige Fensterverschlüsse auf!
Einfacher und doppelter Vorreiber mit Streichdraht, Fensterruder mit Schließhaken, Dorn- und Oliveneinreiber, Einreiberschlößchen mit Zungen- oder Rollzapfenverschluß, Fenstergetriebe zum Aufschrauben mit Mittelschluß und fester Olive, Rudergetriebe (Espagnolette) mit Drehstangenverschluß, Einsteck- und Einlaßgetriebe (Basküle oder Basquill) mit Stangenverschluß, Kantengetriebe (Kantbasküle) mit Rollzapfenverschluß, Treibriegelverschluß mit senkrechtem Hebelgriff und Getriebestangen sowie Zentralverschluß für sehr breite, einflügelige Fenster.

Welche Beschläge verwendet man zum Offenhalten von Fensterflügeln?
Sturmhaken, Fensteraussteller (Stellschere) und Fensterfeststeller mit Bremsvorrichtung.

Nennen Sie Beschläge zum Lüften!
Außer verschiedenen Oberlichtöffnern eignen sich Parallelabsteller, Drehkippbeschläge, Glaslamellen zum Klappen, Klappenlüftungen (sog. Langschlitzlüfter), Dauerlüftungen, Schieberlüftungen, Walzenlüfter (Lüftomatic) und Ventilatoren.

Welche Sonderbeschläge spielen beim Fensterbau eine Rolle?
Wichtige Sonderbeschläge sind Auflaufkloben (Auflaufkeile) für breite und schwere Drehflügel, Gleitkupplungen für Flachkastenfenster, Fensterpuffer für Kastenfenster, Rollschnäpper für Hebefenster sowie Sonderbeschläge für Senkklappflügel-, Hebedreh-, Hebedrehkipp-, Schwingflügel-, Wendeflügel-, Falt-, Höhenschiebe- und Seitenschiebefenster.
Außerdem gibt es Sonderbeschläge für Hebedreh- und Hebedrehkipptüren.

Welche Arten von Beschlägen unterscheidet man bei Klappläden?
Beschläge zum Drehen, zum Verschließen und zum Offenhalten, Beschläge zum Klappen bzw. Ausstellen des Ladens und Sonderbeschläge zum Öffnen der Fensterläden vom Raum aus bei geschlossenen Fenstern.

Nennen Sie Drehbeschläge für Klappläden!
Man verwendet u. a. Ladenbänder mit Kloben, Lang-, Mittel-, Kreuz-, Winkel- und Schippenbänder, Ladenwinkel, verschiedene Formen von Ladenkloben zum Einschlagen, An- und Einschrauben oder zum Einzementieren und Ladenscharniere zur beweglichen Verbindung zweiteiliger Läden.

Welche Beschläge nimmt man zum Verschließen von Klappläden?
Als Verschlüsse eignen sich Ladenfeder, Ladenschnäpper, Riegel- oder Einflügelverschluß, Ladenruder, Ladengetriebe u. a.

Wie können Klappläden offengehalten werden?
Zum Offenhalten verwendet man Ladenreiber, Ladenketten, Ladenhalter „Frauenkopf", Ladenfeststeller und Ladenhalter am Kegel. Hinzu kommen Ladenpuffer zur Verhinderung des Aufschlagens auf das Mauerwerk und Ladenringe zum Hereinholen des geöffneten Ladens.

Welche Arten von Rolläden unterscheidet man?
Nach dem Werkstoff der Rolladenprofile unterscheidet man Holzrolläden, Kunststoffrolläden, Leichtmetall- und Stahlblechrolläden.

Welche Beschläge benötigt man zum Zusammenbau von Rolläden?
Zur Verbindung der Rolladenstäbe bei Holzrolläden verwendete man früher Jute- und Leinengurte, heute meist verzinkte Draht- oder Blechklammern.
Rolladenstäbe bei Kunststoffrolläden verbindet man mit verzinkten Stahlkettengliedern (Kettenprofilen) oder mit Einschiebeprofilen.

Wie werden Rolläden geführt?
Rolläden bewegen sich in seitlichen Nutschienen in Form von U-Profilen aus Stahl, Aluminium oder Kunststoff.
Geöffnet sind Rolläden auf Holz- oder Stahlwalzen aufgerollt, die in Kugellagern laufen.

1.25. Oberflächenbehandlung

Welchen Zweck hat die Behandlung der Holzoberfläche?
Man will die natürliche Farbe des Holzes vertiefen, sie verändern, die Holzstruktur hervorheben, die Oberfläche glätten, verschönern und haltbar machen sowie gegen Verschmutzung, Feuchtigkeit, Schweiß und Fett schützen.

Welche Arten der Oberflächenbehandlung gibt es?
Man unterscheidet die Behandlung mit deckenden Materialien und die transparente Behandlung.
Bei der transparenten Behandlung bleibt die natürliche Zeichnung des Holzes erhalten, während bei der deckenden Behandlung die Holzoberfläche überdeckt und unsichtbar wird.

Welche Voraussetzungen sind zur Erzielung einwandfreier Oberflächen notwendig?
Um einwandfreie und schön wirkende Beiz- und Polierflächen zu erhalten, müssen die Räume bei einer Temperatur von 20 °C hell, trocken und staubfrei sein. Die Hölzer müssen gepflegt, einwandfrei verarbeitet sowie sauber geputzt und geschliffen werden.

Welche Möglichkeiten gibt es für den Tischler, die Oberfläche des Holzes zu behandeln?
Oberflächen kann man färben, beizen, bleichen, patinieren, mattieren, lackieren und polieren, einschließlich der Vorbehandlung der Holzflächen.
Besondere Oberflächenbehandlungsverfahren sind Sandstrahlen, Bürsten und Brennen.

Welche Vorarbeiten sind bei der Oberflächenbehandlung erforderlich?
Zur Vorbehandlung der Flächen gehören Verputzen und Schleifen des Holzes, Wässern, Aufhellen, Entfernen von Leimdurchschlag, Verfärbungen und Flecken, Entharzen, Bleichen sowie Auskitten und Ausbrennen.

Mit welchen Werkzeugen wird verputzt?
Zum Verputzen dienen Putzhobel, Reformputzhobel, Schabhobel (Ziehklingenhobel) und Ziehklinge.

Womit werden Holzflächen geschliffen?
Die wichtigsten Schleifmittel für Trockenschliff sind Schleifpapiere und Schleifleinen und für Naßschliff Schleifflüssigkeiten.

Nennen Sie natürliche Schleifmittel für Trockenschliff!
Flint-Feuerstein, Quarz, Granat, Schmirgel (Naxos- und Kanadischer Schmirgel) und Diamant.
Zum Schleifen lackierter oder polierter Flächen verwendet man Bimssteinpulver, Wienerkalk und Sepiaschalen.

Nennen Sie künstliche Schleifmittel für Trockenschliff!
Elektrokorund (schwarzer, brauner und hellbrauner Korund und Edelkorund), Siliciumcarbid (Carborund), Borcarbid und Normalglas sowie Stahlwolle (Stahlwatte).

Welche Flüssigkeiten eignen sich für Naßschliff?
Schleifflüssigkeiten sind Testbenzin, Petroleum, Terpentinersatz und besondere Schleifwässer.

Welche Körnungsgruppen bzw. Körnungsgrößen unterscheiden wir bei Schleifmitteln?
Es gibt folgende Körnungen (nach DIN 69100):

Sehr grob	8	10	12		
Grob	14	16	20	24	
Mittel	30	36	46	50	60
Fein	70	80	90	100	120
Sehr fein	150	180	200	220	240
Staubfein	280	320	400	500	600

Welche Schleifklötze verwendet man?
Für Handschliff nimmt man in der Regel Korkstücke, aber auch Linden- oder Pappelholz.

Warum werden Flächen vor dem Beizen gewässert?
Holzfasern, Porenränder und Druckstellen quellen nach lauwarmem Wässern auf und können nach dem Trocknen durch Nachschleifen gegen die Faser mit feinem Papier entfernt bzw. bei Poren ausgebürstet werden.

Wie kann man Holz aufhellen?
Um z. B. Eichenholz aufzuhellen, muß der Gerbstoff durch Feinwaschmittel oder Tannin ausgewaschen werden.

Wie kann man Leimdurchschlag verhindern?
Wichtigste Voraussetzung zur Verhinderung von Leimdurchschlägen ist ein möglichst dickflüssiger Leim, in dünner Schicht aufgetragen. Zusätzliche Sicherheit bieten Füllstoffe.

Wie wird Glutinleim-Durchschlag entfernt?
Zum Auswaschen von Glutinleim verwendet man Oxalsäure, Sauerkleesalz oder Natriumbisulfit. Gründliches Bürsten mit einer Wurzel- oder Messingdrahtbürste und Nachwaschen mit sauberem, warmem Wasser sind unbedingt erforderlich.

Wie entfernt man Kaseinleim-Durchschlag?
Kaseinleim verursacht auf fast allen Holzarten Flecken und Verfärbungen. Er eignet sich daher besser bei Deckfarbanstrichen.
Zum Entfernen von Verfärbungen nimmt man eine Lösung aus eisenfreier Salzsäure und kaltem Wasser (1:4). Nachbürsten und kräftiges Nachspülen sind wichtig.

Wie kann man Weißleim-Durchschlag entfernen?
Durchschläge von PVAC-Leimen (Weißleimen) können in frischem Zustand mit warmem Wasser, Aceton oder Hartgrundverdünnung entfernt werden. Vorsicht bei Aceton und Verdünnung, sie lösen den Leim auf!

Kann man Kondensations-Kunstharzleim-Durchschlag entfernen?
Durchschläge von Härter-Kunstharzleimen (z. B. Kaurit) können aus den Poren nicht mehr entfernt werden. Es empfiehlt sich daher, den Leim vorher entsprechend der späteren Farbe einzufärben.

Wie beseitigt man Verfärbungen?
Holzverfärbungen, z. B. bei Furnieren, kann man mit Holznadelseife behandeln.

Wie werden Flecken entfernt?
Öl- und Fettflecken lassen sich mit Reinbenzin oder Reinbenzol beseitigen.
Kalk-, Gips- und Zementspritzer entfernt man mit verdünnter Salzsäure im Verhältnis 1 : 10.
Dunkle Oxydationsflecken bei Eichenholz lassen sich mit heißer Zitronensäurelösung auswaschen.
Bei Salzsäure- und Zitronensäurelösung ist kräftiges Nachwaschen mit Wasser erforderlich.

Welche Mittel eignen sich zum Entharzen?
Zum Entharzen können Holzseife, Kernseife, Marseillerseife, Schmierseife, Soda, Pottasche und Salmiakgeist verwendet werden. Ebenso eignen sich Harz- und Lacklösungsmittel, z. B. Aceton, Äthylenglykol und Tetrachlorkohlenstoff (Tetra).

Nennen Sie Bleichmittel!
Milde Bleichmittel: Zitronensäure, Essigsäure und Boraxlösungen
Stärkere Bleichmittel: Salzsäure, Schwefelsäure, Oxalsäure und Sauerkleesalz
Stärkste Bleichmittel: Wasserstoffsuperoxid, Javellwasser und Natriumhydrosulfit
Die Wirkung einiger Bleichmittel kann durch Salmiakgeist verstärkt werden. „Cyanex" ist ein Spezialpräparat zum Bleichen verblauten Holzes.

Wie werden Bleichmittel aufgetragen?
Der Auftrag erfolgt entlang der Faser mit einem Nylon- oder Fiberpinsel ohne Metallzwinge oder mit weißen Putzfäden in einem Baumwollappen. Schutzbrille, Gummihandschuhe und Kopfbedeckung tragen!

Wie werden Bleichmittel aufbewahrt?
Bleichmittel sollen in Gefäßen aus Ton, Glas, Porzellan oder Kunststoff an einem dunklen, kühlen Ort aufbewahrt werden.

Welche Mittel verwendet man zum Ausbessern bzw. Auskitten?
Größere schadhafte Stellen werden mit Holz ausgeflickt. Zum Ausbessern kleinerer Schäden eignen sich Hirnholzkitt (Leimkitt), „Flüssiges Holz" (Holzschleifstaub + Spezial-Nitrolack) und Hartwachs bei mattierten Arbeiten. Gelegentlich verwendet man auch Bienenwachs zum Auskitten.
Ölhaltiger Kitt (Fensterkitt) kann nur dann verwendet werden, wenn die Arbeiten einen Deckfarbenanstrich erhalten.
Das Ausbrennen mit Schellack oder Siegellack eignet sich zum Füllen bei Flächen, die lackiert oder poliert werden sollen.

Wozu benötigt man bei der Oberflächenbehandlung Lösungsmittel?
Lösungsmittel sind meist farblose, leicht flüchtige Flüssigkeiten, die zum Lösen von Fetten, Ölen, Wachsen, Harzen und Nitrozellulose dienen.

Nennen Sie wichtige Lösungs- bzw. Verdünnungsmittel!
Die wichtigsten Lösungsmittel sind:
Alkohol (Spiritus, Weingeist, Äthylalkohol)
Methanol (Holzgeist, Methylalkohol)
Ester (Essigester, Amylacetat, Butylacetat)
Ketone (Aceton)
Tetrachlorkohlenstoff (Tetra) zur Harzlösung
Als Lösungs- und Verdünnungsmittel dienen Kohlenwasserstoffe (Terpentinöl, Benzol, Leichtbenzin, Testbenzin).

Was versteht man unter dem Begriff Beizen?
Ganz allgemein versteht der Schreiner darunter eine Veränderung des natürlichen Holzfarbtons durch farberzeugende Flüssigkeiten oder Gase.

Streng genommen müßte man unterscheiden zwischen dem Beizen auf chemischem Weg und dem Beizen mit wasserlöslichen Farbstoffen, eigentlich als Färben zu bezeichnen.

Worin liegt der Unterschied zwischen gefärbten und gebeizten Hölzern?
Chemisch gebeizte Hölzer unterscheiden sich von gefärbten dadurch, daß das Oberflächenbild bei allen Holzarten seinen natürlichen positiven Charakter behält. Ferner dringt die chemische Beize tiefer in die Holzschicht ein und macht die Fläche dadurch widerstandsfähiger gegen Durchschleifen und Abnutzung. Chemisch gebeizte Flächen sind außerdem meistens wasserbeständig. Die Lichtechtheit ist bei gebeizten und gefärbten Flächen zu einem großen Teil gleich.

Welche Arten von Holzbeizen unterscheidet man?
Man unterteilt in drei Grundarten:
1. Farbbeizen oder Farbstoffbeizen (keine eigentlichen Beizen, sondern Farbstoffe)
2. Chemische Beizen (Doppelbeizen)
3. Kombinierte Beizen (chemische Beizen und Farbstoffbeizen gemischt)

Wie wird Holz gefärbt?
Durch wässerige Lösungen, vorwiegend aus sauren Teerfarbstoffen (Steinkohlenteer), werden dem Holz Farbstoffe zugeführt. Man bezeichnet diesen Vorgang als Färben oder Farbbeizen.

Welche Farbstoffe eignen sich für Farbbeizen?
Außer Teerfarbstoffen verwendet man auch Erdfarbstoffe, z. B. Kasseler Braun aus Braunkohle, zur Herstellung von Nußbaumkörnerbeize oder Jaba-Nußbaumbeize.

Nennen Sie Farbbeizen!
Man unterscheidet Wasserbeizen und Spiritusbeizen. Im Handel sind diese Beizen unter den Bezeichnungen Wasser-, Hartholz-, Tauch-, Nebel- und Spiritusbeizen erhältlich.

Beschreiben Sie Wasserbeizen!
Das sind Beizen aus Farbpulvern (z. B. Kasseler Braun), geeignet für alle in- und ausländischen Hölzer, außer Nadelhölzern. In ihren Farbtönen sind sie rein, lebhaft und lichtecht. Sie eignen sich für Tauch- und Streichverfahren.

Wie verhalten sich Nadelhölzer beim Färben mit Wasserbeizen?
Das weichere Frühholz saugt mehr Farbstoff auf als das härtere Spätholz und wird dadurch dunkler. Es entsteht so ein negatives Oberflächenbild, also eine Umkehrung der Struktur.
Bei der Verwendung von chemischen Beizen bleibt die Strukturzeichnung natürlich und positiv.

Was sind Spiritusbeizen (Spritbeizen)?
Sie bestehen aus in Alkohol gelösten Farbpulvern und eignen sich zum Ausbessern bereits fertig behandelter Oberflächen. Große Flächen werden scheckig.
Sie trocknen leicht, sind aber nicht lichtecht.

Was versteht man unter Chemischen Beizen?
Damit bezeichnet man Entwickler- oder Doppelbeizen, die sich aus Vorbeize und Nachbeize zusammensetzen.
Sie sind sehr lichtecht, luftecht und wasserfest.

Wie spielt sich der Vorgang beim chemischen Beizen ab?
Der Vorgang besteht darin, daß wässerige Lösungen von Metallsalzen oder Alkalien auf gerbstoffhaltiges Holz, bzw. durch Vorbeizen gerbstoffhaltig gemachtes Holz, aufgetragen werden. Diese chemische Verbindung ergibt einen farbigen Niederschlag, wobei die Struktur des Holzes erhalten bleibt.

Was geschieht durch das Vorbeizen?
Dadurch wird dem Holz zugeführter Gerbstoff gleichmäßig verteilt.

Nennen Sie verschiedene Vorbeizen!
Pyrogallol für braune Beiztöne
Brenzcatechin für graue Beiztöne
Tannin für helle Beiztöne
Katechu für rötlich-braune Beiztöne u. a.

Welchen Zweck erfüllt das Nachbeizen?
Aus der Nachbeize und dem Gerbstoff der Vorbeize entwickelt sich in einem chemischen Prozeß oft erst nach Tagen der Beizton.

Nennen Sie Mittel zum Nachbeizen!
1. Metallsalze: Kaliumchromat, Kaliumbichromat, Eisenchlorid, Kupfervitriol u. a.
2. Alkalien: Pottasche, Soda, Natronlauge und Salmiakgeist

Wozu werden Doppelbeizen verwendet?
Es gibt Doppelbeizen speziell für Nadelhölzer in vielen Farbtönen, die man nach Musterkarte kaufen (z. B. Parazitol) oder auch selbst herstellen kann.
Auch für Eichenholz sind pulverförmige oder gebrauchsfertig käufliche Doppelbeizen im Handel (z. B. Alizarol). Sie enthalten in der Vorbeize außer Gerbstoff die Verbindung Alizarin.
Beizproben sind rechtzeitig zu machen! Entwicklung des Farbtons abwarten!

Was sind kombinierte Beizen?
Das sind Mischungen aus chemischen Beizen und Teerfarbstofflösungen, die sich vorwiegend für harte Laubhölzer eignen. Die bekanntesten sind die sog. Räucherbeizen.

Wie wirken kombinierte Beizen?
Das natürliche Vorhandensein von Gerbstoff im Holz und das Metallsalz oder Alkali der Beizen ergeben eine Verbindung, z. B. bei Eichenholz, Nußbaumholz und Mahagoniholz.
Der Teerfarbstoff vervollkommnet den Beizton.

Nennen Sie Holzbeizen, die ohne Vorbeizen verwendet werden können!
Hartholzbeizen, Räucherbeizen, Salmiakwachsbeize, Wachs-Metallsalz-Beizen, Fixier- und Lasurbeizen.
Außerdem gibt es Büromöbel-Beizen für Serienfertigungen in Buche, Nadelholz und Eiche; Echt-Mahagoni-Beize zur „Alt-Mahagoni"-Tönung; Echt-Nußbaum-Beize zum Veredeln farbloser einheimischer Nußbaumsorten und Industrie-Beizen für alle Hölzer bei billigen Serienerzeugnissen.

Wozu eignen sich Hartholzbeizen?
Man verwendet sie ohne oder (besser) mit Salmiakgeist zum Selbstauflösen für gerbstoffarme Hölzer, z. B. Ahorn, Birke, Buche, Esche, Kirsche, Rüster, Limba, Mahagoni u. a.
Die Beizung färbt auf Überzugsmittel nicht ab, ist lichtecht, haltbar und widerstandsfähig. Polieren hebt die feine Farbwirkung.

Was sind Räucherbeizen?
Diese Beizen sind in Pulverform käuflich und setzen hohen Gerbstoffgehalt im Holz voraus. Sie eignen sich daher nur für Eiche und andere gerbstoffreiche Laubhölzer.
Räucherbeizen gibt es in allen braunen Farbtönen. Sie sind lichtecht, abriebfest und unter Überzug wasserfest.

Welchen Nachteil hat Salmiakwachsbeize?
Diese dickflüssige Beize verdeckt die Holzstruktur und ist nicht kratzfest. Man verwendet sie für großporige Hölzer wie Eiche, Esche, Rüster oder weiche Schnitthölzer wie Erle, Linde und Pappel.

Beschreiben Sie Wachs-Metallsalz-Beizen!
Diese gebrauchsfertigen Beizen wirken mit Metallsalzen chemisch. Durch geringen Zusatz von verseiftem Wachs rauht das Holz weniger auf, und die Poren werden besser mitgebeizt. Zu starker Wachszusatz verschleiert die Struktur des Holzes. Die Beizung ist nicht scheuer-, abrieb- und kratzfest.

Wozu werden Fixierbeizen verwendet?
Diese Färbeflüssigkeiten, in denen geeigneter Erdfarbstoff in Nitroverdünnung aufgelöst ist, verwendet man zur Erzeugung heller Eichentöne für Büromöbel und heller Beiztöne für Stühle.

Was sind Lasurbeizen?
Es handelt sich hierbei nicht um Beizen im eigentlichen Sinn, sondern um dünne, durchscheinende (lasierende) Deckfarben aus Erd- und Oxidfarbstoffen. Dunkelfarbige Hölzer können gleichzeitig aufgehellt werden.

Welche Gefäße eignen sich zum Ansetzen von Beizen?
Ton-, Steingut-, Glas- oder Kunststoffschüsseln. Beize darf nicht mit Eisen in Berührung kommen, daher keine Metallgefäße verwenden!

Nennen Sie Werkzeuge zum Auftragen der Beize!
Beizpinsel in verschiedenen Größen ohne Metallzwingen, Natur- und Gummischwämme.

Wie wird Beize aufgetragen?
Es muß gut naß in Richtung der Holzfaser gearbeitet werden. Auf trockene Stellen dürfen keine Spritzer kommen, da sonst Flecken entstehen.

Wie erfolgt die Trocknung gebeizter Flächen?
Günstig ist die natürliche Lufttrocknung in 1 bis 3 Stunden. Künstliche Trocknung bei Serienfabrikation verlangt viel Luftbewegung bei Temperaturen von 30 bis 40 °C.

Chemische Beizen und Kombinationsbeizen können nur natürlich getrocknet werden, da sich der Beizton erst an der Luft entwickelt.

Was versteht man unter Räuchern?
Durch den Einfluß stärkster Salmiakdämpfe (10 bis 12 Stunden) auf gerbstoffreiche Hölzer, vorwiegend Eiche, erhalten die Spiegel einen schönen, positiven Farbton.

Mit Räucherbeizen erzielt man denselben Effekt.

Beschreiben Sie das Kalken von Eichenholz!
Unter Kalken ist eigentlich eine Beizung mit Kalkwasser (Kalkmilch) zu verstehen, wie sie früher für Chorstühle angewandt wurde.

Heute erreicht man denselben Effekt durch Ausfüllen der Poren mit Lithopon oder Alabastergips mit Kaolin.

Was versteht man unter Patinieren?
Gemeint ist damit eine Behandlung des Holzes mit Patinierbeize, durch die neuen Möbeln das Aussehen alter Stücke gegeben wird. Man bringt künstliche Farbton-Unterschiede an.

Welche Überzugsverfahren kommen bei Holz in Frage?
Grundieren, Mattieren, Lackieren, Polieren und Ölen.

Was versteht man unter Grundieren?
Durch das Grundieren will man erreichen, daß die oberen Holzzellen gefüllt werden und dadurch eine Sperrschicht entsteht, die das spätere Eindringen von Überzugsmitteln in das Holz verhindert. Grundierungen sollen lichtecht sein.

Was sind Lichtschutzmittel?
Bei Naturhölzern oder leicht angebeizten Flächen gibt man dem Grundierungspräparat Lichtschutzmittel bei, die ein Vergilben des Holzes verhindern.

Lichtschutzgrundierungen enthalten feine Weißpigmente, die bei hellen Hölzern eine zusätzliche Aufhellung ergeben, so z. B. bei Esche, Ahorn und Birke.

Nennen Sie Grundierpräparate!
Als Grundierung vor dem Mattieren, Polieren und Lackieren verwendet man Einlaßgrund, Haftgrund, Grundlack (Hartgrund), Schnellschleifgrundlack (Mattgrund) und Feinschleiflack (Mattschliff).
Alle diese Grundierungsmaterialien sind Nitrozelluloselacke.

Wie werden Grundiermittel aufgetragen?
Dies kann mit dem Pinsel, der Spritzpistole, im Aufwalzverfahren und Gießverfahren erfolgen. Wichtig ist ein gleichmäßiger Auftrag.

Was bedeutet der Begriff Mattieren?
Gebeizte oder naturfarbene Hölzer erhalten eine matt- bis hochglänzende Oberfläche, wobei die Poren des Holzes im Gegensatz zu polierten Flächen offen bleiben.

Welche Arten von Mattierungen verwendet man?
Schellack-Mattierung (selten), Nitrozellulose-Mattierung, kombinierte Mattierungen aus Nitrozellulose und Schellack und Duffmatt.

Wo kommen reine Schellack-Mattierungen heute noch vor?
Der im Poliersprit aufgelöste Schellack eignet sich besonders zur Herstellung sehr feiner, geschmeidiger Mattflächen, die dem natürlichen Wachsgehalt des Schellacks zuzuschreiben sind.

Wie werden Nitrozellulose-Mattierungen verarbeitet?
Zur Herstellung von Nitropräparaten (Nitrozellulose-Mattierung, Nitrozelluloselacke und Nitropolituren) wird Nitrozellulose in Lösungsmitteln aufgelöst. Sie trocknen schnell. Der Überzugsfilm bildet sich durch Verdunsten der Lösungs- und Verdünnungsmittel.

Welche Bedeutung haben Schleiföle?
Das Ölschleifen des Holzes hat den Zweck, die Farbe bei Edelhölzern zu vertiefen und die Lebhaftigkeit der Maserung zu steigern.
Man verwendet säurefreies Vaselin- oder Paraffinöl und bei der Behandlung mit Nitrozelluloselacken Terpentinersatz, Petroleum oder Seifenwasser.

Wie werden Mattierungen aufgetragen?
Der Auftrag erfolgt einmal oder mehrmals. Nach Art der Auftragstechnik spricht man von Ballen-, Spritz-, Walz- oder Gießmattierung. Mattierungsballen bestehen aus gereinigten Putzfäden oder aus wollenem Strickgewebe mit weitmaschigem Trikotüberzug. Mattiert wird Strich neben Strich der Länge nach in Richtung der Holzfaser.

Was heißt Lackieren?
Unter Lackieren versteht man den Auftrag einer oder mehrerer Lackschichten, um eine geschlossene, transparente Oberfläche zu erhalten, oder um eine Lackschicht aufzubauen, die hochglanzpoliert werden soll.

Welche Arten von Lacken verwendet der Tischler?
Nitrozelluloselacke (NC-Lacke), Überzugslacke als Matt-, Seidenglanz- und Glanzlacke (Einkomponentenlacke), Polierlacke, Schwabbelpolierlacke und Mehrkomponentenlacke.

Wie sind Nitrozelluloselacke zusammengesetzt?
Nitrozelluloselacke sind in Nitroverdünnung (Ester) gelöste Nitrozellulose (E-Wolle) mit Zusätzen.

Was geht bei der Erhärtung von Nitrozelluloselacken vor sich?
Durch Verdunsten des Lösungsmittels bildet sich ein Film. Der im Lack enthaltene Festkörpergehalt von 8 bis 30% verursacht bei der Filmbildung ein starkes Schwinden (Poren fallen nach). Dies macht einen mehrmaligen Auftrag nötig.

Was sind Einkomponentenlacke?
Einkomponentenlacke sind chemisch härtende Lacke, bei denen Lack und Härter bereits im richtigen Verhältnis gemischt sind und so eine einfachere Verarbeitung zulassen. Man verwendet sie als Überzugslacke auf mit Mattgrund oder Mattschliff grundierten Flächen.

Was sind Mehrkomponentenlacke?
Mehrkomponentenlacke sind nach Vermischen der Komponenten (Lack + Härter) nur noch kurze Zeit verwendbar, da sie infolge einer chemischen Reaktion erhärten. Der erhärtete Film ist nicht mehr löslich.

Bei getrenntem Auftrag von Härter und Lack ist man unabhängig von der kurzen Haltbarkeit des angemischten Lackes.

Nennen Sie wichtige Mehrkomponentenlacke!
Zu erwähnen sind besonders säurehärtende Lacke, auch Kalthärterlacke genannt, DD-Lacke (Polyurethan-Lacke), Polyesterlacke sowie Öl-, Naturharz- und Kunstharzlacke.

Wozu verwendet man säurehärtende Lacke?
Diese Lacke (Kalthärterlacke) härten bei Raumtemperaturen über 15 °C aus und ergeben einen duroplastischen Film.
Anwendungsgebiete für solche Lacke sind Möbel, deren Oberflächen kratzfest und widerstandsfähig gegen Öl, Fette, Sprit und Wärme sein müssen. Für Außenarbeiten sind sie ungeeignet.

Was sind DD-Lacke?
Darunter versteht man Polyurethan-Lacke, die aus den Komponenten Desmophen (Lackkomponente) und Desmodur (Härter) gebildet werden.
Sie sind hart, elastisch, schlag-, kratz-, wetter- und äußerst abriebfest, schwer entflammbar, beständig, besonders haltbar und widerstandsfähig.

Wozu werden DD-Lacke verarbeitet?
DD-Lacke eignen sich für alle Holzarten im Möbel- und Innenausbau, für Außenlackierungen und besonders zum Versiegeln von Fußböden.

Wie werden Lacke aufgetragen?
Nach vorheriger Grundierung und entsprechender Trocknungszeit trägt man Lacke einmal oder mehrere Male mit Pinsel oder Spritzpistole, im Walz-, Gieß- oder Tauchverfahren auf.

Was versteht man unter Versiegeln von Holzfußböden und Parkett?
Man versieht den Boden mit wasserfesten und möglichst abriebbeständigen Lacken (säurehärtende Lacke und DD-Lacke).
Die Böden werden mit der Tellerschleifmaschine geschliffen und gründlich vom Schleifstaub gereinigt. Nach dem Lackauftrag mit Lackierpinsel und Lackierroller und 2- bis 12stündiger Trocknung wird mit einer Spezial- oder Handmaschine nachgeschliffen. Nach einem zweiten und dritten Lackauftrag wird der Boden noch mit einem Spezialhartwachs behandelt.

Was versteht man unter Polieren?
Gemeint ist damit eine Oberflächenbehandlung zur Herstellung hochglänzender Flächen, bei der die Poren vollständig geschlossen und ausgefüllt sind, Maserung und Holzfarbe aber trotzdem zur Geltung kommen.
Der Überzug muß elastisch sein, um den Bewegungen des Holzes folgen zu können.

Welche Arten von Porenfüllern verwendet man?
Zur Herstellung von Porenfüllern eignen sich organische und auch mineralische Füllstoffe.
Besondere Effekte kann man bei großporigen Hölzern durch farbig gefüllte Poren (z. B. weiß) erzielen, die sich von der Holzfarbe abheben.

Nennen Sie organische Porenfüller!
Besonders geeignet sind Dextrin oder Reismehl, jeweils gemischt mit Bimssteinpulver.

Welche Nachteile haben mineralische Porenfüllstoffe?
Mineralische Füllstoffe, wie Alabastergips, Schwerspat, Talkum u.a. werden mit Öl zu Porenfüllern verarbeitet. Durch den Ölgehalt führen sie leicht zur Verschleierung oder Vergrauung der Holzoberfläche.

Welche Polituren sind gebräuchlich?
Wir unterscheiden Verteiler-Polituren, Schellack-Polituren (ältestes Polierverfahren), Nitrozellulose-Polituren (Kombinationen aus Nitrozellulosewolle und Schellack oder einem anderen Harz), Polierlacke aus Nitrozellulose und Auszieh-Lacke zum Lackieren von Kanten und Profilen polierter Holzoberflächen.

Was versteht man unter Verteiler und Verteiler-Politur?
Sie dienen zum Verteilen der Lackschicht bzw. zum Fertigpolieren einer Oberfläche. Es ist darauf zu achten, daß nur zusammengehörige Produkte einer Firma verwendet werden, da Verteilerflüssigkeiten und Polierlacke aufeinander abgestimmt sind.

Beschreiben Sie Schellack!
Schellack wird von einer indischen Blattschildlaus erzeugt, welche die frischen Triebe verschiedener Bäume ansticht und sich in den ausfließenden Saft einkapselt. Dieser Saft, zusammen mit den Sekreten des Insekts, ergibt ein Harz, den sog. Stocklack, der das Ausgangsprodukt zur Herstellung von Körner-, Knopf- und Blättchenschellack ist.

Welchen Vorteil haben Nitrozellulose-Polituren?
Gegenüber reinen Schellack-Polituren zeichnen sie sich durch rasche Füllkraft und hohe Transparenz aus. Sie sind wasserbeständig und wenig kratzempfindlich, elastisch, leicht verarbeitbar und trocknen schnell.

Wie werden Polituren aufgetragen?
Zum Auftrag verwendet man Pinsel, Polierballen oder die Spritzpistole.

Welche Polierverfahren unterscheidet man?
1. Aufbauendes Verfahren, d. h., dünne Lackschichten werden so lange aufeinandergelegt, bis eine Hochglanzfläche entsteht.
2. Abbauendes Verfahren, d. h., eine dicke Lackschicht wird nach und nach abgezogen, geschliffen und so auf Hochglanz gebracht.

Nennen Sie aufbauende Polierverfahren!
Zu den aufbauenden Verfahren zählen das Schellack-Polierverfahren, das heute kaum mehr gebräuchlich ist, und das Lackpolierverfahren mit Polierlacken.

Nennen Sie abbauende Polierverfahren!
Hierzu gehören das Schwabbelpolierverfahren mit Schwabbelpolierlacken und das Polyesterverfahren mit Polyesterlacken.

Beschreiben Sie den Vorgang des Lackpolierverfahrens!
Man trägt Polierlacke aus Nitrozellulose auf einmal grundierte Holzflächen auf und verarbeitet sie im aufbauenden Verfahren durch Schleifen, Verteilen und Polieren weiter bis zum geschlossenporigen Überzug.

Wie geht das Schwabbelpolierverfahren vor sich?
Das Schwabbeln ist ein Auspolierverfahren, d. h., die durchgehärtete Schicht aus Schwabbelpolierlack wird im abbauenden Verfahren durch Naßschleifen, Verteilen und Schwabbeln blankgeschliffen.
Zum Schleifen verwendet man eine rotierende Scheibe mit Stoffüberzug (Nessel, Leinen, Molton, Flanell oder Lammfell), Terpentinersatz und Schwabbelwachs.

Beschreiben Sie das Polyesterverfahren!
Bei diesem Verfahren wird mit Polyesterlacken gearbeitet. Diese Lacke sind Reaktionslacke, d. h., sie trocknen nicht durch Verdunstung des Lösungsmittels, sondern erhärten durch einen chemischen Vorgang beim Zusammenbringen des Stammlacks mit dem Härter (Polymerisation).

Nach der Trocknung erhält man durch Schleifen, Schwabbeln und Abpolieren eine Hochglanzwirkung.

Welche Grundierung erfordern Polyesterlacke?

Polyesterlacke besitzen ein geringes Haftvermögen auf Holz. Sie erfordern daher eine besondere Haftgrundierung mit Einlaß- und Isoliergrund, meist auf DD-Basis, da Polyesterlacke auf die Holzinhaltsstoffe und Fettspuren vieler tropischer Hölzer (z. B. Makassar, Palisander, Teak, Mansonia u.a.) besonders empfindlich reagieren.
Es empfiehlt sich die Verwendung von Lichtschutzgrundiermitteln.

Wie trägt man Polyesterlacke auf?

Im Gießverfahren von Hand oder mit Lackgießmaschinen, im Spritzverfahren mit Zweikomponenten-Spritzanlagen und im Reaktionsverfahren (Aktivgrundverfahren).
Beim Spritz- und Gießverfahren werden Lack und Härter gemischt.

Was versteht man unter dem Reaktionsverfahren beim Arbeiten mit Polyesterlacken?

Beim Reaktionsverfahren wird mit der Spritzpistole oder Gießmaschine auf die Fläche ein sog. Reaktionsgrund (Aktivgrund) aufgetragen, der den Härter beim Auftrag des Polyesterfilms abgibt und zur Erhärtung führt.

Welche Eigenschaften haben Polyesterfilme?

Hochglanzpolierte Beschichtungen aus Polyesterlacken sind dehn- und reißfest, ziemlich kratzfest, tropenfest und im Glanz dauerhaft.
Gegen Zigarettenglut und chemische Reinigungsmittel sind sie nicht beständig.

Was versteht man unter Abpolieren?

Um eine verstärkte Hochglanzwirkung zu erhalten, müssen bei allen Polierverfahren die Flächen abschließend von Öl- oder Wachsresten gereinigt werden. Dies geschieht mit einem Polierschwamm, Trikotlappen oder maschinell mit einem weichen Filz- oder Florband und Polish.

Wie behandelt man die Oberfläche von Teakholz?

Teakholz, das reich an Fettstoffen ist, behandelt man mit Teak- oder Strukturölen, die den Farbton und die Struktur lebhafter gestalten.
Um die geölten Flächen vor Schmutz und Staub zu schützen, empfiehlt sich ein Überzug aus entsprechend eingestellten säurehärtenden Lacken oder DD-Lacken.

Welche Ansprüche stellt man an eine Oberflächenbehandlung von Holz im Freien?

Das Holz muß vor allem vor Verwitterung und darauffolgender Zerstörung durch Witterungseinflüsse geschützt werden.
Das Verfahren der Behandlung hängt von der Holzart und ihren Eigenschaften, von den Ansprüchen und Anforderungen auf Aussehen und vom Verwendungszweck der Holzkonstruktion ab.

Welche Arten von Oberflächenschutz für Holz im Freien unterscheidet man?

Es gibt transparente Anstrichsysteme, bei denen die Farbe des Holzes und die Maserung sichtbar bleiben. Hierher gehören farblose, imprägnierende Anstriche, lasierende, imprägnierende Anstriche sowie farblose, lasierende Lackierungen.
Bei deckenden Anstrichen wird der Untergrund ganz oder nahezu ganz abgedeckt. Hierher gehören deckende, dünnfilmige Anstriche und deckende Lackierungen.

Was versteht man unter Imprägnieren einer Außenfläche?

Imprägnierungen ergeben keinen zusammenhängenden Film, sondern dringen in das Holz ein und beleben die Holzstruktur. Ungehinderter Feuchtigkeitsausgleich kann stattfinden.
Zusätze im Imprägnierungsmittel verhindern Pilzbefall (z. B. Monochlornaphthalin u. a.) und Insektenfraß (z. B. E 605, DDT usw.).
Imprägnierte Hölzer müssen häufig nachbehandelt werden.

Was unterscheidet den transparenten Lackanstrich einer Außenfläche von einer Imprägnierung?

Lacke bilden einen zusammenhängenden Film, der mehr oder weniger auf der Holzoberfläche aufliegt. Ein Feuchtigkeitsausgleich kann nicht stattfinden, da moderne Lacksysteme nur geringe Dampfdurchlässigkeit haben. Das setzt voraus, daß das Holz vor dem Anstrich unbedingt die richtige und vorgeschriebene Feuchtigkeit aufweist.
Transparente Außenlackierungen erfordern Sorgfalt. Ist dies nicht möglich, so ist ein Imprägnierungsanstrich vorzuziehen.

Welche Arten von Imprägnierungs- und Konservierungsprodukten verarbeitet man?

Je nach Zusammensetzung unterscheiden wir Teeröle, chlorierte Naphthaline, andere ölige Mittel und gegen Bläue schützende Grundiermittel (siehe auch unter Holzschutzmittel!).

Welche Lacksysteme eignen sich besonders für Außenlackierungen?
Aufgrund praktischer Erfahrungen verwendet man Öllacke, ölhaltige Alkydharzlacke und Zweikomponentenlacke, vor allem Polyurethanlacke (DD-Lacke) und Epoxidharzlacke.

Außenlackierungen führt man glänzend aus, da durch die Bewitterung der Glanz ohnehin gebrochen wird. Matte Lackflächen haben eine geringere Lebensdauer, weil die Unebenheiten der Oberfläche den Witterungseinflüssen eine bessere Angriffsfläche bieten.

Nennen Sie besondere Oberflächenbehandlungsverfahren!
Um eine reliefartige Oberfläche zu erzielen, die rustikal aussieht und widerstandsfähig gegen mechanische Beanspruchungen ist, wendet man besondere Verfahren an, so Sandstrahlen, Bürsten und Brennen.

Hierzu eignen sich in erster Linie Nadelhölzer, mitunter auch Eiche, Esche und Ulme.

Was versteht man unter Sandstrahlen?
Feinkörniger Sand (Quarz, Rohglasflint und Feuerstein ohne metallische Verunreinigungen) wird mit einem Sandstrahlgebläse auf die Holzfläche geschleudert. Dadurch werden in den Frühholzzonen der Jahresringe die Fasern herausgerissen und diese Stellen vertieft.

Gesandeltes Holz wird reliefartig, kann gebeizt und mit einem matten Überzug versehen werden.

Was erreicht man durch Bürsten einer Holzoberfläche?
Durch Bürsten von Nadelhölzern und ringporigen Laubhölzern mit einer Spezial-Drahtbürste in Längsrichtung werden die weichen Jahresringe herausgerissen und es entsteht eine ähnliche Oberfläche wie beim Sandstrahlen.

Eine Weiterbehandlung der Fläche ist möglich.

Beschreiben Sie das Brennen einer Holzoberfläche!
Mit Hilfe der Flamme einer Lötlampe oder eines Schweißbrenners wird die Holzoberfläche angekohlt. Nach dem Ausbürsten mit einer Metalldrahtbürste liegen die weichen Jahresringe tiefer, und es ergibt sich ein plastisches Bild. Eine Vorbehandlung mit verdünnter Salpetersäure oder Salzsäure beschleunigt das Verkohlen.
Besonders geeignet ist trockenes, massives Weißtannenholz.

Welche Vorsichtsmaßnahmen sind bei Oberflächenbehandlung zu beachten?

Viele Oberflächenbehandlungsmittel sind giftig, gesundheitsschädlich und feuergefährlich. Schützen Sie deshalb Hände, Gesicht und Atemwege! Benützen Sie kein offenes Licht und unterlassen Sie das Rauchen!

Arbeiten Sie stets nach den gegebenen Vorschriften und Verhaltungsmaßregeln!

Besondere Vorschriften über Lackier- und Spritzräume siehe unter Kapitel „Werkstatt und Arbeitsraum"!

Wie funktioniert eine Spritzpistole?

Spritzpistolen dienen zum Auftrag von Holzlacken. Der flüssige Lack wird aus dem Auslaufbecher oder aus einem Druckgefäß mit einem Druck von 1 bis 3 atü durch die Düse der Pistole gepreßt und fein zerstäubt. Eine Lacknadelverstellschraube macht den Lackzufluß zur Düse regulierbar.

Spritznebel müssen durch Spritzkabinen von den übrigen Arbeitsräumen ferngehalten und abgesaugt werden. Bei modernen Anlagen wird die abgesaugte Luft durch Wasserberieselung gereinigt.

Wie muß eine Spritzpistole gepflegt werden?

Vor Beginn und nach Beendigung des Spritzens soll der Spritzbecher mit Nitroverdünnung gereinigt werden. Eine besonders sorgfältige Reinigung ist notwendig, wenn man Zweikomponentenlacke (Lack + Härter) verarbeitet.

Vor Beginn einer neuen Spritzarbeit sind die richtige Düseneinstellung, die Druckeinstellung und der Wasserabscheider zu kontrollieren. Die Funktionsfähigkeit überprüft man durch Spritzen eines Probebrettchens.

2. Arbeitskunde

2.1. Werkstatt und Arbeitsräume

Welche Räume gehören zu einem modernen Tischlerbetrieb?
Lagerräume für Holz, Furniere und Kunststoffe, Zuschneideraum, Bankraum, Maschinenraum, Beiz- und Lackierraum. Hinzu kommen Büro, Aufenthaltsraum, Umkleideraum und sanitäre Anlagen.

Wie sollen die Arbeitsräume angeordnet sein?
Aus Gründen der Rationalisierung müssen die Räume so liegen, daß bei der Arbeit ein reibungsloser Arbeitsablauf ohne große Leerlaufzeiten durch Hin- und Hertransport der Werkteile gewährleistet ist.

Wie sollen Arbeitsräume ausgestattet sein?
Alle Räume müssen zweckmäßig eingerichtet, hell und luftig sein. Sie sollen ausreichend natürliches Licht bzw. künstliche Beleuchtung haben. In Räumen für Leim- und Oberflächenbehandlungsarbeiten müssen entsprechende Temperaturen herrschen.
Entstaubungs- und Spänetransportanlagen sind unentbehrlich.

Wie sollen Holzvorräte gelagert werden?
Sie müssen unfallsicher, übersichtlich, luftig, trocken, getrennt nach Holzarten, Güte und Dicke im Holzlagerraum gestapelt oder stehend untergebracht sein.

Wozu dienen Zuschneide- bzw. Maschinenraum?
Hier wird das ausgewählte Holz nach der Holzliste aufgerissen und mit der Pendelsäge, der Plattensäge oder auch mit der Band- und Kreissäge zugeschnitten.
Sämtliche anderen Maschinen des Maschinenraums werden zur weiteren Bearbeitung des Holzes benötigt.

Wie sollen die Maschinen angeordnet sein?
Die Maschinen stellt man zweckmäßigerweise so auf, wie es die Reihenfolge des Arbeitsablaufs erfordert, z. B. Zuschneiden, Aushobeln und Bearbeiten.

Welchem Zweck dient der Bankraum?
Im Bankraum stehen die Hobelbänke. Dazu gehören Bankwerkzeuge, Gemeinschaftswerkzeuge, Schleifstein und Kleinmaschinen. Dieser Raum dient zur Weiterverarbeitung der Werkteile, zum Zusammenbau und zum Fertigmachen der Werkstücke.

Welche Räume dienen Lackierarbeiten?
Man unterscheidet zwischen Lackierräumen und Sonderanlagen.
In Lackierräumen mit Spritzständen, Spritzkabinen usw. werden nur Lackierarbeiten, also Spritzen, Tauchen, Anstreichen u. a. ausgeführt.
Als Sonderanlagen werden einzelne Lackiereinrichtungen (Spritzstände, Spritzkabinen, Tauchbäder usw.) innerhalb der Arbeitsräume angesehen.

Welche Vorschriften gelten für Lackierräume bzw. Spritzkabinen?
Lackierräume (Spritzräume) müssen durch feuerbeständige Wände, Decken und Türen von anderen Arbeitsräumen abgetrennt sein, aber verschiedene Fluchtwege (Türen, Fenster) haben.
Lacke und Lösungsmittel dürfen nur in bruchsicheren, unbrennbaren und geschlossenen Behältern aufbewahrt werden.
Da Lackierräume explosionsgefährdet sind, müssen die elektrischen Anlagen nach entsprechenden VDE-Vorschriften ausgebildet sein.
Luftzufuhr- und Luftabsauganlagen sorgen für Frischluftzufuhr bzw. Absaugung von Spritznebeln.
Feuerlöscher und Löschdecken müssen greifbar sein.
Um in Spritzkabinen weitgehende Sauberhaltung zu erreichen, verwendet man moderne Naßfilteranlagen, durch die Farbteilchen weggespült oder im Abluftstrom ausgewaschen werden. Dasselbe erreicht man in Spritzständen durch Trockenfilter, die z. B. mit sehr feiner Stahlwolle, einer Aktiv-Kohleschicht oder mit imprägnierter Holzwolle (in der Schweiz) gefüllt sind.
Nähere Einzelheiten über Spritz-, Tauch- und Anstricharbeiten sind in den Unfallverhütungsvorschriften der Süddeutschen Holz-Berufsgenossenschaft im Abschnitt 17 (VBG 23) zu finden.

Welche Arbeitsregeln gelten für die Werkstatt?
Reinigen Sie Werkzeuge, Geräte und Maschinen nach Gebrauch!
Beseitigen Sie Abfälle und halten Sie Ordnung!
Halten Sie den Arbeitsplatz immer sauber!

Nennen Sie Vorsichtsmaßnahmen für die Werkstattarbeit!
Rauchen und Umgang mit Feuer und offenem Licht sind verboten!
Unterrichten Sie sich über die Lage und den Gebrauch der Feuerlöschgeräte! Halten Sie alle Ausgänge frei!
Lassen Sie schadhafte elektrische Leitungen und Steckdosen sofort ausbessern!
Merken Sie sich, wo der Verbandskasten hängt!
Halten Sie streng die Unfallverhütungsvorschriften ein!
Der Hauptschalter für Kraftstrom muß sichtbar und leicht zugänglich angebracht sein.

2.2. Werkzeuge und Geräte für die Holzbearbeitung

Was bedeutet Normung (DIN)?
Normung ist eine planmäßig durchgeführte Regelung, um eine einheitliche, rationelle und zweckmäßige Ordnung in Technik, Wissenschaft und anderen Gebieten herzustellen. Man beseitigt damit eine technisch und wirtschaftlich unbegründete Mannigfaltigkeit (z. B. bei der Herstellung von Werkzeugen, Beschlägen, Werkstoffen usw.).
Normen werden vom Deutschen Normenausschuß aufgestellt und in Normblättern unter der Bezeichnung DIN mit einer zusätzlichen Nummer veröffentlicht.

Welchem Zweck dient die Hobelbank?
Man verwendet sie zum Auflegen, Festspannen und Bearbeiten von Werkteilen und Werkstücken.

Aus welchen Teilen besteht die Hobelbank?
Zur Hobelbank gehören das Gestell mit Schwingen und Zugschrauben, die Bankplatte aus gedämpftem Rotbuchenholz mit Bankhakenlöchern, Schubkasten, Beilade, Vorder- und Hinterzange mit Zangenspindeln und Zangenschlüsseln sowie die Bankhaken.
Auf Wunsch bekommt man Hobelbänke mit verschließbaren Kippladen für die Bankwerkzeuge und eine Ablage für Gestellsägen.

Beschreiben Sie die Spannvorrichtungen an der Hobelbank!
Diese bestehen aus der Vorderzange mit Parallelführung und der Hinterzange. Die „deutsche" Vorderzange mit beweglichem Druckbrett ist nur noch selten üblich.
Die Schraubspindeln der Zangen sind aus Stahl und werden mit Zangenschlüsseln aus Weißbuchenholz bewegt.

Welche Arbeiten lassen sich an der Vorderzange ausführen?
Die Vorderzange benötigt man vor allem beim Bestoßen, Fügen und Schlitzen.

Für welche Arbeiten benötigt man die Hinterzange?
Sie dient zum senkrechten Einspannen der Werkteile beim Schlitzen, Bestoßen und beim Anschneiden von Zinken. Außerdem werden mit der Hinterzange Werkstücke zwischen die Bankhaken eingespannt.

Nennen Sie Zubehörteile zur Hobelbank!
Bankhaken mit Federn zum beliebigen Verstellen, Seitenbankhaken, Spitzbankhaken mit einer oder oder mehreren Spitzen und Bankknechte zur Unterstützung langer und schwerer Werkteile.

Wozu dienen Bankhaken?
Bankhaken und Spitzbankhaken benötigt man zum Einspannen von Leisten, Brettern, Stäben und Platten.
Mit Seitenbankhaken kann man zusammengebaute Kästen einspannen.
Spitzbankhaken mit einer Spitze ermöglichen das Drehen des Holzes während der Bearbeitung (z. B. bei Rundstäben).

Was ist bei der Arbeit an der Hobelbank zu beachten?
Die Hobelbank ist schonend zu behandeln und sauberzuhalten. Nägel dürfen auf ihr nicht geradegeklopft werden. Die Platte ist notfalls abzuziehen und von Zeit zu Zeit mit Leinöl einzureiben, damit Leimspritzer und Schmutz nicht festhaften.
Bohren, sägen, stechen und stemmen darf man nur mit Unterlagen bzw. Beilagen und nicht auf den Zangen.

Welche Bedeutung haben Messen und Anreißen?
Es gilt, Maße zu übertragen und die Entfernung von Punkten festzulegen. Wertarbeit verlangt „Arbeit nach dem Riß".

Welche Meß- und Anreißwerkzeuge benötigt der Tischler?
Meßzeuge für Längen-, Dicken- und Winkelgrößen, Hilfsmeßzeuge, Werkzeuge zum Anreißen und Hilfszeuge zum Anreißen.

Zählen Sie Meß- und Hilfsmeßzeuge für Längengrößen auf!
Zu den Meßzeugen gehören Gliedermaßstab mit ein oder zwei Meter Länge, Stahlbandmaß zum Messen geschweifter Teile, fester Maßstab (Zollstock), Meßlatte und Bandmaße (Rollmaße) aus Leinen von 10 bis 50 m.
Hilfsmeßzeuge sind Greifzirkel (Innen- und Außentaster).

Welche Meßzeuge dienen der Dickenmessung!
Dickenmeßzeuge sind die Meßkluppe und die Schieblehre (Meßschieber), die mit Hilfe der Noniusteilung eine Genauigkeit von $1/10$ bzw. $1/20$ mm gewährleisten.

Nennen Sie Meß- und Hilfsmeßzeuge für Winkelgrößen!
Das sind Winkelmesser und Winkelstock zum Vergleich der Diagonalen rechtwinkliger Rahmen zum Einwinkeln auf 90°.

Welche Werkzeuge benötigt man zum Anreißen?
Anreißzeuge sind Bleistift, Spitzbohrer, Streichmaß, Zapfenstreichmaß, Breitenmaß (Stellmaß), Spitzzirkel, Ellipsenzirkel, Stangenzirkel und großer Holzzirkel.

Wozu verwendet man das Streichmaß?
Zum Anreißen von Schlitzen, Dicken, Friesen und Fälzen. Beim Zapfenstreichmaß sind mehrere Einstellungen gleichzeitig möglich.

Wann benötigt man das Breitenmaß (Stellmaß)?
Es dient zum Anreißen größerer Breiten, wenn das Streichmaß nicht mehr ausreicht.

Nennen Sie Verwendungsmöglichkeiten des Zirkels!
Man benützt Zirkel verschiedener Art zur Übertragung von Maßen, zum Einteilen von Strecken und zum Anreißen von Kreisbögen, Korbbögen, Stichbögen, Kreisen und Ellipsen.

Zählen Sie Hilfszeuge zum Anreißen auf!
Zum Anreißen für Längengrößen benötigt man Wasserwaage (Richtwaage), Lot und Richtscheit.
Als Winkelmeßzeuge zum Anreißen kommen Winkel (Winkelhaken), Winkelmaß, Gehrmaß (Gehrungsmaß), Schmiege oder Schrägmaß in Frage.

Beschreiben Sie das Gehrmaß!
Die Zungenkanten stehen schräg zu den Anschlagkanten des Winkels. Sie bilden einen Winkel von 45° bzw. 135°.

Wozu dient die Schmiege?
Mit Hilfe der beweglichen Zunge kann man beliebig große Winkel abnehmen, übertragen und anreißen.

Wie kann die Genauigkeit des Winkels geprüft werden?
Man reißt von Zeit zu Zeit mit dem Winkel von rechts und von links eine Linie an. Decken sich die beiden Risse, dann ist der Winkel genau 90°.

Welche Arten von Sägen unterscheidet man?
Nach DIN 6493 gliedert man in Handvorspannsägen (gespannte Sägen), nicht vorgespannte Sägen (ungespannte Sägen oder Freispannsägen) und Heftsägen (Handsteifsägen oder Einmannblattsägen).

Was sind gespannte Sägen?
Zu den Handvorspannsägen gehören Handsägen, deren Blatt durch Einspannen in einen Rahmen oder ein Gestell, einen Bügel oder einen Bogen vor dem Schneiden auf Zug gespannt werden kann.

Nennen Sie gespannte Sägen!
Faustsäge und Schlitzsäge (nach DIN = Spannsäge), Absetzsäge (nach DIN = Absatzsäge), Aushängeschweifsäge sowie Gestellsäge (auch Waldgestellsäge) und Bügelsäge (auch Waldbügelsäge) für Rundholz-Querschnitte.

Welche Sägen sind ungespannt?
Ungespannte Sägen (Freispannsägen) sind Zweimannblattsägen oder Zugsägen. Namen wie Bauch-, Wald-, Schrot- und Quersäge sind zu vermeiden.

Zählen Sie Heftsägen auf!
Feinsägen mit aufgesetztem Rücken gibt es in den Formen A, B, C und E.
Form A: Gerade Feinsäge mit gerader Angel
Form B und C: Rechts- bzw. linksgekröpfte Zapfensäge mit fester, nicht umlegbarer Angel
Form E: Zapfensäge mit umlegbarer Angel
Weitere Heftsägen sind gerader Fuchsschwanz, Fuchsschwanz ohne Rückenversteifung, Rückensäge mit aufgesetztem Rücken, Zinkensäge, Gratsäge, Furnierschneider (Furniersäge) und Stichsäge (vermeiden Sie die Namen Loch- oder Schlüssellochsäge!). Ist die Rückensäge in eine Vorrichtung eingespannt, so bezeichnet man sie als Gehrungssäge.

Aus welchen Teilen besteht eine Tischlergestellsäge?
Sägeblatt, Schraubangeln, Griffe (Hörner), Sägearme, Steg und Stützen zur Versteifung. Die Spannung erfolgt entweder durch einen Spanndraht mit Flügelmutter oder durch eine Spannschnur mit Knebel.

Nennen Sie die Bezeichnungen am Sägeblatt!
Sägeblatt mit Blattrücken und Zähnen, Zahnteilung, Zahnspitze, Zahnspitzenlinie, Zahngrund, Zahngrundlinie, Zahnbrust, Zahnrücken, Zahnhöhe und Zahnlücke.

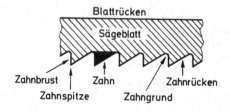

Wie ist die Wirkungsweise der Bezahnung?
Die Bezahnung eines Sägeblattes stellt die Aneinanderreihung von Keilen dar, wobei jeder Keil wie die Schneide eines schmalen Hobeleisens wirkt.

Welche Winkel sind entscheidend für die Schnittwirkung?
1. Schnittwinkel: Der Winkel zwischen Zahnbrust und Zahnspitzenlinie.
2. Keilwinkel: Der Winkel, den Zahnbrust und Zahnrücken bilden. Er beträgt bei jeder Zahnteilung 60°.
3. Freiwinkel: Der Winkel zwischen Zahnrücken und Zahnspitzenlinie.

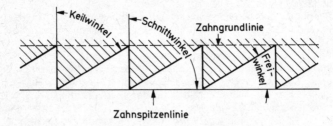

Welche Bedeutung hat der Schnittwinkel bei Sägen?
Vom Schnittwinkel und der Größe der Zähne hängen Schnittwirkung und Schnittleistung einer Säge ab.
Je nach Größe des Schnittwinkels sind Sägen auf Stoß (Schlitz-, Absetzsäge und Fuchsschwanz), auf Zug (Gratsäge) oder auf Stoß und Zug (Zweimannblattsäge) gefeilt.

Wie groß sind die Bezahnungswinkel bei Sägen?
Stark auf Stoß: Schnittwinkel 80°, Keilwinkel 60°
Auf Stoß: Schnittwinkel 90°, Keilwinkel 60°
Schwach auf Stoß: Schnittwinkel 100°, Keilwinkel 60°
Auf Zug und Stoß: Schnittwinkel 120°, Keilwinkel 60°

Wie wird das Klemmen des Sägeblattes verhindert?
Man vermeidet das Festklemmen durch Schränken der Zähne, d. h., man biegt die Zähne mit dem Schränkeisen oder mit der Schränkzange abwechselnd nach rechts und links aus.

Warum muß das Schränken vor dem Schärfen erfolgen?
Damit der beim Schärfen angefeilte Grat nicht verletzt wird.

Welche Werkzeuge und Geräte benötigt man zum Schärfen von Sägen?
Mit dem Feilkloben wird das Sägeblatt festgehalten. Mit der Dreikantfeile, die waagrecht zu halten ist, werden Zahnbrust und Zahnrücken gegen den Stoß geschärft.

Was versteht man unter dem „Abrichten" der Sägezähne?
Sind die Zähne eines Sägeblattes ungleichmäßig in Größe und Höhe, so müssen sie vor dem Schärfen mit der Flachfeile auf gleiche Form gefeilt werden. Das Abrichten hat vor dem Schränken und Schärfen zu erfolgen.

Nennen Sie wichtige Arbeitsregeln für den Umgang mit Sägen!
Verwenden Sie nur einwandfreie Markensägeblätter mit Firmenzeichen!
Achten Sie darauf, daß das Sägeblatt vor Gebrauch richtig gespannt und nicht windschief ist!
Entspannen Sie die Säge, wenn sie längere Zeit nicht gebraucht wird! Bewahren Sie Sägen gefahrensicher und geschützt vor Beschädigungen auf!

Was versteht man unter Hobeln?
Unter Hobeln versteht der Schreiner das Abtrennen dünner Holzspäne mit einem spanabhebenden Werkzeug, dem Hobel.

Nennen Sie die Teile eines Hobels!
Hobelkasten mit Hobelsohle, Hobelmaul und Spanloch, Schlagknopf, Nase (Hörnchen), Hobeleisen mit Klappe, Keil mit Widerlager.

Aus welchem Holz sind Hobel hergestellt?
Der Hobelkasten ist aus gedämpftem Rotbuchen- oder Birnbaumholz. Die Hobelsohle aus Weißbuchen- oder Pockholz ist mit dem Hobelkasten maschinell verzahnt und verleimt.
Der Keil ist ebenfalls aus Weißbuche, manchmal auch der ganze Hobel.

Welche Aufgabe hat die Hobelmaulvorderkante?
Bei richtiger Hobelmaulöffnung wird der abgehobene Span an der Hobelmaulvorderkante (Brechkante) bereits gebrochen, bevor er einreißt. Wenn das Hobelmaul zu groß ist, wird der Span zu spät gebrochen, und ein Einreißen läßt sich nicht vermeiden.

Beschreiben Sie das Hobeleisen!
Das Hobeleisen besteht aus Flußstahl mit aufgewalztem Werkzeugstahl, der die Schneide mit der Fase bildet. Man rechnet als Faustformel für die Länge der Fase etwa das Doppelte der Dicke des Hobeleisens.
Die vordere Seite des Hobeleisens wird als Spiegelseite und die entgegengesetzte Seite als Rücken bezeichnet.

Wie breit sind Hobeleisen bei Flächenhobeln?
Schropphobel: 30 und 33 mm
Rauhbank: 57 und 60 mm
Schlicht-, Doppel- und Putzhobel: 45, 48 und 51 mm
Zahnhobel: 48 mm

Was versteht man unter einem Doppel-Hobeleisen?
Ein zweites Eisen, eine sog. Klappe, auf der Spiegelseite.
Die Brechkante der Klappe hat von der Schneidkante des Eisens bei der Rauhbank einen Abstand von etwa ½ mm und beim Putzhobel von ¼ mm.

Welche Aufgabe hat die Klappe?
Durch die Brechkante der Klappe, die zur Spiegelfläche des Eisens einen Winkel von 85° bildet, wird der Span unmittelbar hinter der Schneide ein zweites Mal gebrochen.
Es ist dadurch möglich, feine Späne abzuheben, auch gegen das Holz, ohne ein Einreißen befürchten zu müssen.

Nennen Sie die Winkel am Hobeleisen!
Die Schnittleistung der Hobel ist vom Schnittwinkel mit 45 bis 48° (bzw. 50° beim Putzhobel), vom Keilwinkel (Zuschärfwinkel) mit 25° und vom Freiwinkel (Anstellwinkel) abhängig.
Beim Zahnhobel beträgt der Schnittwinkel 75 bis 80°. Seine Wirkung ist daher nicht schneidend, sondern schabend.

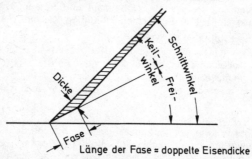

Länge der Fase ≈ doppelte Eisendicke

Welche Folgen hat ein zu kleiner Keilwinkel?
Die Schneide wird bei einem Keilwinkel unter 25° zu schwach und bricht beim Hobeln, besonders bei Ästen, leicht aus.

Nennen Sie verschiedene Flächenhobel!
Schropphobel, Schlichthobel, Rauhbank (Langhobel), Doppelhobel, Putzhobel, Reformputzhobel und Zahnhobel.
Sonder-Putzhobel sind der Rekordputzhobel und der Patent-Primushobel mit einer Stellschraube zur Verstellung des Eisens.

Zählen Sie Hobel für Spezialarbeiten auf!
Einfacher und doppelter Simshobel, Falzhobel, Nuthobel, Wangenhobel, Grathobel, Grundhobel, Profilhobel, eiserner Schiffhobel für hohle und gewölbte Flächen, Schabhobel.

Welche Hobel haben eine Klappe?
Doppelhobel, Rauhbank, Putzhobel und doppelter Simshobel.

Beschreiben Sie den Schropphobel!
Der Schropphobel mit seinem an der Schneide bogenförmig geschliffenen Eisen dient zum Abnehmen dickerer Späne beim Zurichten stark verformter Hölzer und zum Abhobeln der Waldkante. Er eignet sich auch zum Zwerchen (schräg zur Holzfaser hobeln).

Welchem Zweck dient der Schlichthobel?
Der Schlichthobel wird zum Ebenhobeln (Schlichten) rauher Flächen, zum Bestoßen von Hirnkanten, zum Entfernen von Leimresten und zum Abfasen von Kanten verwendet.

Wozu wird die Rauhbank verwendet?
Die Rauhbank hat eine Länge von 600 mm und ist besonders zum Ebnen größerer Flächen und zum Herstellen von langen Kanten und Fugen geeignet.

Beschreiben Sie den Doppelhobel!
Der Doppelhobel besitzt ein Doppel-Hobeleisen, d. h. ein Eisen mit Klappe. Dadurch eignet er sich besonders zum Glätten geschlichteter Flächen und zum Vorputzen, auch gegen die Holzfaser.

Wozu verwendet man den Putzhobel?
Der Putzhobel ist kürzer als der Doppelhobel und eignet sich vorwiegend zum Putzen von Vollholz und furnierten Flächen.

Welche Verwendung hat der Zahnhobel?
Der Zahnhobel hat einen Schnittwinkel von 75 bis 80°. Dadurch hat das gerillte Hobeleisen mehr schabende als schneidende Wirkung. Er findet besonders zum Beseitigen von Unebenheiten, zum Aufrauhen von Flächen und zum Vorputzen von Maserfurnieren Verwendung.

Nennen Sie wichtige Anwendungsmöglichkeiten für Spezialhobel!
Simshobel: Zum Aus- und Nachhobeln von Fälzen
Falzhobel: Zum Herstellen von Fälzen (heute selten)
Nuthobel: Zum Herstellen von Nutvertiefungen (heute selten)
Wangenhobel: Zur Erweiterung von Nuten
Grathobel: Zum Herstellen von Gratfedern
Grundhobel: Zum Ausgründen der Gratnut
Profilhobel: Zum Herstellen von Profilen (heute selten)
Schiffhobel: Nachhobeln geschweifter und gebogener Holzteile
Schabhobel: Zum Bearbeiten geschweifter Kanten

Wie erfolgt das Schärfen des Hobeleisens?
Zum Schleifen eignen sich Natursandstein mit Kühlwasserzulauf und Schleifscheiben aus künstlichen Schleifmitteln (Korund, Siliciumcarbid, Schmirgel, Diamant). Nach dem Schleifen muß das Eisen abgezogen werden.
Es ist darauf zu achten, daß das Eisen nicht blau wird (verbrennt) und keinen Hohl- oder Rundschliff an der Fase erhält.

Warum werden Hobeleisen nach dem Schleifen abgezogen?
Durch das Abziehen wird die richtige Schärfe der Schneide erzielt und der beim Schleifen entstandene Grat entfernt.
Beim Zahnhobel werden der Grat und evtl. Schleifrillen durch Einschlagen des Eisens in das Hirnholz eines Rotbuchenklotzes beseitigt.

Nennen Sie Abziehsteine!
1. Natürliche Abziehsteine sind der Belgische Brocken, bei dem man zum Abziehen Wasser verwendet (für Bankwerkzeuge) und der Arkansasstein für Maschinenwerkzeuge. Beim Arkansasstein benötigt man zum Abziehen ein Gemisch aus Petroleum und Öl.
2. Künstliche Abziehsteine gibt es in verschiedenen Feinheitsgraden für Wasser oder Ölgemisch.

Wie werden Hobel gepflegt?
Die Hobelsohle muß sauber, gerade und eben sein. Ist die Hobelmaulvorderkante abgenützt und dadurch das Hobelmaul zu groß geworden, so kann evtl. ein Spund aus Pockholz eingesetzt werden.

Was ist bei der Benützung von Hobeln zu beachten?
Werden Hobel nicht benutzt, soll man sie auf die Seite legen, damit die Schneide geschont wird. Aus demselben Grund schlägt man das Eisen am Schlagknopf zurück, wenn der Hobel auf die Baustelle mitgenommen wird. Hobeln Sie nicht über Schmutz oder Ölfarbe! Hobeleisen sollten öfters geschliffen und abgezogen werden.

Nennen Sie Werkzeuge zum Schaben!
Ziehklinge, Ziehklingenhobel, Schabhobel und Fußbodenklinge. Hierher gehören auch die Formziehklinge, die Formziehklingen in Eiform und als Schwanenhals sowie das gerade Zugmesser.

Wozu werden Schabwerkzeuge verwendet?
Man braucht sie zum Abputzen und Nachputzen von Flächen, Rundungen, Schweifungen, Kanten und Furnieren bzw. zum Abputzen alter und neuer Parkettböden.

Wie werden Schabwerkzeuge geschärft?
Mit dem Ziehklingenstahl zieht man an die rechtwinklig gefeilten und abgezogenen Längskanten einen Schneidgrat an. Ein mit dem Ziehklingen-Gratzieher gezogener Schneidgrat ist gleichmäßiger. Beim Ziehklingenhobel wird die Klinge vor dem Anziehen des Grates geschliffen.

Welche Werkzeuge benutzt man zum Anziehen des Grates?
Man verwendet den Ziehklingenstahl, der Übung erfordert, oder den Ziehklingen-Gratzieher, der sich besonders zum Anziehen des Grates beim Ziehklingenhobel und bei der Fußbodenklinge eignet.

Nennen Sie Werkzeuge zum Stechen, Stemmen und Drechseln!
Stechbeitel (leicht, mittel und schwer), Lochbeitel, Hohlbeitel, Fitschbandbeitel (Fitschbandeisen) sowie Drechslerbeitel (flach und hohl).
Hinzu kommt als Hilfswerkzeug der Schreinerklüpfel, den man zum Stemmen benötigt.

Beschreiben Sie den Stechbeitel!
Stechbeitel bestehen aus Klinge mit Fase und Schneide, Krone und Angel. Die Klinge wird im Stechbeitelschaft aus Weißbuchenholz oder Kunststoff festgehalten. Eine untere und obere Zwinge schützen das Heft vor dem Aufspalten.

Nennen Sie die gebräuchlichsten Breiten bei Stemmwerkzeugen!
Stechbeitel: 6, 10, 12, 16, 20 und 26 mm
Lochbeitel: 4, 5, 6, 8, 10, 12, 13 und 16 mm
Hohlbeitel: 6, 8, 10, 12, 16, 20, 22, 26, 30 und 32 mm

Zu welchen Arbeiten verwendet man Stech- und Stemmwerkzeuge?
Stechbeitel:	Zum Ausstemmen von Zinken, Schwalbenschwänzen und Gratnuten sowie zum Einlassen von Beschlägen
Lochbeitel:	Zum Ausstemmen von Zapfenlöchern
Hohlbeitel:	Zum Nachstechen von Hohlkehlen und zum Einlassen von runden Beschlägen
Fitschbandbeitel:	Zum Einstemmen der Schlitze für die Lappen von Fitschbändern

Wie werden Stech- und Stemmwerkzeuge geschärft?
Beitel werden wie Hobeleisen mit einem Keilwinkel von 25° geschärft und abgezogen. Es ist darauf zu achten, daß beim Schleifen keine hohle, doppelte oder runde Fase entsteht.

Nennen Sie Werkzeuge zum Bohren!
Wir unterscheiden Spitzbohrer, Reibahle, Bohrer mit Ringgriff (Nagelbohrer), Schneckenbohrer, einfacher Zentrumbohrer, verstellbarer Zentrumbohrer, Excelsiorbohrer, Schlangenbohrer (Modell Douglas, Modell Irwin und Modell Lewis), Stangen-Schlangenbohrer, Forstnerbohrer, Kunstbohrer und Drillbohrer.

Welche Werkzeuge dienen zum Ausreiben und Versenken?
Zum Ausreiben von Dübel- und Schraubenlöchern verwendet man Krauskopf oder Frässenker. Mit Aufstecksenkern, die am Bohrer befestigt sind, kann man bohren und ausreiben in einem Arbeitsgang.
Bohrtiefensteller lassen eine bestimmte Bohrtiefe zu, z. B. beim Bohren von Dübellöchern.
Dübelspitzer eignen sich zum Anspitzen (Abfasen) von Dübeln.

Beschreiben Sie die Gliederung eines Bohrers!
Bohrer gliedert man in Vierkantschaft bzw. Zylinderschaft für Maschineneinsatz, Schaft mit Nut oder Spangang und Schnecke bzw. Vorschneider mit Spanabheber und Zentrierspitze.
Man unterscheidet Holzbohrer, Metallbohrer und Steinbohrer. Holzbohrer und Metallbohrer wirken spanabhebend, wobei sich Holzbohrer durch ein Einzugsgewinde und Metallbohrer durch Druck in das Material senken. Steinbohrer zertrümmern das Gestein oder den Beton im Bohrloch.

Was versteht man unter der Zentrierspitze bei Bohrern?
Zentrierspitzen geben dem Bohrer die zentrische Führung, damit er nicht verläuft. Bei Handbohrern sind sie mit und bei Maschinenbohrern ohne Einzugsgewinde gebräuchlich.

Welche Aufgabe haben Vorschneider bei Bohrern?
Vorschneider schneiden den Lochumfang ab, bevor der Spanabheber die Späne abtrennt. Dadurch wird das Ausfransen des Bohrlochs vermieden.

Was ist über die Behandlung von Bohrern zu sagen?
Sie müssen nach Größen geordnet, stehend in Holzklötzen oder hängend in entsprechenden Leisten aufbewahrt und vor Rost geschützt werden. Bohrer dürfen sich gegenseitig nicht berühren.

Beschreiben Sie die Bohrwinde!
Sie besteht aus einem Bügel aus Rundstahl mit drehbarem Knopf (Brust- oder Stirnknopf), dem Drehgriff, der Knarre und dem Bakkenfutter mit den Backen zum Einspannen des Bohrers. Die Knarre ermöglicht ein Vorwärts- bzw. Rückwärtsdrehen der Bohrer.

Wozu verwendet man Raspeln und Feilen?
Mit Holzraspeln und Holzfeilen bearbeitet man geschweifte Kanten und Flächen, die nicht gehobelt werden können.
Feilen für die Metallbearbeitung benötigt man in der Schreinerei zum Schärfen von Werkzeugen und zum Nacharbeiten von Metallteilen, z. B. Beschlägeteilen und Schlüsseln.

Welche Raspelarten unterscheiden wir?
Flachstumpf-, Flachspitz-, Halbrund-, Flachhalbrund- (Kabinett-) und Rundraspel.
Sonderformen sind Treppenbauraspeln, Sägeraspeln, gefräste Raspeln, die nachgeschliffen werden können, und Hobelfräserraspeln für Kunststoffe und weiche Metalle.

Beschreiben Sie die Raspel!
Sie besteht aus dem Raspelkörper mit versetzt stehenden Zähnen, der Angel und dem Raspelheft.

Welche Hiebarten gibt es bei Raspelzähnen?
Man unterscheidet drei Hiebarten: Hieb 1 = grob (früher als Bastardhieb bezeichnet), Hieb 2 = halbschlicht (halbfein) und Hieb 3 = schlicht (fein).

Welche Feilenarten verwendet man für die Holzbearbeitung?
Hauptsächlich Flachstumpf-, Flachspitz-, Halbrund-, Flachhalbrund- (Kabinett-) und Rundfeilen.
Sonderformen sind Treppenbaufeilen und Feilen mit Sonderhiebstellung (Hobelfräserfeile) für Kunststoffe.

Beschreiben Sie die Feile!
Sie besteht aus dem Feilenkörper mit der Angel, gehauenen oder gefrästen Zähnen (ein- oder zweihiebig) und dem Feilenheft.

Welche Hiebarten unterscheidet man bei Feilen?
Bei Feilen haben wir sechs Hiebarten: 0 = grob, 1 = halbgrob, 2 = Bastard, 3 = halbschlicht, 4 = schlicht und 5 = doppelschlicht. Es gibt ein- und zweihiebige Feilen. Zweihiebige Feilen haben einen Unter- und einen Oberhieb. Sie sind feiner.

Nennen Sie Metallfeilen des Tischlers!
Verschiedene Arten von Dreikant-Schärffeilen, Flachstumpf-Schärffeilen, Flachfeilen, Halbrundfeilen, Rundfeilen, Vierkant- und Barettfeilen, Nadelfeilen und Maschinen-Segmentfeilen.

Wozu benötigt der Tischler Metallfeilen?
Er braucht sie zum Schärfen von Hand- und Maschinensägen, von Bohrern und Ziehklingen und außerdem zum Nacharbeiten von Beschlagteilen und Schlüsseln.

Wie müssen Feilen und Raspeln behandelt werden?
Man bürstet sie von Zeit zu Zeit mit einem Lösungsmittel (z. B. Aceton) und einer Wurzelbürste aus, um die Zähne von Harz- und Holzteilchen zu säubern. Metallspänchen entfernt man mit einer Drahtbürste.
Vermeiden Sie bei Feilen und Raspeln das Aufeinanderlegen der Hiebflächen!

Nennen Sie sonstige Geräte und Hilfswerkzeuge des Tischlers und ihre Verwendung!
Gehrungsschneidlade für Einschnitte von 45°
Gehrungsstoßlade (Kröpflade) zum Bestoßen und Zusammenpassen von Gehrungen
Gehrungsschneider zum Schneiden beliebiger Gehrungen
Hilfsspannstock zum Bearbeiten langer und dünner Leisten
Dübeleisen zur Herstellung runder Dübel mit Rillen
Hinzu kommen Schreiner- und Schlosserhämmer, Fäustel, Holz-, Glaser- und Furnierhämmer, Latt- und Klauenhämmer, Schraubenzieher (Schraubendreher), Drillschraubenzieher, Schraubenzieher mit Knarre, Meißel, Schraubenschlüssel, Metall- und Mauerbohrer, Beile, Holzäxte usw.

Welche Zangen und Schneider kommen im Holzberuf vor?
Zu den Greifzangen gehören die Kneifzange (Beißzange) und Kombinationszangen mit und ohne Griffhüllen. Hinzu kommen Flach- und Rundzangen.
Zwickzangen unterteilt man in Vorn-, Mittel- und Seitenschneider. Sie dienen zum Trennen von harten und weichen Drähten.

Welche Werkzeuge und Geräte dienen zum Spannen?
Schnellschraubzwingen, Schnellschraubknechte, Türenspanner, Fugen-Leimzwingen mit Stahlspindeln, Kantenzwingen, Gehrungs-Kantenzwingen, Klemmsia-Zwingen mit exzentrischem Hebel aus Weißbuchenholz (Hebel-Leimzwingen) sowie Leimklammern und Gehrungsspannklammern mit entsprechenden Spreizzangen.
Zum Plan- und Winkelverleimen von Rahmen verwendet man heute vielfach Rahmenpressen mit Hydraulik- oder Druckzylindern in vertikaler und horizontaler Ausführung.

2.3. Grundbegriffe der Elektrizität

Was ist Elektrizität?
Elektrizität ist eine Grundeigenschaft der Stoffe, die auf negativen und positiven Ladungsträgern im Atom (Elektronen und Protonen) beruht.
Elektrische Energie kann in andere Energieformen umgewandelt werden, z. B. mit Hilfe eines Elektromotors in mechanische Arbeit, mittels elektrischer Öfen in Wärme und mit Hilfe einer Leuchtstofflampe in Licht.

Was versteht man unter einem Stromkreis?
Ein einfacher Stromkreis besteht aus einem Spannungserzeuger (z. B. Batterie, Generator), an den über Hin- und Rückleitung ein Verbraucher (z. B. Motor) angeschlossen ist. Zusätzlich können Sicherungen, Schalter usw. in den Stromkreis geschaltet werden.

Unter welchen Voraussetzungen fließt elektrischer Strom?
Der elektrische Strom (gerichtete Bewegung freier Elektronen) fließt nur, wenn eine Spannungsquelle vorhanden und der Stromkreis geschlossen ist (keine Unterbrechung).

Der elektrische Strom fließt. Von welchen Faktoren hängt dieser Vorgang ab?
Der Strom fließt nicht von selbst durch einen Leiter, sondern es muß eine elektromotorische Kraft (Spannung) vorhanden sein, die den Strom durch den Widerstand des Verbrauchers treibt. Drei Größen treten bei diesem Vorgang auf:
Stromstärke (I), Spannung (U) und Widerstand (R).

Was versteht man unter Stromstärke?
Man bezeichnet damit die Größe des elektrischen Stroms. Die Stromstärke ist von der Höhe der Spannung und dem Widerstand des Stromkreises abhängig, d. h., der durch einen Leiter fließende Strom ist um so größer, je größer die angelegte elektrische Spannung und je kleiner der Widerstand des Verbrauchers ist.

Wie wird die Stromstärke gemessen?
Die Stromstärke mißt man mit dem Strommesser (Amperemeter).
Die gebräuchlichsten Einheiten sind:
1 Ampere (A) = 1000 Milliampere (mA)
$$1 \text{ mA} = \frac{1}{1000}\text{A}$$

Wovon hängt die Stärke des fließenden Stromes ab?
Die Stromstärke ist abhängig von der Zahl und der Art der angeschlossenen Verbraucher. Je größer die Zahl und je höher die Leistungsaufnahme der angeschlossenen Geräte ist, desto größer ist die Stärke des fließenden Stroms.

Erklären Sie den Begriff der elektrischen Spannung!
Die elektrische Spannung können wir mit dem Druck des Wassers bei Gefälle vergleichen. Zwischen verschieden geladenen Polen (Elektronenmangel an einem, Elektronenüberschuß am anderen Pol = „Gefälle") besteht ein Ausgleichsbestreben („Druck"), die elektrische Spannung.
Je höher die Spannung in einer Leitung ist, desto wirtschaftlicher läßt sich der Strom transportieren, desto geringer sind also die Verluste (Überlandleitungen haben z. B. 220 000 Volt).
Die Größe der elektrischen Spannung wird vom Elektrizitätswerk bestimmt.

Wie wird die elektrische Spannung gemessen?
Die elektrische Spannung mißt man mit dem Spannungsmesser (Voltmeter) und drückt sie in Volt (V) aus (benannt nach dem italienischen Physiker Alexander Volta, 1745 bis 1827).

Nennen Sie spannungserzeugende Geräte und Maschinen!
Die elektrische Spannung wird von einem Generator (Dynamo) erzeugt und vom Verbraucher (z. B. Motor) verbraucht.
Auch Batterien und Akkumulatoren sind Spannungserzeuger.

Welche elektrischen Spannungen unterscheidet man?
Man unterteilt in Kleinspannungen (z. B. 24 und 42 Volt), in Niederspannungen (z. B. 110, 220 und 380 Volt) und in Hochspannungen im Bereich über 1000 Volt. Nieder- und Hochspannungen sind für den Menschen gefährlich.

Welche Spannungen sind im Ortsnetz gebräuchlich?
Für Lampen, Rundfunkgeräte, Bügeleisen usw. liefert das Elektrizitätswerk Spannungen von 220 V (110 V; 125 V) und für Elektromotoren 380 V (127 V; 220 V).
Beim Kauf von elektrischen Geräten ist deshalb die Spannung anzugeben.

Was versteht man unter elektrischem Widerstand eines Leiters?
Gemeint ist damit der Widerstand, den der Leiter (Draht) dem Durchfließen des elektrischen Stromes entgegensetzt. Er richtet sich nach dem Querschnitt und dem spezifischen Widerstand des Leitermaterials (Kupfer leitet z. B. besser als Stahl).
Je größer der Leitungsquerschnitt, desto kleiner der Widerstand.
Es gibt gute und schlechte Leiter und Nichtleiter.

Nennen Sie elektrische Leiter!
Stoffe, die gute elektrische Leitfähigkeit haben, bezeichnet man als elektrische Leiter. Gute elektrische Leiter sind Silber, Kupfer, Aluminium, Zink, Stahl (Eisen) und alle sonstigen Metalle sowie Kohle.

Schlechte Leiter sind Wasser, nasses Holz, Erde, Ziegel, Beton und der menschliche Körper.

Welche Stoffe leiten den elektrischen Strom nicht?
Luft, Gummi, Kunststoffe, trockenes Holz, Marmor, Glas, Porzellan, Lack, Öl, Wachs und Textilien. Diese Stoffe bezeichnet man als elektrische Nichtleiter oder als Isolierstoffe.

In welcher Einheit wird der elektrische Widerstand ausgedrückt?
Der elektrische Widerstand wird in Ohm (Ω) gemessen und ist nach dem deutschen Physiker Georg Simon Ohm (1789 bis 1854) benannt.

$$1 \text{ Ohm } (\Omega) = \frac{1 \text{ Volt (V)}}{1 \text{ Ampere (A)}} ; 1 \Omega = \frac{1 \text{ V}}{1 \text{ A}}$$

Gebräuchliche Einheiten sind:
$1 \text{ k}\Omega = 1\,000 \, \Omega$
$1 \text{ M}\Omega = 1\,000\,000 \, \Omega = 1000 \text{ k}\Omega$

Welche Beziehung besteht zwischen Stromstärke, Spannung und Widerstand?
Das „Ohmsche Gesetz" lautet:

$$\text{Stromstärke } (I) = \frac{\text{Spannung } (U)}{\text{Widerstand } (R)}$$

$$I = \frac{U}{R} \text{ in Ampere (A)}$$

Ableitungen:

1. Spannung (U) = Stromstärke (I) × Widerstand (R)

$$U = I \cdot R \text{ in Volt (V)}$$

2. Widerstand $(R) = \dfrac{\text{Spannung } (U)}{\text{Stromstärke } (I)}$

$$R = \frac{U}{I} \text{ in Ohm } (\Omega)$$

In welchen Einheiten gibt man die elektrische Leistung an?
Man mißt die elektrische Leistung in Watt (W), benannt nach dem Engländer James Watt (1736 bis 1819).

Einheiten:
1 Watt (W)   = 1 Volt (V) × 1 Ampere (A)
    1 W   = 1 V · 1 A
1 Kilowatt (kW) = 1000 Watt

Wie wird die elektrische Leistung berechnet?
Elektrische Leistung (P) = Spannung (U) × Stromstärke (I)
$P = U \cdot I$ in Watt (bei Gleichstrom).

Ableitungen:

$U = \dfrac{P}{I}$ in Volt $I = \dfrac{P}{U}$ in Ampere

Beispiel: Ein Gleichstrommotor ist für 220 Volt Spannung und 8 Ampere bestimmt. Welche elektrische Leistung hat der Motor?

Lösung: Leistung = Spannung × Stromstärke
$$P = U \cdot I$$
$$P = 220 \text{ V} \cdot 8 \text{ A} = 1760 \text{ W}$$
$$= 1{,}760 \text{ kW}$$

Was versteht man unter elektrischer Arbeit?
Man versteht darunter den Verbrauch an Kilowattstunden. Das ist die elektrische Arbeit, die vom Elektrizitätswerk geliefert wird und bezahlt werden muß.

Wie berechnet man die elektrische Arbeit?
Elektrische Arbeit (W) = Leistung (P) × Zeit (t)
$$W = P \cdot t$$
Einheit: 1 Kilowattstunde (kWh) = 1 Kilowatt (kW) × 1 Stunde (h)
    1 kWh = 1 kW · 1 h

Beispiel: Ein Elektromotor verbraucht in 10 Stunden 3,5 kW. Wie hoch sind die Kosten bei einem Tarif von 0,11 DM/kWh?

Lösung W = $P \cdot t$
    W = 3,5 kW · 10 h = 35 kWh
    Kosten = 35 kWh · 0,11 DM/kWh = 3,85 DM

Welche Stromtarife unterscheidet man?
Nach den Tarifen der einzelnen Elektrizitätsgesellschaften unterscheidet man allgemeine Haushalt-, Gewerbe-, Landwirtschafts-, Kleinstabnehmer- und Nachttarife.

Was versteht man unter Überlastung und wie sind die Folgen?
Überlastung entsteht in der elektrischen Leitung oder im Gerät, wenn die zulässige Stromstärke überschritten wird. Dies kann geschehen, wenn gleichzeitig mehrere elektrische Geräte mit großer Leistung angeschlossen werden. Eine Überlastung tritt auch dann ein, wenn die Spannung zu hoch oder die Leitung zu dünn ist.

Folge: Starke Erwärmung an der schwächsten Stelle, die u. U. zum Glühen und Schmelzen der Leitung und damit zu Brandgefahr führen kann.

Was versteht man unter Kurzschluß und welche Folgen können daraus entstehen?
Kurzschluß entsteht, wenn sich zwei Leitungsdrähte direkt berühren können, z. B., wenn die Isolierung zerstört ist. Über die Berührungsstelle fließt dann viel Strom, und die Stromstärke nimmt augenblicklich sehr stark zu.

Folge: In kürzester Zeit erfolgt eine starke Erwärmung, und Brandgefahr ist die unmittelbare Folge.

Welche Aufgaben haben Sicherungen?
Sie ermöglichen eine Unterbrechung des Stromkreises bei Arbeiten am Stromnetz. Da Sicherungen der schwächste Punkt im Stromkreislauf sind, brennen sie bei Überlastung und Kurzschluß durch. Erwärmung und Brandgefahr werden dadurch verhindert.
Das Flicken von Sicherungen ist streng verboten, da diese Sicherungen keinen Schutz mehr darstellen.

Welchen Vorteil haben Sicherungsautomaten?
Bei Sicherungsautomaten erfolgt die Unterbrechung des Stromkreises bei Überlastung oder Kurzschluß automatisch. Sicherungsautomaten können wieder eingeschaltet werden und sind stets betriebsbereit. Ein seitlich angebrachter Knopf erlaubt die Unterbrechung des Stromkreises.

In welche Energieformen läßt sich elektrische Energie umwandeln?
Je nach Bedarf kann man elektrische Energie in mechanische Energie, Wärme-, Licht-, magnetische und chemische Energie umformen.

Nennen Sie Beispiele für die Wärmewirkung elektrischer Energie!
Elektrische Energie läßt sich in Wärme umformen. Wärmegeräte sind z. B. Heizöfen, Schnellkocher, Elektroherde, Heizsonnen, Bügeleisen, Tauchsieder, Lötkolben, Heizlüfter, Heißwasserbereiter, Elektrospeicher, Heizkissen usw.

Wärme kann durch elektrische Energie auch entzogen werden, z. B. bei Kühlschränken.

Welche Lichtwirkungen hat elektrischer Strom?
Bei Glühlampen wird ein Glühdraht auf Weißglut gebracht und dabei Licht ausgestrahlt (warmes Licht).

Bei Leuchtstoffröhren, in denen sich Edelgas (z. B. Argon oder Neon) befindet, verwandelt sich die elektrische Energie ohne Glühen direkt in Licht (kaltes Licht).

Wo zeigt sich die magnetische Wirkung des elektrischen Stroms?
Beim Elektromagnetismus macht der elektrische Strom eine Leiterspule zum Magneten. Durch einen Eisenkern wird die magnetische Wirkung einer Spule vergrößert.

Man verwendet solche Elektromagneten z. B. bei elektrischen Türöffnern, Klingeln, Relais, Schützen, Sicherungsautomaten, Magnetspannplatten, Lautsprechern, elektrischen Meßgeräten usw.

Bei welchen Vorgängen wird die chemische Wirkung des elektrischen Stroms ausgenützt?
Die chemische Wirkung von Gleichstrom läßt sich zum Auftragen von Metallüberzügen (Galvanisieren), zum Zerlegen von Wasser in Wasserstoff und Sauerstoff (Elektrolyse) und zum Aufladen von Akkumulatoren (Akku) benützen.

Welche Stromarten unterscheidet man?
Es gibt drei verschiedene Stromarten: Gleichstrom, Wechselstrom und Drehstrom.

Was versteht man unter Gleichstrom?
Gleichstrom ist elektrischer Strom, der immer mit gleicher Stärke und in gleicher Richtung fließt, und zwar vom Pluspol (+) zum Verbraucher und zurück zum Minuspol (−), z. B. bei einer elektrischen Taschenlampe.

Was versteht man unter Wechselstrom?
Der Wechselstrom fließt abwechselnd in der einen und in der anderen Richtung, wobei die Stromstärke dauernd zu- und abnimmt. Sog. Transformatoren (Trafo) können den Wechselstrom sehr leicht auf eine höhere oder niedrigere Spannung umspannen.
2 Richtungswechsel nennt man 1 Periode. Die Anzahl der Perioden je Sekunde bezeichnet man mit Frequenz.
Die Einheit einer solchen Frequenz bezeichnet man mit 1 Hertz (Hz), benannt nach dem deutschen Physiker Heinrich Hertz (1857 bis 1894). 100 Wechsel in der Sekunde sind 50 Perioden je Sekunde oder 50 Hz.

Was versteht man unter Drehstrom?
Drehstrom besteht aus drei Wechselströmen, deren Wechsel um ein Drittel einer Periode gegeneinander verschoben sind (Dreiphasen-Wechselstrom). Beispiel: Freileitungen im Ortsnetz: 3 Außenleiter (Phasen) + 1 Nulleiter = 4 Einzelleitungen.

Wie arbeitet ein Elektromotor?
Elektromotoren arbeiten auf der Grundlage der gegenseitigen Abstoßung und Anziehung elektromagnetischer Felder, die um stromdurchflossene Leiter (Spulen mit Wicklungen) erzeugt werden.

Welche Arten von Elektromotoren unterscheidet man?
Je nach der Stromart, mit der man Elektromotoren antreibt, unterteilen wir in Gleichstrom-, Wechselstrom-, Universal- und Drehstrommotoren.
Da fast alle Ortsnetze Drehstrom führen, ist der Drehstrommotor der am meisten verwendete Motor.

Welche Angaben stehen auf dem Leistungsschild eines Drehstrommotors?
Name des Herstellerwerks
Motortyp
Motornummer
Nennleistung in kW oder PS
Drehfrequenz in 1/min
Anschlußspannung in V
Stromstärke in A (Nennstrom)
Periodenzahl (Frequenz) in Hz
$\triangle$ = Dreieckschaltung oder Y = Sternschaltung
Leistungsfaktor, z. B. $\cos \varphi = 0{,}85$ ($\cos \varphi$ = Kosinus phi)
Wirkungsgrad η (eta)

Was versteht man bei einem Elektromotor unter zugeführter Leistung?
Das ist die dem Motor vom Netz zugeführte elektrische Leistung. Sie ist wegen der Verluste an Erwärmung und Reibung im Motor höher als die abgegebene Leistung.

Was versteht man bei einem Elektromotor unter Nennleistung?
Nennleistung ist die vom Motor bei Dauerbetrieb und voller Belastung an der Riemenscheibe abgegebene mechanische Leistung.

Wie erhält man den Wirkungsgrad eines Elektromotors?
Unter dem Wirkungsgrad η versteht man das Verhältnis der abgegebenen Leistung zu der zugeführten Leistung, also:

$$\eta = \frac{\text{abgegebene Leistung}}{\text{zugeführte Leistung}}$$

z. B. $\eta = \dfrac{4 \text{ kW}}{4,5 \text{ kW}} = 0,88 = 88\%$

Welche Gefahren drohen dem Menschen durch den elektrischen Strom?
Der menschliche Körper leitet den elektrischen Strom. Spannungen bis 65 Volt sind meist ungefährlich, aber eine Stromstärke von 25 Tausendstel Ampere reicht aus, einen Menschen zu töten. Von der Höhe der Spannung und dem Übergangswiderstand zum Menschen hängt es ab, wieviel Strom durch den menschlichen Körper fließt.

Welche Vorsichtsmaßnahmen müssen gegen Stromunfälle getroffen werden?
Freileitungen dürfen in spannungsführendem Zustand und ohne Schutz nicht berührt werden!

Werfen Sie veraltete elektrische Geräte weg!
Berühren Sie keine schadhaften elektrischen Leitungen und Fassungen!

Ziehen Sie elektrische Stecker nicht am Kabel heraus!
Schutzkontaktstecker (Schukostecker) schützen vor Gefahren!
Lassen Sie schadhafte Leitungen und Geräte vom Fachmann reparieren!

2.4. Holzbearbeitungsmaschinen

Welche Arten von Maschinen unterscheidet man?
Man unterteilt in Kraft- und Arbeitsmaschinen.

Erklären Sie den Unterschied zwischen Kraft- und Arbeitsmaschinen!
Kraftmaschinen wandeln die Energie von Wind, Wasser, gespanntem Wasserdampf, Gasgemisch oder elektrischem Strom in Bewegung um und dienen zum Antrieb von Arbeitsmaschinen.
Arbeitsmaschinen leisten die eigentliche ortsändernde oder formändernde Arbeit, die Übertragung von Kräften und die Arbeit zum Messen, Wiegen und Zählen.

Welche Arten von Kraftmaschinen gibt es?
Wasserkraft-, Dampfkraft- und Verbrennungskraftmaschinen (Öl, Benzin, Gas) sowie Dynamomaschinen (Elektromotor) und Atomkraftmaschinen (Atomreaktor).
Für den Antrieb von Holzbearbeitungsmaschinen kommt fast ausschließlich der Elektromotor als Kraftmaschine in Frage.

Wie erfolgt die Kraftübertragung auf die Arbeitsmaschine?
Sie kann durch Riemen (Riemenantrieb) oder durch die Kraftmaschinenwelle direkt (Direktantrieb) erfolgen.

Was versteht man unter Riemenantrieb?
1. Gruppenantrieb: Mehrere Arbeitsmaschinen werden über ein Vorgelege (Transmission) von einer Kraftmaschine angetrieben (unwirtschaftlich).
2. Einzelantrieb: Jede Arbeitsmaschine hat ihren eigenen Motor. Der Antrieb erfolgt entweder durch Anbaumotor mit Kurzriemen (Keilriemen) oder durch Einbaumotor (Kraftwelle = Arbeitswelle), d. h. Direktantrieb.

Welche Riementriebe unterscheiden wir?
Es gibt je nach Anordnung der Riemen offene und gekreuzte (geschränkte) Riementriebe.
Beim offenen Riementrieb laufen die treibende Scheibe der Kraftmaschine und die getriebene Scheibe der Arbeitsmaschine in gleicher Richtung. Beim gekreuzten Riementrieb ist die Drehrichtung der beiden Scheiben entgegengesetzt.
Bei Riementrieben spricht man von einem ziehenden und einem gezogenen Trumm.

Was versteht man unter Übersetzung?
Antriebsscheibe und getriebene Scheibe haben die gleiche Umlaufgeschwindigkeit, auch bei verschiedenen Durchmessern. Die Drehfrequenzen sind jedoch verschieden.

Beim Riementrieb gilt: kleine Scheibe = große Drehfrequenz
 große Scheibe = kleine Drehfrequenz

Aus welchen Rohstoffen werden Riemen hergestellt?
Treibriemen sind aus Textilien, Leder oder aus Gummi mit Gewebeumhüllungen und eingelegten Zugschnüren aus Kunststoffasern, z. B. Nylon, Perlon, Polyester und Reyon.

Welche Querschnittsformen haben Treibriemen?
Wir unterscheiden Flach-, Keil- und Rundriemen.

Wie werden Riemen gespannt?
Um die nötige Spannung der Treibriemen zu erhalten und Riemenschlupf zu verhindern, verwendet man eine Spannrolle oder eine Motorwippe, selten Spannschienen mit Spannschrauben.

Aus welchem Material sind Riemenscheiben?
Aus Grauguß, Leichtmetall oder Kunststoffen. Keilriemenscheiben fertigt man aus Stahlblech oder Leichtmetall.

Wie können Werkstücke geformt werden?
Man unterscheidet spanlose und spangebende Verformung.

Welche Arbeiten erfolgen spanlos?
Zu den spanlosen Formgebungen gehören Gießen, Pressen, Biegen und Schmieden.

Nennen Sie Arbeiten mit spangebender Verformung!
Hierher gehören Hobeln, Sägen, Fräsen, Bohren, Feilen und Schleifen.

Holz wird in der Hauptsache spangebend mit Werkzeugen, die eine Schneide haben, geformt.

Welche Form und welche Winkel haben Werkzeugschneiden?

Schneiden haben Keilform, z. B. jeder Zahn eines Kreissägeblattes, Hobelmesser usw.

Man unterscheidet folgende Schneidenwinkel:

1. Keilwinkel = Winkel des Schneidkeils
2. Spanwinkel = Winkel zwischen der Spanfläche des Schneidkeils und der Senkrechten auf die Werkstückoberfläche
3. Freiwinkel = Winkel zwischen Freifläche der geschnittenen Werkstückfläche und der Freifläche des Schneidkeils
4. Schnittwinkel = Keilwinkel + Freiwinkel

Spanwinkel + Keilwinkel + Freiwinkel = 90°

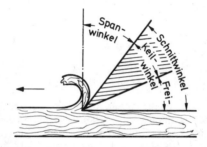

Wie geht das Abtrennen eines Spans vor sich?

Zum Abheben des Spans muß der Schneidkeil bewegt werden (Schnittweg). Zum Abheben weiterer Späne benötigt man den Vorschubweg.

Das Abtrennen des Spans erfolgt demnach durch Bewegung des Werkzeugs (Schnittweg) und durch Vorschub des Werkstücks (Vorschubweg).

Welche Geschwindigkeiten spielen beim Abtrennen eines Spans eine Rolle?

Wir unterscheiden:

Schnittgeschwindigkeit = Geschwindigkeit des Schneidkeils
Vorschubgeschwindigkeit = Geschwindigkeit des Werkstückvorschubs

(Formeln und Berechnung siehe unter Kapitel „Maschinenrechnen"!)

Mit welchen Einheiten mißt man die Geschwindigkeit?

Geschwindigkeit $= \dfrac{\text{Weg}}{\text{Zeit}}$; $v = \dfrac{s}{t}$

Wir messen die Geschwindigkeit bei Holzbearbeitungsmaschinen in Meter je Sekunde (m/s). Außerdem läßt sie sich in Meter je Minute (m/min) und in Kilometer je Stunde (km/h) berechnen.

Wie kann die Bewegung eines Schneidkeils erfolgen?
Je nach Maschinenart unterscheidet man:
1. Hin- und hergehende Bewegung, z. B. bei Gatter-, Stich- und Dekupiersägen
2. Sich kreisförmig drehende Bewegung, z. B. bei Kreissägeblättern, Bohrern, Fräsern, Hobelwellen und Schleifscheiben
3. Bandartig umlaufende Bewegung, z. B. bei Bandsägeblättern, Fräs- und Sägeketten und Schleifbändern.

Erläutern Sie: kraftschlüssige bzw. formschlüssige Messerbefestigung!
Kraftschlüssig: Das Werkzeug wird nur von Reibungskräften gehalten.
Formschlüssig: Das Messer wird zusätzlich mit Schrauben, Messerverdickungen usw. gesichert.

Welche Rolle spielt die Schnittgeschwindigkeit bei der Bearbeitung?
Eine zu kleine Schnittgeschwindigkeit belastet den Antrieb, ergibt eine unsaubere Fläche und erhöht die Gefahr, daß das Werkstück durch das hakende Werkzeug zurückgeschlagen wird.
Bei zu hoher Schnittgeschwindigkeit werden die Werkzeuge schnell stumpf und stark beansprucht (Gefahr des Zerspringens).

Von welchen Faktoren hängt die Schnittgeschwindigkeit ab?
Sie hängt bei sich drehenden Werkzeugen vom Durchmesser (d in mm) der Kreisbahn des Schneidenflugkreises und von der Drehzahl (n) des Werkzeugs ab.
Art des Schneidenwerkstoffes und Holzart sind mitbestimmend für die Drehzahl und damit für die Schnittgeschwindigkeit.

Welche Angaben stehen auf Maschinenwerkzeugen?
1. Höchstzulässige Drehzahl = Sicherheitsgrenze
2. Schneidenwerkstoff
3. Fabrik-Zeichen
4. Zeichen für Rißprüfung
5. Werkzeugabmessungen
6. BG-Test-Prüfzeichen, d. h. von der Süddeutschen Holz-**B**erufs-**G**enossenschaft im Test geprüftes Werkzeug

Welche Richtwerte ergeben sich für Schnittgeschwindigkeiten?
Je nach Art des Schneidenwerkstoffes und der Härte des Holzes liegen die Werte für die Schnittgeschwindigkeit bei Fräswerkzeugen zwischen 25 und 80 m/s und bei Kreissägeblättern zwischen 60 und 100 m/s.
Bei Spanplatten betragen die Werte im Durchschnitt etwa 65 m/s und bei Kunststoffen etwa 45 m/s.

Welche Richtlinien gelten für die Vorschubgeschwindigkeit?
Bei zu schnellem Vorschub wird die Oberfläche rauh oder wellig, der Antrieb überlastet und das Werkstück evtl. zurückgeschlagen. Langsamer Vorschub schadet der Schneide, die Fläche wird unsauber und schlecht schleifbar.
(Berechnung siehe unter Kapitel „Maschinenrechnen"!)

Welche Schneidenwerkstoffe unterscheiden wir bei Maschinenwerkzeugen?
Je nach Kurzbezeichnung unterteilen wir in:
- WS   Werkzeugstahl
- SP   Spezialstahl
- HL   Hochleistungsstahl
- SS / HSS   Schnellstahl
- HM   Hartmetall

Was versteht man bei einem Werkzeug unter Standzeit?
Das ist die Zeit, in der ein frisch geschärftes Werkzeug bis zu seinem Stumpfwerden schneidet.
Eine glänzende Verschleißfase an der Freifläche des Schneidkeils, die nicht breiter als 1 mm werden darf, zeigt an, daß das Werkzeug stumpf ist.
Stumpfe Werkzeuge sind teuer und gefährlich!

In welche Gruppen teilt man Holzbearbeitungsmaschinen ein?
Sägemaschinen, Hobelmaschinen, Fräsmaschinen, Bohrmaschinen, Schleifmaschinen, Mehrzweckmaschinen (kombinierte Maschinen) und Kleinmaschinen.

Welche Sägemaschinen kommen beim Tischler vor?
Tischler-Bandsägen, Tischkreissägen, Doppelabkürzsägen (Doppelkreissägen), Dekupiersägen und Hand-Kreissägemaschinen.
In Groß- und Sonderbetrieben finden wir außerdem Trenn- und Blockbandsägen zum Auftrennen von Bohlen bzw. Stämmen sowie Pendelkreissägen, Zuschneid- und Besäumsägen zum Zuschneiden bzw. Besäumen.

Für welche Arbeiten eignet sich die Bandsäge?
Mit der Bandsäge kann man ablängen, zuschneiden, besäumen, auftrennen, schlitzen und schweifen.

Mit entsprechenden Vorrichtungen lassen sich auch Rundhölzer auftrennen und querschneiden.

Benennen Sie die Teile der Bandsäge!
Gußeiserner Ständer, schwenkbarer Arbeitstisch mit Anschlaglineal, Schutzbrett, Bandsägeblattführung mit Druck- und Seitenrollen, endloses Sägeblatt sowie Schutzhauben und Abdeckungen.

Beschreiben Sie die Bandsägeblatt-Bezahnung!
Das Sägeblatt ist ein endloses Stahlband mit rechtwinkliger Bezahnung (auf Stoß) für Querschnitte und Hartholz oder mit überhängender Bezahnung (stark auf Stoß) für Längsschnitte in Weichholz.
Sägeblätter sind nach Arbeitsschluß zu entspannen.

Wie werden Bandsägeblätter geschränkt bzw. geschärft?
Das Sägeblatt schränkt man mit einer Schränkweite des $1^1/_2$fachen der Blattdicke auf der Schränkmaschine.
Nach dem Schränken erfolgt das Schärfen mit Schärfmaschinen.

Wie vermeidet man Unfälle an der Bandsäge?
Sämtliche Teile des Bandsägeblattes, die nicht zum Schneiden gebraucht werden, müssen verkleidet sein, um das gerissene oder abspringende Blatt aufzufangen. Das bedeutet, daß nur der Arbeitsraum zwischen Tisch und Hauptführung frei bleibt.

Am Arbeitsplatz ist das Sägeblatt mit einem abklappbaren Winkelbrett (15 mm dick), das in geschlossenem Zustand feststellbar sein muß, zu ummanteln. Nach dem Abschalten der Maschine ist der Motor durch eine Bremsvorrichtung abzubremsen und das Sägeblatt mit einem eingeschobenen Holzklotz abzusichern.

Wozu dient die Tischkreissäge?
Zum Lang- und Querschneiden von Brettern und Bohlen, Besäumen, Auftrennen, Schlitzen, Absetzen, Fälzen, Nuten, Schneiden von Gehrungen und zum Zuschneiden von Sperrholz, Spanplatten und Kunststoffen.

Aus welchen Teilen setzt sich die Tischkreissäge zusammen?

Ständer mit Handrad zur Verstellung des Arbeitstisches, Breitenanschlag (Parallelanschlag), Gehrungs- und Abkürzlineal, Schiebetisch mit Schwenkarm und Festhaltevorrichtung und untere Sägeblattabdeckung.

An der Arbeitswelle sitzt das runde Kreissägeblatt und dahinter der Spaltkeil.

Welche Bezahnungsarten unterscheidet man bei Kreissägen?

Nach Art der Bezahnung gibt es Voll-, Gruppen- und Großzahnung.

Welche Sägezahnformen gibt es?

Man unterscheidet eine Reihe von Formen, z. B. liegender Dreieckzahn (Spitzzahn), stehender Dreieckzahn (Mäusezahn), Wolfszähne, Fischhobelzähnung, M-Zahn, „Euler"-Zahn (EHZ), Kronenzahn (Kammzahn) sowie Hobelzähnung für hartes Holz und Lanzenzähnung für weiches Holz.

Was versteht man unter Voll- bzw. Gruppenzahnung?

Bei der Vollzahnung reiht sich Zahn an Zahn, während bei der Gruppenzahnung die Zähne in einzelnen Abschnitten zusammengefaßt sind.

Für beide Bezahnungen eignen sich nur liegender und stehender Dreieckszahn und Wolfszahn.

Was versteht man unter Großzahnung?

Das sind Blätter mit 8 bis 24 Zähnen. Sie haben eine hohe Schnittwirkung, eine Kraftersparnis von 20 bis 40 % und geräuscharmen Lauf.

Hierher gehören RS-Kreissägeblätter (rückschlagsicher!), RS-Kreissägeblätter mit Spandickenbegrenzung und RS-Kreissägeblätter mit Hartmetallschneiden.

Wie groß ist die Zahnhöhe bei einem Sägezahn?

Die Zahnhöhe von der Zahngrundlinie bis zur Zahnspitze beträgt etwa $1/2$ Zahnweite (Zahnweite = Abstand von Zahnspitze zu Zahnspitze).

Beispiel: Bei einer Zahnweite von 12 mm ist die Zahnhöhe 6 mm.

Welche Sägeblattquerschnitte gibt es?

Man unterscheidet gleich dicke, konisch geschliffene und hohl geschliffene Sägeblätter.

Nennen Sie Richtwerte für die Schneidenwinkel bei Kreissägeblättern!

	Zum Schneiden von Holz	
	in Faserrichtung (Längsschnitt)	quer zur Faser
Spanwinkel	20 bis 25°	5°
Keilwinkel	35 bis 50°	55 bis 65°
Freiwinkel	20 bis 30°	20 bis 30°

Aus welchen Werkstoffen werden Kreissägeblätter hergestellt?
Kreissägeblätter gibt es aus unlegiertem Kohlenstoffstahl und legierten Stählen, wie Chrom-Vanadium-Stahl, Chrom-Nickel-Stahl und Chrom-Wolfram-Stahl.

Außerdem sind Kreissägeblätter erhältlich, bei denen die Schneidkeile aus aufgelöteten Hartmetallplättchen bestehen.

Wie werden Sägeblätter geschränkt?
Man unterscheidet Biege- und Stauchschrank. Die Schränkweite soll bis 450 mm Blattdurchmesser einseitig gemessen 0,5 mm nicht überschreiten. Die Schränkung darf nur im oberen Drittel der Zahnhöhe erfolgen. Im übrigen richtet sich enge oder weite Schränkung nach Art und Beschaffenheit des Holzes. Geschränkt wird mit der Schränkmaschine.

Bei bestückten Kreissägeblättern sind die Zahnflanken hinterschliffen, eine Schränkung erübrigt sich dadurch.

Wie heißen die Formeln für Schränkung und Schränkweite bei einem Kreissägeblatt?
Normale Schränkung = $^1/_{1000}$ × Blattdurchmesser
(Unter Schränkung versteht man den Überstand des Zahnes nach links bzw. rechts.)

Schränkweite = 2 × Schränkung + Dicke des Kreissägeblattes
(Unter Schränkweite versteht man die Schnittbreite der geschränkten Zähne.)

Wie werden Sägeblätter geschärft?
Am besten wird mit einer Schärfmaschine bzw. Sonderschärfmaschine bei Großzahnung im Gerad- oder Schrägschliff geschärft.

Nennen Sie Unfallverhütungsvorschriften für Kreissägen!
Verlangt wird ein verstellbarer Spaltkeil aus Stahlblech, um das Zurückschleudern des Werkstücks zu verhindern. Eine Span- oder Schutzhaube dient zum Auffangen von Spänen und Holzsplittern. Die untere Sägeblattabdeckung muß leicht abnehmbar sein.

Eine keilförmige Abweisleiste verhindert das Zurückschlagen von Holzteilen bei Querschnitten. Schmale Breiten dürfen im letzten Teil nur mit einem Schiebestock durchgeschoben werden.

Die Zähne des Sägeblattes sollen das zu bearbeitende Holz höchstens um 10 mm überragen.

Wozu verwendet man die Dekupiersäge?
Bei dieser Sägemaschine bewegt sich das Blatt auf und ab (vgl. Laubsäge!). Die Dekupiersäge eignet sich besonders für Schweifarbeiten, Innenausschnitte und zur Herstellung von Intarsien.

Nennen Sie Hobelmaschinen und ihre Verwendung!
1. Abricht- und Fügemaschine: Zum Abrichten von Brettern, Bohlen und Kanthölzern, zum Anstoßen von Winkelkanten, zum Fügen, Fälzen und Kehlen
2. Dickenhobelmaschine: Zum Aushobeln von Brettern, Bohlen und Kanthölzern auf eine bestimmte Dicke

Aus welchen Teilen besteht die Abricht- und Fügemaschine?
Aus Ständer, Abrichttisch mit Verstellmöglichkeit, Anschlaglineal, Rundmesserwelle mit 2 oder 4 Hobelmessern (bei Hochleistungsmaschinen 6 bis 8 Messer) und Antrieb.

Der Abrichttisch besteht aus dem vorderen Aufnahmetisch mit Tischlippenkante zum Brechen der Späne und dem hinteren Abnahmetisch.

Wie wird die Abricht- und Fügemaschine eingestellt?
Durch schräge Tischführungen lassen sich Aufnahmetisch und Abnahmetisch mittels Handrad oder Hebel verstellen. Dabei muß der Abnahmetisch mit der Flugkreislinie der Hobelmesser übereinstimmen, während der Aufnahmetisch um die Spandicke tiefer liegt.

Was versteht man unter Vorschub?
Das Vorschieben des Werkstücks gegen das Werkzeug (Kreissäge, Hobelmaschine) oder des Werkzeugs gegen das Werkstück (Bohrmaschine). Man unterscheidet Handvorschub und maschinellen, automatischen Vorschub. Die Maßeinheit ist m/min.

Wie ist die Wirkungsweise von Hobelmessern?
Jedes Messer verrichtet einen Messerschlag. Es reiht sich dabei Mulde an Mulde. Messerzahl, Genauigkeit der Messereinstellung mit einer Einsatzlehre, Vorschub- und Schnittgeschwindigkeit sind ausschlaggebend für eine einwandfreie, glatte Fläche.

Wie berechnet man die Muldenbreite eines Hobelmesserschlags?
Zur Berechnung benötigt man Messerzahl, Drehfrequenz und Vorschubgeschwindigkeit.

Beispiel: Bei einer Drehfrequenz von 6000 in 1/min, einer Vorschubgeschwindigkeit von 12 m/min und 4 Hobelmessern beträgt die Muldenbreite eines Messerschlags:

$$e = \frac{\text{Vorschub in mm}}{\text{Drehfrequenz in 1/min} \times \text{Messerzahl}} = \frac{12\,000}{6000 \cdot 4} = 0,5 \text{ mm}$$

Welche Teile wirken bei der Dickenhobelmaschine zusammen?
Arbeitstisch mit Lauf- oder Tischwalzen, Gliedereinzugswalze, Gliederdruckbalken mit Schutzhaube vor der Messerwelle, Messerwelle mit Hobelmessern, Druckbalken hinter der Messerwelle und Abzugswalze.
Hinzu kommt die Rückschlagsicherung mit Sperrstange vor der Einzugswalze.

Wie werden Hobelmesser geschärft und eingesetzt?
Hobelmesser schärft man an Hobelmesser-Schleifmaschinen mit automatischer Schlittenführung.
Eingesetzt werden frisch geschliffene Hobelmesser mit entsprechenden Einsatzlehren oder mechanischer Schnelleinstellung. Man befestigt sie mit Nutmuttern oder Druckschrauben, mit Druckvorrichtungen oder Druckleisten oder auch mit hydraulischer Messerbefestigung.

Nennen Sie wichtige Unfallschutzmaßnahmen an der Abricht- und Fügemaschine!
Der nicht benutzte Teil der Messerwelle ist mit einer aufklappbaren Abdeckung, besser noch mit einer selbsttätig zurückfedernden Messerwellenabdeckung abzusichern.
Beim Fügen ist eine Fügeleiste, bei kurzen Stücken eine Zuführlade und bei schmalen Leisten ein Hilfsanschlag zu benutzen.

Welche Schutzvorrichtungen sind bei der Dickenhobelmaschine notwendig?
Automatisch arbeitende Maschinen enthalten fast alle Schutzvorrichtungen, so Rückschlagsicherung mit Greifer und Sperrstange sowie Schutzhaube und Spanabsaugung.
Notwendig ist eine Leiste zum Nachschieben kurzer Stücke. Prüfen Sie nach, ob die Tischwalzen leicht laufen!

Welche Arten von Fräsmaschinen unterscheiden wir?
Tischfräsmaschinen, Oberfräsmaschinen, Zinkenfräsmaschinen und Kettenfräsmaschinen (Wand- und Ständerkettenfräsmaschine).

Welche Arbeiten können mit Fräsmaschinen ausgeführt werden?

Tischfräse:	Nuten, Fälzen, Kehlen, Abplatten und Ausfräsen von Profilen. Mit Zusatzgeräten kann man graten, schleifen und Zapfen anschneiden
Oberfräse:	Ausfräsen von Vertiefungen nach Schablonen mit Kopierstift, Graten und Nuten
Zinkenfräse:	Herstellen von schwalbenschwanzförmigen Zinkenverbindungen
Kettenfräse:	Ausfräsen rechteckiger Löcher (Schlitze)

Nennen Sie wichtige Teile der Fräsmaschine!
Ständer, Arbeitstisch mit Anschlaglineal, Antrieb und Frässpindel mit Frässpindelkopf zur Aufnahme des Fräsdorns.
Der Fräsdorn dient zum Aufsetzen der Fräswerkzeuge und setzt sich aus Fräsdornschaft, Fräsdornringen und Überwurfmuttern zusammen.

Welche Vorschriften gelten für Fräswerkzeuge?
1. Spandickenbegrenzung zur Vermeidung von Rückschlag
   Werkzeuge mit dem Zeichen BG-Test, ZU-Nr. sind spandickenbegrenzend.
2. Formschlüssige, d. h. betriebssichere Messerbefestigung gegen Herausfliegen und Vorrutschen
3. Günstige Formgebung in Oval- oder Rundform zur Geräuschminderung und Unfallverhütung
4. Hohe Festigkeit in Material und Konstruktion

Was versteht man bei einem Fräswerkzeug unter Spandickenbegrenzung?
Das bedeutet, daß die Schneidkante im Flugkreis zum Abweisnocken der Schneide nur einen Schneidenüberstand von 0,8 mm hat. Dadurch bleibt die Spandicke begrenzt. Solche Werkzeuge sind rückschlagarm.

Welche Arten von Fräswerkzeugen unterscheidet man?
Man unterteilt in Fräser mit festen Messern, Werkzeugträger für auswechselbare Messer und zusammengesetzte Fräswerkzeuge aus Fräsern und auswechselbaren Messern.

Nennen Sie Werkzeugträger für auswechselbare Fräsmesser!
Schlitzköpfe, Spannbackenfräsköpfe, Messerköpfe und Zapfenschneid- und Schlitzscheiben.

Zählen Sie Fräswerkzeuge und Fräserarten auf!
Grundformen der Fräswerkzeuge sind Kronenfräser, hinterdrehte und hinterfräste Fräser, spandickenbegrenzende Fräser und Universal-Messerkopf.
Zu den Fräserarten gehören u. a. Fügefräser, Falzfräser, Vorschneid-Falzfräser, Nutfräser, Vorschneid-Nutfräser, Gehrungsfräser, Flachfase- und Steilfasefräser, Profilfräser, Gratfräser, Nutkreissäge und Wanknutsäge (Taumelsäge).

Nennen Sie Richtwerte für Schneidenwinkel beim Fräswerkzeug!

	Stahlschneiden WS, HL, SS Weichholz	Hartmetallschneiden HM	
		Spanplatten	Kunststoffe
Spanwinkel	25 bis 30°	15°	10°
Keilwinkel	40 bis 50°	60°	70°
Freiwinkel	15 bis 20°	15°	10°

Geben Sie wichtige Punkte des Unfallschutzes bei Fräsmaschinen an!
Fräswerkzeuge sollen soweit wie möglich abgedeckt sein. Um das Zurückschlagen schmaler Werkstücke zu verhindern, sind Druckkämme zu verwenden. Anschlaglineal mit Schutzbügel, Zuführladen, schwenkbare Anschlagverlängerungen und Rückschlagsicherungen vermindern die Unfallgefahr.
Gebogene und geschweifte Werkteile werden am Anlaufring, der mit einem Schutzring oder Ringbügel aus Holz abgedeckt sein muß, gefräst und an einer Anlaufleiste zugeführt.
Es muß besonders darauf hingewiesen werden, daß das gefährliche Einsatzfräsen, das heute noch bei vielen Arbeiten vorkommt, ohne entsprechende Schutzvorrichtungen als grob fahrlässiger Verstoß gegen die Unfallverhütungsvorschriften zu beurteilen ist (lt. Urteil des Oberlandesgerichts Stuttgart vom 8. 12. 69).
Vorschubapparate vermindern die Unfallgefahr, eignen sich aber für das Einsatzfräsen nicht.

Welche Bohrmaschinen unterscheiden wir?
Für das spanabhebende Arbeitsverfahren des Bohrens verwendet man Elektro-Handbohrmaschinen und Schlagbohrmaschinen, Dübelloch-, Langloch- und Astlochbohrmaschinen als Ständer- oder Wandbohrmaschine.

Nennen Sie Maschinenwerkzeuge zum Bohren!
Langlochfräsbohrer, Scheibenschneider (Holzscheibenbohrer oder Zapfenschneider), Maschinen-Schlangenbohrer, Spiralbohrer und Maschinenhohlstemmer.

Wie werden Langlöcher bei Weichholz hergestellt?
Man bohrt an beiden Enden des Langloches in der ganzen Tiefe je ein Loch ein und fräst den dazwischenliegenden Teil in einzelnen Etappen von jeweils 10 mm Tiefe aus.

Wie stellt man Langlöcher bei Hartholz her?
Bei Hartholz muß man Bohrloch neben Bohrloch setzen und jeweils in der ganzen Tiefe bohren. Erst dann können die stehengebliebenen Reste ausgefräst werden.

Nennen Sie automatische Schleifmaschinen!
Breitbandschleifmaschinen, Doppelbreitband-Feinschleifmaschinen, Handbandschleifmaschinen, Scheibenschleifmaschinen, Tellerschleifmaschinen, Zylinderschleifmaschinen, automatische Flächen-, Putz- und Finishschleifmaschinen, Schleifaggregate, Holzschleifautomaten mit 2 Schleifbändern und einer Reinigungsbürstenwalze sowie Lackglätt- und Holzfeinschliffmaschinen.

Welche Schleifmaschinenarten unterscheiden wir nach Art der Anwendung?
Kanten-, Schubkasten-, Rundstab-, Profil-, Falz-, Kurven-, Flächen-, Putz- und Finishflächen-Schleifmaschinen.

Nennen Sie wichtige Einzelteile der Bandschleifmaschine!
Der Ständer trägt eine fest gelagerte und eine verstellbar gelagerte Rolle mit Spanngewicht zur Aufnahme des Schleifbandes, den Schleiftisch auf Laufrollen, den oberen Schleiftisch zum Schleifen kleinerer Stücke und den Schleifschuh (Schleifkissen).

Meist ist an der Stirnseite ein Schleifteller zum Schleifen von Hirnholzflächen und an der Spannrolle eine Schleifwalze für geschweifte Werkstücke angebracht.

Wie werden Schleifbänder verleimt?
Die Verbindung und Verleimung endloser Schleifbänder erfolgt stumpf, überlappt oder durch maschinell hergestellten Fingerschluß.

Wie müssen Schleifpapiere aufbewahrt werden?
Die Aufbewahrung erfolgt in Räumen mit gleichmäßiger Temperatur und Luftfeuchtigkeit. Schleifbänder dürfen nicht geknickt werden, da sie an diesen Knickstellen reißen.

Nennen Sie besonderen Unfallschutz bei Schleifmaschinen!
Alle Schleifmaschinen für Trockenschliff müssen mit einer Anlage zur Holz- und Schleifstaubabsaugung ausgestattet sein.

Welche Mehrzweckmaschinen kommen beim Tischler vor?
1. Kombinierte Abricht- und Dickenmaschine
2. Kombinierte Kreissäge- und Langlochbohrmaschine
3. Kombinierte Kreissäge-, Fräs- und Langlochbohrmaschine

Welche Vorteile bieten kombinierte Maschinen?
Mehrzweckmaschinen eignen sich für Betriebe, in denen Einzelmaschinen nicht voll ausgenützt werden können. Sie brauchen weniger Platz und sind in ihrer Anschaffung billiger als einzelne Maschinen.

Welche Nachteile haben Mehrzweckmaschinen?
Kombinieren lassen sich in einer Maschine nur bestimmte Arbeitsgänge. Man kann sie auch nicht zu gleicher Zeit ausführen. Das Einstellen und Umstellen der Werkzeuge und Vorrichtungen erfordert bei der Mehrzweckmaschine sehr viel Zeit, die unproduktiv ist.

2.5. Unfallverhütungsvorschriften der Holz-Berufsgenossenschaft

Die neue Unfallverhütungsvorschrift vom 1. 4. 1977 sagt in den Begriffsbestimmungen über Maschinen- und Werkzeugeinsatz u. a. folgendes aus:
Beschäftigungsbeschränkung
§ 14 (1) **Jugendliche** dürfen mit dem **Betreiben** (Bedienen, Rüsten) **und Instandhalten** (Warten, Instandsetzen) von Säge-, Hobel- und Fräsmaschinen jeder Art, Scheibenschäl-, Furnierschäl- und Furniermessermaschinen, Furnierpaketschneidemaschinen, Hack-

und Spaltmaschinen, Spanschneidemaschinen (Zerspanern) und Stockscheren mit mechanischem Antrieb nicht beschäftigt werden.
(2) Absatz 1 gilt nicht für die Beschäftigung Jugendlicher über 16 Jahre soweit:
1. dies zur Erreichung ihres Ausbildungszieles erforderlich ist und
2. ihr Schutz durch die Aufsicht eines Fachkundigen gewährleistet ist.

Nennen Sie wichtige Punkte aus den Unfallverhütungsvorschriften für den Tischler!

1. Enganliegende Kleidung schützt vor Unfällen.
2. Personen, die an Maschinen arbeiten, dürfen nicht angesprochen werden.
3. Maschinen und Maschinenwerkzeuge müssen vor der Benützung in Ordnung sein.
4. Schutzvorrichtungen müssen vorhanden sein. Ohne sie darf **nie** gearbeitet werden.
5. Die zulässige Drehfrequenz muß auf sich drehenden Werkzeugen angegeben sein und darf auf keinen Fall überschritten werden.
6. Bei einteiligen Werkzeugen ohne Drehzahlfrequenzangabe darf die Schnittgeschwindigkeit nicht mehr als 40 m/s betragen, bei Hartmetallschneiden höchstens 55 m/s.
7. Zusammengesetzte Werkzeuge ohne Drehfrequenzangabe dürfen nur mit höchsten 4500 1/min laufen und dürfen eine Schnittgeschwindigkeit von 40 m/s nicht überschreiten.
8. Werkstücke müssen bei der Bearbeitung sicher aufliegen, sicher geführt werden oder fest eingespannt sein.
9. Maschinen dürfen nur gereinigt und geputzt werden, wenn sie stillstehen.
10. Vor dem Verlassen des Arbeitsplatzes sind Maschinen stets außer Betrieb zu setzen.
11. Nicht einsatzbereite Maschinen müssen gekennzeichnet sein: „Nicht benützen"!

Warum ist die Kenntnis der Unfallverhütungsvorschriften für den Schreiner besonders wichtig?

1. Der Tischler arbeitet an sehr schnell laufenden Maschinen, wodurch erhöhte Unfallgefahr besteht.
2. Die Zuführung der Werkstoffe erfolgt meist von Hand. Dies bedeutet, daß die Hände immer nahe am Werkzeug der Maschine sind.
3. Der Werkstoff Holz ist in seiner Beschaffenheit und in seinem Aufbau sehr ungleich und damit unberechenbar.

2.6. Holzverbindungen und Konstruktionen

Was versteht man unter Holzverbindungen?
Als Holzverbindungen oder Holzkonstruktionen bezeichnet man das Zusammenfügen von Hölzern in der Schreinerei, im Zimmermannsbau und im Ingenieurholzbau durch Formung der Berührungsflächen oder durch besondere Befestigungsmittel (Nägel, Dübel, Schrauben).

Welche Grundsätze gelten für die Holzauswahl?
1. Bei jeder Konstruktion muß das Arbeiten des Holzes berücksichtigt werden.
2. Es dürfen nur Hölzer zusammengebaut werden, die denselben Feuchtigkeitsgehalt haben.
3. Tragende Teile sollten aus Kernbrettern (Radialschnitt) mit stehenden Jahresringen ausgewählt werden.
4. Füllende Teile entnimmt man aus Seitenbrettern (Sehnenschnitt) mit liegenden Jahresringen und Fladerung.

Welche Grundsätze gelten für die Holzverleimung?
1. Herz an Herz, Splint an Splint!
2. Verleimen sollte man nur stehende mit stehenden Jahresringen und liegende mit liegenden Jahresringen.
3. Hölzer mit feinjähriger Struktur eignen sich nicht zum Verleimen mit grobjährigen Hölzern.
4. Harz- und gerbsäurereiche Hölzer dürfen nicht miteinander verleimt werden.

Welche Hauptarten von Holzverbindungen kennen wir?
Bei Möbel- und Bautischlerarbeiten unterscheidet man Längs-, Breiten- und Eckverbindungen (Rahmeneckverbindungen und Böden-Seitenverbindungen).

Bei Verbindungen von Böden und Seiten ist zu berücksichtigen, daß für Plattenware (Tischlerplatten, Spanplatten usw.) nicht alle Verbindungen in Frage kommen können wie etwa bei Massivholz (Vollholz).

Was versteht man unter Längsverbindungen?
Sie ermöglichen das Zusammensetzen von Holz in Richtung der Holzfaser. Beim Schreiner kommen sie selten vor.

Nennen Sie Längsverbindungen!
Schräge Schiftung
Keilzinkenverbindung (kammförmige Verzahnung oder Schiftung)
Überblattung mit geradem oder schrägem Stoß
Schlitz und Zapfen mit geradem oder schrägem Stoß
Eingesetzter Zapfen („Falscher Zapfen")
Französischer Keilverschluß (Hakenblatt mit Keil), bei Bogen auch als Bogenkeilverschluß bezeichnet
Schichtverleimungen mit versetzten Stoßfugen

Was versteht man unter Breitenverbindungen?
Sie ermöglichen das Aneinanderfügen von Brettern und Bohlen in einer Ebene durch verschiedene Verbindungsmöglichkeiten.

Nennen Sie Holzverbindungen in der Breite!
Stumpfe, unverleimte oder verleimte Fuge
Überfälzte Fuge (Überfälzung) mit und ohne Profil
Gedübelte Fuge (Dübelverbindung)
Nut mit Langholz- oder Querholzfeder
Nut mit angestoßener Feder (Spundung mit Fase)
Eingeschobene Feder
Überschobene Bretter bzw. Füllungen
Hirnleisten (Anfaßleisten mit angehobelter, eingesetzter oder eingeschobener Feder bzw. eingestemmtem oder durchgestemmtem Zapfen
Maschinengefräste Fuge (Verzahnung)
Maschinengefräste Gratfuge (schwalbenschwanzförmige Leimfuge)

Was versteht man unter Eckverbindungen?
Sie dienen zum Zusammenbau von Werkteilen. Man unterscheidet:
1. Eckverbindungen von Rahmen und von Zargen mit Stollen
2. Eckverbindungen von Seiten mit Böden und Platten

Welche Eckverbindungen gibt es für Rahmen und Stollen?
Eck- und Kreuzüberblattung, Sprossenkreuz
Schlitz und Zapfen mit Nut oder mit Falz:
    1. einfach, rechtwinklig abgesetzt
    2. einseitig auf Gehrung
    3. beidseitig auf Gehrung
Keilschlitz für furnierte Arbeiten
Gestemmte Rahmenecke (Feder- oder Nutzapfen)
Keilzapfen (Stegverbindung mit Keil)
Stumpfer Stoß auf Gehrung gedübelt
Stumpfer Stoß auf Gehrung mit eingeschobener Feder
Stumpfer Stoß auf Gehrung mit eingeschobenem Eckzapfen

Nennen Sie Konstruktionsmöglichkeiten zur Verbindung von Seiten mit Böden bei Massivholz!

Stumpfer Stoß genagelt (einfachste Verbindung)

Gedübelte Verbindungen:
1. stumpf gedübelt
2. auf Gehrung gedübelt
3. auf Gehrung mit Winkel- oder Eckdübel gedübelt

Nut- und Federverbindungen:
1. angeschnittene Feder, einseitig abgesetzt
2. angeschnittene Feder, beiderseits abgesetzt
3. angeschnittene Feder, halb verdeckt
4. angeschnittene Feder auf Gehrung
5. eingesetzte Feder auf Gehrung
6. eingesetzte Winkelfeder auf Gehrung

Zinkenverbindungen:
1. einfache (offene) Zinkung
2. halbverdeckte Zinkung
3. Gehrungszinkung
4. einseitig schräge Zinkung (Schrägzinkung)
5. Trichterzinkung
6. Fingerzinkung

Nennen Sie Verbindungsmöglichkeiten von Seiten mit Platten bzw. Zwischenböden!

Dübelverbindung stumpf

Nut- und Federverbindungen:
1. angeschnittene Feder, einseitig abgesetzt
2. angeschnittene Feder, beiderseits abgesetzt
3. eingesetzte Feder (Furnierplatte) und Lamello-Feder

Gratverbindungen:
1. einseitiger Grat
2. doppelseitiger Grat

Welche Verbindungen eignen sich für Span- bzw. Tischlerplatten?

Nut mit angeschnittener Feder

Auf Gehrung mit eingesetzter Feder und Lamello-Feder

Auf Gehrung mit Winkelfeder

Falz mit angeschnittener Gehrung

Auf Gehrung mit Dübel oder mit Eckdübel (Winkeldübel)

Stumpfer Stoß gedübelt (bei Zwischenverbindungen)

Zinken- und Gratverbindungen eignen sich nicht.

Welche Grundformen von Holzprofilen unterscheidet man?

Fasen-, Hohlkehlen-, Stab-, Halbhohlkehlen-, Viertelstab- und Karniesprofile.

2.7. Möbeltischlerarbeiten, Möbelgestaltung und Möbelmaße

Welche Möbelbauarten stellt der Schreiner her?
Nach der Beschaffenheit der einzelnen Möbelteile und nach Art ihres Zusammenbaus unterscheidet man Möbel in Brettbau-, Rahmenbau-, Stollenbau- und Plattenbauweise.

Was versteht man bei Möbeln unter Brettbau?
Die einzelnen Möbelteile sind aus verleimten oder unverleimten Brettern durch Holzverbindungen, wie sie bei Vollholz angewendet werden können, zusammengebaut. Die rechten Brettseiten nimmt man nach außen, da sie die schönere Zeichnung haben.
Brettbau aus Weichholz eignet sich für Regale, Bücherständer, Kleinmöbel und einfache Möbel.

Wann spricht man bei Möbeln von Rahmenbau?
Die einzelnen Möbelteile bestehen aus Rahmen mit Füllung. Die Rahmenfriese aus Kern- oder Mittelbrettern werden geschlitzt, gedübelt oder gestemmt und sollten eine Breite von 80 bis 90 mm nicht überschreiten.
Füllungen sind aus Vollholz, Furnier-, Sperr- oder Spanplatten. Wegen der Oberflächenbehandlung liegen sie zweckmäßigerweise in Fälzen und werden eingestäbt.

Beschreiben Sie Möbel in Stollenbauweise!
Bei dieser zerlegbaren Möbelbauart sind die Seiten mit durchgehenden Stollen, die zugleich als Möbelfüße dienen, durch Federn oder Dübel verbunden.
Auch bei Hockern, Tischen, Stühlen und Fußgestellen bezeichnet man die Füße als Stollen. Als Verbindungsmittel von Zargen bzw. Sprossen und Stollen dienen Dübel, Federzapfen oder einfache Zapfen.

Was versteht man bei Möbeln unter Plattenbau?
Hierbei fertigt man die einzelnen Möbelteile aus Sperr- oder Spanplatten, die mit Vollholzkanten (Anleimern) umleimt sind und meist durch Dübel oder Federn zusammengehalten werden.
Möbel in Plattenbauweise haben entweder einen Fußsockel oder ein Fußgestell, oft auch durchgehende Möbelseiten. In der Regel sind sie zerlegbar und werden mit Schrankschrauben zusammengebaut.

Bezeichnen Sie die einzelnen Möbelteile!
Seiten mit Mittelseiten, Sockel und Kranz bzw. Platte oder Böden (obere und untere Böden, Fachböden, Einlegböden und ausziehbare Böden), Rückwand, Türen, Schubkasten und Züge (z. B. Englischer Zug).

Wie können Möbeltüren angeschlagen sein?
Nach der Bewegungsrichtung unterscheidet man Dreh-, Klapp- und Schiebetüren aus Holz oder Glas.
Nach Art des Aufschlags bezeichnen wir Möbeltüren als aufschlagende, zwischenschlagende und überfälzte Türen.

Welche Teile gehören zu einem Schubkasten?
Schubkasten-Vorderstück, Schubkasten-Hinterstück, Schubkasten-Seiten und Schubkasten-Boden. Hinzu kommen Lauf-, Streif- und Kippleisten sowie Anschlagklötze.

Welche Gesichtspunkte sind für die Möbelgestaltung ausschlaggebend?
Formschönheit und Harmonie (Ebenmaß), Aussehen in Maserung, Farbe und Oberfläche, Maßverhältnisse (Goldener Schnitt), werkstoffgerechte Verarbeitung und Qualität, Zweckmäßigkeit, Aufstellungsort, Verwendungszweck und Beförderungsmöglichkeit.

Nennen Sie wichtige Möbelmaße!
DIN 18011 gibt nur Auskünfte über Stellflächen, Abstände und Bewegungsflächen, nicht aber über Möbelmaße. Diese richten sich nach den Körpermaßen des Menschen. Es ergeben sich daraus folgende gebräuchliche Grundmaße:

	Länge mm	Breite mm	Höhe mm
Arbeitstisch für Küche zum Sitzen	—	—	650
Eßtisch	—	—	760
Couchtisch	—	—	600
Spültisch	—	—	850
Schreibtisch	—	—	760
Stuhl	—	—	460
Sessel und Liegen	—	—	420
Bettlichtmaße	2000	1000	420
	1900	900 innen	420
Kleiderschrank	—	560	2000
Küchenschrank	—	—	1850
Wäscheschrank	—	—	1600

2.8. Bautischlerarbeiten (Gebäude- und Raumausbau)

Welche Arbeiten für Gebäude- und Raumausbau kommen für den Tischler in Frage?

Schreinerarbeiten für Gebäude- und Raumausbau sind Erzeugnisse und Bauteile aus Holz, wie Türen, Tore, Fenster, Treppen, Vertäfelungen, Decken, Trennwände und Einbauschränke. Sie sind fest einzubauen und bilden damit einen Bestandteil des Bauwerks.

Was versteht man unter der „VOB"?

Das sind Richtlinien und Bestimmungen des Deutschen Normenausschusses über die **V**erdingungs**o**rdnung für **B**auleistungen. Die VOB soll eine einwandfreie Arbeit gewährleisten und garantieren, daß Mindestforderungen des Auftraggebers und des Auftragnehmers eingehalten werden.

Welche Einzelgebiete enthält die VOB?

Die VOB umfaßt drei Teile:

Teil A Allgemeine Bestimmungen für die Vergabe von Bauleistungen DIN 1960

Teil B Allgemeine Vertragsbedingungen für die Ausführung von Bauleistungen DIN 1961

Teil C Allgemeine technische Vorschriften

Die maßgeblichen technischen Vorschriften für den Schreiner sind in DIN 18355 — Tischlerarbeiten — festgelegt.

Welche Vorschriften gelten für Türen?

Türen ermöglichen den Zugang zu einem Raum, dienen zugleich als Abschluß und bieten so Sicherheit und Schutz vor Witterungseinflüssen. Zweck und Aufgabe einer Tür bestimmen ihre Gestaltung, Größe und Bauart.

Normmaße für Innentüren sind in DIN 18100 und DIN 18101 festgelegt.

Welche Vorschriften gelten für das Maßnehmen bei Türen?

Die Höhe der Türöffnung ergibt sich aus dem Maß von der **O**berfläche des **f**ertigen **F**ußbodens (OFF) und der Unterseite des Sturzes. Das Maß wird in dem Raum abgenommen, in den sich die Tür öffnen soll.

Bei noch nicht fertigem Fußboden ist zum Messen der lichten Höhe einer Tür der Meterriß ausschlaggebend. Dieser wird einen Meter über der zukünftigen Oberfläche des fertigen Bodens am Mauerwerk vom Bauführer angerissen.

Geben Sie die Normmaße für Wohnungstüren an!

Nach DIN 18101 unterscheidet man Baurichtmaß (DIN 18100), Rahmenfalz- bzw. Zargenfalzmaß, Türblatt-Außenmaß und lichtes Durchgangsmaß.

Türblatt-Außenmaße
bei gefälztem Türblatt:

Breite mm	Höhe mm
610	1860
735	1860
860	1860
610	1985
735	1985
860	1985
985	1985
1235	1985
1485	1985
1735	1985

Lichtes Durchgangsmaß
bei Wohnungstüren:

Breite mm	Höhe mm
565	1845
690	1845
815	1845
565	1970
690	1970
815	1970
940	1970
1190	1970
1440	1970
1690	1970

Welche Türarten gibt es nach der Türumrahmung und dem Anschluß zur Wand?

Blockrahmen- (Stockrahmen-), Blendrahmen-, Zargen- und Futtertüren.

Welche Bauarten von Türen kennen wir?

Latten-, Bretter-, Rahmen-, Sperr-, Glas-, Tapeten-, schallhemmende und aufgedoppelte Türen, außerdem Türen mit Mittellage aus granulierten, verpreßten Holzfasern (bes. schall- und wärmedämmend).

Welche Formen können Türen haben?

Je nach Form des oberen Abschlusses spricht man von Segmentbogen-, Rundbogen- und Korbbogentüren.

Welche Türarten unterscheidet man hinsichtlich ihrer Beweglichkeit?

Schlag-, Hebe-, Pendel-, Schiebe-, Dreh-, Falt-, Harmonikatüren

Welche Arten von Türen unterscheidet man nach ihrer Lage und Verwendung?

Man spricht von Außen- und Innentüren. Sie werden als Haus-, Terrassen-, Balkon-, Zimmer-, Keller- und Speichertüren verwendet. Es gibt sie ein-, zwei-, drei-, vier- oder mehrflügelig.

Wann spricht man von einer Rechts- bzw. Linkstür?
Betrachtet man die Tür von dem Raum aus, nach dem sie sich öffnen läßt, so bezeichnet man sie je nach dem Sitz der Bänder als Rechts- oder Linkstür.

Welche Teile gehören zu einer Tür?
Neben dem beweglichen Teil, dem Türblatt oder Türflügel, haben wir die Türumrahmungen (Blockrahmen, Blendrahmen, Zargen oder Futter mit Bekleidung) zum Anschlagen des Türblattes.
Die Bekleidung an der Türseite nennt man Falzbekleidung. An der gegenüberliegenden Seite bezeichnet man sie als Zierbekleidung.

Wie dick sind Türzargen bzw. Türfutter?
Türzargen sitzen stumpf zwischen der Leibung oder ragen entweder über den Putz vor oder sind putzbündig und haben in der Regel eine Dicke von 35 bis 45 mm.
Türfutter sind wegen der Bandbefestigung bei 12 mm Falzbreite mindestens 22 mm bzw. bei vollkommenem Einstemmen der Bänder mindestens 26 mm dick.

Welche Aufgaben haben Türbekleidungen?
Falz- und Zierbekleidungen überdecken den Spalt zwischen Mauer und Futter, bilden den Falz für das Türblatt und verstärken das Futter.

Welche Aufgaben und welchen Zweck haben Fenster?
Fenster ermöglichen Lichteinfall in den Raum, Be- und Entlüftung sowie Schutz vor Kälte, Hitze, Wind, Regen und Lärm.

Welche Fensterbauarten unterscheiden wir?
Einfachfenster, Verbundfenster (System Rekord und Wagner), Kastenfenster, Panzerfenster, Doppelfenster mit Kneiffalz und verschiedene Kunststoffenstersysteme.
Die Verglasung kann als Einfachverglasung (EV), Doppelverglasung (DV) oder als Isolierverglasung (IV) erfolgen.

Welche Fensterflügelarten gibt es?
Nach DIN 18059 unterscheidet man Drehflügel nach innen oder außen aufgehend, Kipp-, Klapp-, Dreh-Kipp-, Wende-, Schwing- und Schiebeflügel waagrecht oder senkrecht.

Welche Arten von Fensterrahmen unterscheidet man?
Je nach Anschlag baut man Blendrahmen-, Blockrahmen- (Stockrahmen-), Zargen- und Kastenfenster (siehe auch bei Türumrahmungen!).

Welche Maße benötigt man zum Fensterbau?
Die wichtigsten Maße sind Breite und Höhe der Rohmauerlichten (Nennmaße) und das Maß der Mauerversatzung (Maueranschlag).

Welche Normmaße gelten für Fensterflügelabmessungen?
Nach DIN 68 121 vom März 1973 gelten folgende Normmaße:

1. Einfachfenster
1.1. Einfachverglasung (EV)
EV 44 (Profile A):   Dicke des Flügelholzes = 44 mm
                       Flügelholzbreite = 78 mm
Max. Flügelabmessungen (Breite/Höhe in cm): = 120/125 und 110/125

1.2. Isolierverglasung (IV)
IV 56 (Profile C): Dicke des Flügelholzes = 56 mm
IV 68 (Profile D): Dicke des Flügelholzes = 68 mm
IV 78 (Profile E): Dicke des Flügelholzes = 78 mm
IV 92 (Profile F): Dicke des Flügelholzes = 92 mm

Max. Flügelabmessungen (Breite/Höhe in cm):
a) 78 mm Flügelholzbreite bei IV 56 = 140/150 und 130/150
                                  IV 68 = 150/170 und 140/170
b) 92 mm Flügelholzbreite bei IV 68 = 160/175 und 150/175
                                    IV 78 = 160/175
                                    IV 92 = 160/190

2. Verbundfenster
Doppelverglasung, Außen- und Innenflügel haben Einfachverglasung:

DV 35/38 (Profile G) mit Staubfalz: Außenflügeldicke = 35 mm
                                                Innenflügeldicke = 38 mm
DV 30/38 (Profile H) ohne Staubfalz: Außenflügeldicke = 30 mm
                                                Innenflügeldicke = 38 mm
DV 44/44 (Profile I) ohne Staubfalz: Außenflügeldicke = 44 mm
                                                Innenflügeldicke = 44 mm

Max. Flügelabmessungen (Breite/Höhe in cm):
a) bei Flügelholzbreiten von 48/78 mm für DV 35/38 = 110/125
b) bei Flügelholzbreiten von 48/78 mm für DV 30/38 = 110/125
c) bei Flügelholzbreiten von 48/78 mm für DV 44/44 = 150/160
                                                              und = 140/160
d) bei Flügelholzbreiten von 62/92 mm für DV 44/44 = 160/170
                                                              und = 150/170

Welche Arten von Fensterläden baut man ein?
Brettläden mit Gratleisten oder Anfaßleisten, Läden mit Rahmen und Füllung, Jalousieläden sowie Rolläden aus Holz, Kunststoff oder Leichtmetall.

Nennen Sie verschiedene Arten von Holzfußböden!
Holzfußböden aus Eiche, Buche, Kiefer und anderen Hölzern verlegt man auf Holzbalkendecken, Massivdecken oder auf betonierte Unterböden in Form von:
Einfachen Dielenfußböden
Riemenfußböden
Parkettböden als Stab-, Tafel- und Sparparkett (Mosaik- und Lamellenparkett)
Fußböden schließen an den Wänden mit Sockelleisten aus Holz oder Kunststoff ab.

Was versteht man unter einem Dielenfußboden?
Auf eingebaute Deckenbalken oder auf besondere Lagenhölzer nagelt man gespundete Dielen aus Fichten-, Tannen- oder Kiefernholz, die 100 bis 170 mm breit und in der Regel 20 bis 26 mm dick sind.
Der Abstand der Deckenbalken beträgt je nach Dielendicke 55 bis 100 cm. Die Zwischenräume sind mit trockenem Rollkies, Sand oder Hochofenschlacke ausgefüllt.

Was sind Riemenfußböden?
Man unterscheidet Langriemen, meist in Zimmerlänge, und Kurzriemen, die in der Länge gestoßen werden. Fußbodenriemen haben stehende Jahresringe, eine Breite von 100 mm und sind zur Aufnahme von Querholzfedern genutet. Sie werden an der Feder verdeckt genagelt.
Kurzriemen verlegt man versetzt im sog. Schiffsverband, ebenfalls Langriemen, sofern sie in der Länge gestoßen werden müssen.

Was versteht man unter Parkettböden?
Das sind Fußböden aus Eichen-, Kiefern- oder gedämpften Rotbuchenstäben, die auf einen Blindboden aus 18 bis 30 mm dicken Brettern oder auf einen Betonboden mit Zement- oder Asphaltglattstrich verlegt werden. Auf trockenen Estrich können Parkettstäbe mit Heiß- oder Kaltasphalt aufgeklebt werden.

Beschreiben Sie Stabparkett!
Die Parkettstäbe sind 250 bis 1000 mm lange Riemen, die 45 bis 80 mm breit (immer um 5 mm steigend) und 18, 21 oder 24 mm dick sind.
Man verlegt die Riemen versetzt im Schiffsverband, längs- und querlaufend als Würfelparkett oder wechselweise unter 45° Schräge als sog. Fischgrätenparkett.

Was ist Tafelparkett?
Darunter versteht man quadratisch zusammengesetzte Tafeln aus Hartholz, die eine Seitenlänge von 350 bis 500 mm haben und meist auf Blindböden verlegt werden.

Was versteht man unter Sparparkett?
Wie der Name sagt, verwendet man hierbei aus Sparsamkeitsgründen Hartholzstäbchen, die nur eine Dicke von 8 bis 10 mm haben. Man unterscheidet Mosaik- und Lamellenparkett.

Beschreiben Sie Mosaikparkett!
Bei Mosaikparkett werden die meist 480 mm großen, quadratischen Tafeln aus 10 mm dicken Hartholzstäbchen (120×24 mm) zusammengesetzt und zum Zusammenhalt auf der Oberfläche mit Papier überklebt.

Mosaikparkett klebt man mit Spezialkleber auf Asphaltestrich oder auf schwimmenden Estrich mit einer Dämmschicht aus Glas- oder Steinwolle.

Beschreiben Sie Lamellenparkett!
Lamellenparkett ist ein Sparparkett aus 8 bis 10 mm dicken kleinen Hartholzstäbchen, die quer auf lange Weichholzriemen aufgeleimt sind und sich wie Riemenböden verlegen lassen.

Welche Arten von Wandvertäfelungen unterscheidet man?
Nach der Bauart unterscheidet man:
1. Einfache Brettvertäfelungen aus überschobenen Fase- oder Stabbrettern, aus überluckten Brettern sowie aus Brettern mit genuteten oder aufgeleimten Deckleisten
2. Stabartig gegliederte Täfelungen, Verstäbungen genannt
3. Rahmentäfelungen aus einem Rahmengerippe mit Füllungen aus Vollholz oder Platten
4. Plattentäfelungen aus Sperr- und Spanplatten, evtl. mit Furnier- oder Kunststoffauflage

Was versteht man unter Verstäbungen bei Wandvertäfelungen?
Stabartig gegliederte Vertäfelungen bezeichnet man als Verstäbungen. Man unterscheidet einfache Verstäbungen aus gekehlten und gespundeten schmalen Brettern (z. B. Alimil), offene Verstäbungen aus einzelnen, mit Abstand auf Platten aufgeleimten Stäben und geschlossene Verstäbungen aus übereinandergefälzten oder zusammengefederten Leisten, die auf Blindleisten oder Blindrahmen befestigt werden.

Welchen Abstand soll eine Vertäfelung von der Wand haben?
Täfelungen sollten von der völlig trockenen Mauer oder dem Putz einen Abstand von 15 bis 25 mm haben, der meist durch die Blindleisten gegeben ist. Das Luftpolster zwischen Täfelung und Wand ist eine gute Isolierung gegen Wärme und Kälte. Öffnungen oben und unten gestatten eine ständige Luftzirkulation, wodurch die Luft hinter der Täfelung fortwährend erneuert wird.

Welche Arten von Deckenverkleidungen unterscheidet man?
Balkendecken mit vorstehenden Balken oder balkenförmige Verkleidungen; Bretterdecken aus gespundeten, gefederten, gefälzten, überschobenen oder überluckten Brettern; Plattendecken und Kassettendecken mit vertieft angeordneten Feldern (Kassetten).

Wie werden Vertäfelungen und Deckenverkleidungen befestigt?
Man verwendet zum Befestigen Spreizdübel, Preßdübel, aber auch Stahlbolzen mit verschiedenen Kopfformen.
Zum Einschlagen verwendet man einen Schußapparat oder einen Schlagdübler (siehe auch unter Kapitel „Metalle, Nägel und Schrauben"!).

Nennen Sie die Einzelteile einer Treppe!
Wandwange, Freiwange (Lichtwange) und Treppenlauf mit Antritt und Austritt (untere bzw. obere Treppenendigung). Der Treppenlauf besteht aus Treppenstufen und diese wiederum aus Trittstufe (Tritt, Auftritt) und Setzholz (Stoß oder Futterbrett).
Hat die Treppe eine Krümmung im Treppenlauf, so bezeichnet man den gekrümmten Teil als Wangenkrümmling oder Kropfstück.
Hinzu kommt zur Sicherung das Geländer mit Antrittspfosten, Handlauf, Geländerstäben und Austrittspfosten. Podeste ersparen das Wendeln einer Treppe.

Welche Normalmaße gelten für Treppen?
Breite: Geschoßtreppen 100 bis 120 cm (einschließlich Wangen)
       Nebentreppen 70 bis 90 cm
       Podeste so breit wie die dazugehörige Treppe
Treppenlauf (Lauflänge): Höchstens 15 Stufen, mindestens 4 Stufen
Günstigstes Steigungsverhältnis: Auftritt auf jeder Trittstufe 29 cm
Steigung von Tritt zu Tritt 17 cm

Welche Holzarten kommen für den Treppenbau in Betracht?
Für Wangen, Stufen und Geländerstäbe verwendet man vor allem Eiche, Kiefer und gedämpfte Rotbuche, z. T. auch Fichte. Eichenholz eignet sich am besten, weil es sehr hart und fest ist, wenig arbeitet und schwer entflammbar ist.
Handläufe fertigt man in der Regel aus Harthölzern, die sich gut putzen und glätten lassen.

Nach welchen Gesichtspunkten unterteilt man Treppen?
Nach der Verwendung: Haupt- und Nebentreppen
Nach der Geländerseite: Rechts- und Linkstreppen
Nach dem Treppenlauf: Gerade, gewendelte und gerundete Treppen (z. B. Wendeltreppen)
Nach Anzahl der Treppenläufe: Einläufige (eingängige oder einarmige) Treppen und mehrläufige Treppen bzw. Podesttreppen bei zwei und mehr Stockwerken

Nennen Sie die verschiedenen Treppenbauarten!
Nach der Ausbildung der Stufen und Wangen bzw. nach ihrer Verbindungsart unterscheidet man Blocktreppen, eingesägte, eingeschobene, halbgestemmte, ganzgestemmte und aufgesattelte Treppen.

Was ist eine Blocktreppe?
Bei dieser ältesten Treppenbauart haben die Stufen einen dreieckigen Querschnitt und sind aus Vollholz.

Woran erkennt man eine eingesägte Treppe?
Bei dieser einfachen Treppe sind die Trittstufen in eine durchgehende, etwa 20 mm tiefe Nut der Wange eingeschoben und z. T. zusätzlich verzapft und verkeilt, um der Treppe einen Halt zu geben. Die ausgeklinkten Stufen stehen vorne meist über die Wangen vor. Man nennt diesen Überstand „Nase" oder „Ohr". Oft ist die Treppenuntersicht verschalt.

Wann spricht man von einer eingeschobenen Treppe?
Bei einer eingeschobenen Treppe ruhen die an den Wangen ebenfalls ausgeklinkten Trittstufen in nicht durchgehenden Gratnuten. Durch das stehenbleibende sog. Vorholz (Besteck) der Wangen hat diese Treppe eine gute Tragfähigkeit, und die Gratverbindung gewährleistet einen guten Halt. Die Treppenuntersicht kann verschalt sein.

Wie sieht eine halbgestemmte Treppe aus?
Bei der halbgestemmten Treppe haben wir keine Setzstufen, sondern Trittstufen, die in beide Wangen etwa 20 mm tief eingestemmt sind. Dabei bleibt sowohl vor der Stufe als auch hinter der Stufe ein Vorholz stehen.
Den Zusammenhalt erhält man durch Verzapfen und Verkeilen einzelner Stufen oder mittels durchgehender Treppenschrauben (Schraubenbolzen).

Beschreiben Sie eine ganzgestemmte Treppe!
Die ganzgestemmte oder auch gestemmte Treppe besitzt neben den 20 mm tief eingestemmten Trittstufen noch Setzstufen (Futterbretter, Stoßbretter), die ebenfalls 20 mm tief eingestemmt sind. Setzstufen unterstützen die Trittstufen und verhindern ein Hindurchsehen durch die Treppe.
Die Setzstufen sind mit den Trittstufen oben meist durch eine 10 mm dicke Feder, die in eine 10 mm tiefe Nut der Trittunterseite eingreift, verbunden. Unten werden sie an die Trittstufe genagelt oder geschraubt.

Was versteht man unter einer aufgesattelten Treppe?
Bei einer aufgesattelten Treppe werden die Tritte entweder auf den treppenartig eingeschnittenen Wangen (Aufsattelung) aufgeschraubt, oder sie sind nur auf der Freiwange aufgesattelt. Eine ausgeschnittene Blendwange oder verkröpfte Fußleisten dienen zum Schutz der Wand.
Diese Treppe gibt es mit und ohne Setzstufen.

2.9. Überblick über die Stilgeschichte des Möbels

Was versteht man unter dem Begriff Stilepoche?
Gemeint sind damit bestimmte Zeitabschnitte für Formgebung, Bearbeitungstechnik, Wahl der Werkstoffe und für das künstlerische Schaffen bei der Gestaltung und dem Entwurf eines Möbels.
Jeder Stilabschnitt (Stilepoche) hat eine Früh-, Hoch- und Spätzeit.

Welche Merkmale kennzeichnen den Stil einer Zeit?
Eigenart und Anschauung eines Volkes prägen die Ausdrucksweise und die Stilmerkmale einer Zeit. Sie zeigen sich vor allem in der Baukunst, aber auch in der Malerei, Bildhauerei, Musik, Dichtung, Kleidung, Wohnkultur und im künstlerischen und handwerklichen Schaffen.

Woher kommt das Wort Möbel?
Es stammt von dem lateinischen Wort „mobilis" und bedeutet „beweglich". Damit werden alle beweglichen Gegenstände einer Innenraumausstattung bezeichnet.
Grundformen sind:
Kastenmöbel (Truhen, Schränke, Kommoden)
Tafelmöbel (Tische, Pulte)
Liegemöbel (Bänke, Stühle, Betten)

Welche Stilepochen unterscheidet man im Möbelbau?
Romanik, Gotik, Renaissance, Barock, Rokoko, Klassizismus (Louisseize-Stil, Empire- und Biedermeierstil) und Gegenwart (Stillose Zeit, Jugendstil und Neuzeit).

Romanischer Stil (1000 bis 1250)
Charakteristische Merkmale in der Baukunst sind Rundbogen, dicke, gedrungene Säulen und Würfelkapitelle. Bedeutende Bauwerke der Romanik sind z. B. die Dome zu Speyer, Worms, Mainz und Bamberg.
Die Möbel waren einfach, wuchtig, schwer, massig, z. T. farbig oder mit farbigem Leder belegt und mit Flach- und Kerbschnitzereien verziert. Zusammengehalten wurden die Möbel durch aufgenagelte, geschmiedete Eisenbänder, später auch durch Holznägel und Holzdübel.
Man verwendete hauptsächlich Eichen-, Fichten-, Tannen-, Kiefern- und Lärchenholz.
Möbel aus dieser Zeit sind heute nur noch sehr selten vorhanden.

Gotischer Stil (1250 bis 1500)
Bemerkenswert in der Baukunst ist, daß nicht mehr die Mauern wie in der Romanik tragende Elemente sind, sondern schlanke Bündelpfeiler mit Spitzbogen und Rippen sowie Strebepfeiler mit Strebebögen. Bedeutende Bauwerke der Gotik sind die Münster zu Ulm, Freiburg und Straßburg, der Dom zu Köln und der Stephansdom in Wien.
Gotische Möbel sind reich mit geschnitzten Zinnen und kunstvoll geschnitzten Ornamenten verziert. Charakteristisch sind das faltenartige Flächenornament und das X-Ornament.
Bei der Herstellung von Truhentischen, Kastensitzen, Betten mit Baldachinen und Stollenschränken zeigt sich bereits die Kunst des Tischlers. Wir finden Rahmenwerk mit Füllungen, Zinken, Federn, Zapfen, Spundungen und Graten.
Zur Verarbeitung kamen nach wie vor einheimische Holzarten.

Renaissance (1500 bis 1600)
In der Renaissance (Wiedergeburt), die von Italien ausging, war die besondere Betonung der Horizontalen das Ideal der Baukunst. Typische Bauwerke sind die Rathäuser von Augsburg, Bremen und Lübeck und die Fassade des Palazzo Farnese in Rom.
Die Möbel wirkten wie Bauwerke, waren streng gegliedert und mit stark hervortretenden, zahlreichen Schmuckformen, wie Girlanden, Wappen, Menschen- und Löwenköpfen, Muscheln, Schnecken, nackten menschlichen Körpern usw. verziert.

Besondere Höhepunkte des 17. Jahrhunderts waren die Entwicklung der Furnier- und Intarsientechnik sowie die Herstellung von Rahmentäfelungen und Kassettendecken.

Neben Eiche, Buche, ungarischer Esche, Nußbaum und Ahorn waren auch überseeische Hölzer begehrt.

Barock (1600 bis 1700)
Die Baukunst der Barockzeit ist durch starke Bewegtheit in geschwungenen Grund- und Aufrißformen, Betonung der Kraft, reiches Schmuckwerk und malerische Gestaltung der Innenräume gekennzeichnet. Herrliche Bauwerke, wie z. B. die Fürstbischöfliche Residenz in Würzburg, die Wallfahrtskirche Vierzehnheiligen (beide von Balthasar Neumann erbaut), der Zwinger in Dresden und das Stift in Melk (Niederösterreich), entstammen der Barockzeit.

Die meist in Nußbaum, Eichenholz, Ebenholz und anderen überseeischen Hölzern gefertigten Möbel zeigen ungebundene Formen mit einem Zug ins Lebhafte, Fürstliche und Großartige und die Freude am freien, persönlichen Gestalten. Üppige Eleganz, Schweifungen, Verkröpfungen, feinste Profilierungen, Schnitzereien, Einlegearbeiten und Verzierungen mit Silber, Gold, Messing, Bronze, Perlmutt, Schildpatt und Halbedelsteinen machten das Möbel zum Prunkstück.

Die Möbel wurden gestrichen, bemalt oder hochglanzpoliert.

Rokoko (1700 bis 1750)
In den Grundformen des Rokoko, das vom französischen Hof ausging, verschwindet das Würdevolle und Prunkhafte des Barock. Die Außenfassaden der Bauten werden zart, vornehm-einfach und sparsam im Schmuck. Dagegen entfalten die Baumeister im Innern prachtvolle Schönheit. Bauwerke dieser Zeit sind z. B. das Schloß Sanssouci in Potsdam und die von Dominikus Zimmermann erbaute Wieskirche in Oberbayern.

Beim Möbelbau trat das Konstruktive völlig in den Hintergrund. Das Schmuckbedürfnis sowie die Gestaltung von schwungvollen, phantasiereichen, spielerischen und nach allen Seiten gewölbten Formen kannten keine Grenzen. Ansichten und Seiten der Möbel zeigen reiche, teils vergoldete und mit verschiedenen Lackfarben überzogene Schnitzereien.

Neben den in der Barockzeit verwendeten Hölzern verarbeitete man vor allem Mahagoni, Palisander und Rosenholz.
Ebenfalls in dieser Zeit entstanden in England die heute noch bekannten Chippendale-Möbel.

Klassizismus (1750 bis 1850)
Die Bauwerke dieser Zeit sind streng gegliedert und klar in der Form. Bekannte Bauwerke sind das Brandenburger Tor und die Alte Wache in Berlin, die Walhalla (Ruhmeshalle) bei Regensburg und das Rathaus in Baden bei Wien.

Im Möbelbau haben sich während dieser Stilepoche drei Richtungen entwickelt: Louis-seize-Stil (Zopfstil), Empirestil und Biedermeierstil.

Louis-seize-Stil (Zopfstil, 1750 bis 1800)
Diese Stilrichtung ging von Paris zur Zeit Ludwig XVI. aus. Nach der Übersättigung durch die Formen des Rokokostils strebte man wieder nach einfachen Formen mit ebenen, rechteckigen Möbelflächen und nach einer werkstoffgerechten Verarbeitung, hauptsächlich von Mahagoni.

Beliebt waren geschnitzte Blumenkränze, Rosen, Weinlaub, Palmwedel, Rosetten, Medaillons usw. und Beschläge aus Bronze, Messing oder Silber als Verzierung.

Empirestil (1800 bis 1830)
Der Empirestil (nach dem Kaiserreich Napoleons so benannt) brachte glatte, polierte Flächen aus Mahagoni mit aufgelegten sog. Bronzen aus Edelmetallen in Form von Lorbeerblättern, Waffen, Helmen, Liktorenbündeln, Urnen, Lyren, Vasen u. a. aus der Cäsarenzeit.

Diese Möbel sollten in erster Linie repräsentieren. Sie überdauerten die Zeit Napoleons nicht.

Biedermeierstil (1830 bis 1850)
Die Entwicklung dieses ersten bürgerlichen Stils zeigte wieder schlichte, einfache und klassische Formen. Besonderer Wert wurde auf Zweckmäßigkeit, gute Maßverhältnisse und beste Verarbeitung gelegt. Die Möbel, die auf kostbare Ornamente verzichteten, waren Musterbeispiele echter Handwerksarbeit.

An Hölzern verarbeitete man hauptsächlich Mahagoni, Kirschbaum, Esche und Birke und für Profilstäbe und Adern Nußbaum, Ebenholz, Buchsbaum und Ahorn. Die Flächen waren durchweg poliert. Das Ende der Biedermeierzeit bedeutete gleichzeitig das Ende der Blütezeit des Schreinerhandwerks.

Stile der Gegenwart (1850 bis heute)
Stillose Zeit (1850 bis etwa 1900)

Durch den Aufschwung der Technik in der zweiten Hälfte des 19. Jahrhunderts ging der Sinn der handwerklichen Gestaltung fast ganz verloren. Es entstanden Möbelformen in der Nachahmung alter Stile. Man arbeitete in Neuromanik, Neugotik, Neurenaissance (Altdeutsch) und von Frankreich aus in Neubarock.

Man bezeichnet diese Zeit als Zeit des Stilwirrwarrs oder des Stils des Historismus.

Jugendstil (etwa 1900 bis etwa 1910)

Der Wunsch, auf Nachahmungen historischer Ziele zu verzichten und neue, zeitgemäße Formen zu schaffen, führte um 1900 zur Gestaltung neuer Möbel mit Betonung des Werkstoffes und zweckgerechter Formgebung. Die Gestaltung entsprach in der Linienführung und der bizarren Pflanzenmotivornamentik der Formenwelt der Natur (z. B. geschwungene Möbelfronten, geschwungene Türgriffe und Notenständer usw.).

Der Jugendstil verklang wie eine Mode. Er hat der Stilnachahmung ein Ende gesetzt und machte dadurch den Weg für die neue Form der Sachlichkeit und Zweckmäßigkeit im Bauwesen und im Möbelbau frei.

Formen der Gegenwart

Der Anstoß für das „moderne" Möbel ging vom Bauhaus in Dessau aus, das von Walter Gropius 1926 errichtet wurde und zum erstenmal würfel- oder prismaförmige Gestaltung mit nüchternen Außenfassaden, aber betonter Zweckmäßigkeit der Räume im Innern zeigte. Zur modernen Baukunst gehören z. B. das UNO-Sekretariatsgebäude in New York, das Hansaviertel in Berlin, die Bauwerke von Le Corbusier, Mies van der Rohe, Nervi usw.

Die Möbel der heutigen Zeit zeichnen sich durch ebene, glatte Flächen ohne Ornamente und Profile aus. Schöne Holzmaserungen, z. T. mit Adern und dekorativen Furnierungen in verschiedenen Holzarten, beleben die Flächen. Diese Möbel entsprechen dem Wunsch einer zeitgemäßen Wohnkultur und dienen der harmonischen und zweckmäßigen Ausgestaltung moderner Wohnräume.

3. Maßeinheiten, Formelzeichen und Formeln aus dem Fachrechnen

3.1. Längenmaße

km, m, dm, cm, mm
Engl. Zoll (inch), engl. Fuß (foot, Mehrzahl feet)

1 m   = 40 000 000ster Teil des Erdumfangs
1 km = 1000 m = 10 000 dm = 100 000 cm
1 m   = 10 dm   = 100 cm   = 1000 mm
1 dm = 10 cm   = 100 mm
1 cm = 10 mm

Engl. Zoll (in.) und engl. Fuß (ft)

1 in. = 25,4 mm
1 ft = 12 in. = 30,48 cm = 304,8 mm

Benennung	Formelzeichen
Länge	l
Breite	b
Höhe (Dicke)	h
Radius (Halbmesser)	r
Durchmesser	d, ϕ

3.2. Flächenmaße

km², ha, a, m², dm², cm², mm²

1 km² = 100 ha   = 10 000 a   = 1 000 000 m²
1 ha   = 100 a   = 10 000 m²
1 a   = 100 m²
1 m²   = 100 dm² = 10 000 cm²
1 dm² = 100 cm²
1 cm² = 100 mm²

Benennung	Formelzeichen
Fläche	A
Querschnitt(sfläche)	S

3.3. Körper- und Hohlmaße

rm, m³, dm³, cm³, mm³, hl, l

1 rm = 1 m³ Raummaß, geschichtetes Holz mit Zwischenräumen
    1 rm Scheitholz = 0,7 bis 0,8 fm
    1 rm Stockholz = 0,45 fm
1 m³ = 1000 dm³ = 1 000 000 cm³
1 dm³ = 1000 cm³
1 cm³ = 1000 mm³

1 l = 1 dm³
1 hl = 100 l = 100 dm³

Benennung	Formelzeichen
Volumen, Rauminhalt	V

3.4. Stoffmenge (Masse)

t, kg, g, mg
Die Maßeinheit der Masse eines Körpers ist das Kilogramm (kg).

1 t = 1000 kg
1 kg = 1000 g
1 g = 1000 mg

Benennung	Formelzeichen
Masse	m

3.5. Kraft- oder Gewichtseinheiten

N (Newton), Dekanewton (daN), Kilonewton (kN) und Meganewton (MN)
Die Maßeinheit der auf einen Körper wirkenden Kraft ist das Newton (N).

  10 N = 1 daN   100 000 N = 1000 kN = 1 MN
1000 N = 1 kN

Benennung	Formelzeichen
Kraft, Last	F
Gewicht, Gewichtskraft	G

3.6. Dichte (DIN 1306)

Die Stoffmenge (Masse) eines Stoffes nennt man seine Dichte. Sie wird mit ϱ (rho) bezeichnet und mit t/m^3, kg/dm^3 oder g/cm^3 angegeben.
Die Dichte ϱ eines Stoffes ist der Quotient aus der Masse m und dem Volumen V.

3.7. Wichte, Normwichte (DIN 1306)

Das Gewicht (Gewichtskraft) eines Körpers ist der Unterschied zwischen der Anziehungskraft der Erde und der Fliehkraft infolge der Erdumdrehung. Man nennt die Gewichtskraft einer Raumeinheit = Wichte eines Körpers. Sie wird mit γ (gamma) bezeichnet und mit daN/dm^3 (Dekanewton je dm^3) angegeben.
Die Wichte γ eines Stoffes ist der Quotient aus der Gewichtskraft G und dem Volumen V.
Die Zahlenwerte der Dichte und der Wichte können bei Berechnungen gleichgesetzt werden.

3.8. Formeln

3.8.1. Flächenberechnungen

Rechteck, Quadrat und Parallelogramm

Flächeninhalt = Länge × Breite

$$A = l \cdot b$$

$$l = \frac{A}{b} \qquad b = \frac{A}{l}$$

Dreieck

Flächeninhalt = $\dfrac{\text{Länge} \times \text{Breite}}{2}$

$$A = \frac{l \cdot b}{2}$$

$$l = \frac{2A}{b} \qquad b = \frac{2A}{l}$$

Trapez

Mittlere Länge = $\dfrac{\text{große Länge} + \text{kleine Länge}}{2}$

$$l_m = \frac{l_1 + l_2}{2}$$
$$A = l_m \cdot b$$

Kreis

Flächeninhalt = $\dfrac{\text{Durchmesser} \times \text{Durchmesser} \times 3{,}14}{4}$

$$A = \frac{d \cdot d \cdot 3{,}14}{4} \text{ oder } A = d^2 \cdot 0{,}785$$

Die Flächenberechnung ist auch mit der Radiusformel möglich:
$$A = r \cdot r \cdot 3{,}14 \text{ oder } A = r^2 \cdot 3{,}14$$
Umfang = Durchmesser × 3,14

$$U = d \cdot 3{,}14 \qquad d = \frac{U}{3{,}14}$$

Kreisausschnitt (Sektor)

Flächeninhalt = $\dfrac{\text{Bogenlänge} \times \text{Radius}}{2}$

$$A = \frac{b \cdot r}{2}$$

Berechnung der Fläche nach gegebenem Winkel α ohne Bogenlänge:

$$A = r^2 \cdot 3{,}14 \cdot \frac{\alpha}{360}$$

Kreisabschnitt (Segmentbogen, Stichbogen)

Sehnenlänge = Spannweite

Flächeninhalt = Kreisausschnittsfläche − Dreiecksfläche

Flächeninhalt
$$= \frac{\text{Bogenlänge} \times \text{Radius}}{2} - \frac{\text{Spannweite (Radius} - \text{Stichhöhe})}{2}$$

$$A = \frac{b \cdot r}{2} - \frac{s\,(r - h)}{2} \text{ oder}$$

$$A = \frac{r\,(b - s) + h \cdot s}{2}$$

Berechnung des Flächeninhalts, wenn der Zentriwinkel α der Kreisausschnittsfläche bekannt ist:

$$A = \frac{\alpha \cdot 3{,}14 \cdot r^2}{360}$$

Berechnung des Radius:

$$\text{Radius} = \frac{\left(\dfrac{\text{Spannweite}}{2} \times \dfrac{\text{Spannweite}}{2}\right) + \text{Stichhöhe} \times \text{Stichhöhe}}{2 \times \text{Stichhöhe}}$$

$$r = \frac{\dfrac{s}{2} \cdot \dfrac{s}{2} + h \cdot h}{2h} \quad \text{oder} \quad r = \frac{\left(\dfrac{s}{2}\right)^2 + h^2}{2h}$$

Ellipse
Fläche = großer Durchmesser × kleiner Durchmesser × 0,785
$$A = d_1 \cdot d_2 \cdot 0{,}785$$
$$d_m = \frac{d_1 + d_2}{2}$$
$$U = d_m \cdot 3{,}14$$

3.8.2. Körperberechnungen

Würfel, Quader und Prismen (z. B. Bretter und Bohlen)

Volumen = Länge × Breite × Höhe
oder Volumen = Grundfläche × Höhe
$$V = l \cdot b \cdot h$$
oder $V = A \cdot h$

Zylinder

Volumen = Durchmesser × Durchmesser × 0,785 × Höhe

oder Volumen = Kreisfläche × Höhe

$$V = d \cdot d \cdot 0{,}785 \cdot h \quad \text{oder} \quad V = d^2 \cdot 0{,}785 \cdot h$$

oder $V = A \cdot h$

Kegelstumpf

Volumen = Mittelfläche × Höhe
$$V = d^2 \cdot 0{,}785 \cdot h$$

oder mittlerer Durchmesser $= \dfrac{\text{unterer } \phi + \text{oberer } \phi}{2}$

$$d_m = \frac{d_1 + d_2}{2}$$
$$V = d_m \cdot d_m \cdot 0{,}785 \cdot h$$
oder $V = A_m \cdot h$ (A_m = Mittelfläche)

Kugel

Oberfläche = Durchmesser × Durchmesser × 3,14
$$A = d^2 \cdot 3{,}14$$

Volumen $= \dfrac{\text{Durchm.} \times \text{Durchm.} \times \text{Durchm.} \times 3{,}14}{6}$

$$V = d^3 \cdot \frac{3{,}14}{6} \text{ oder } V = d^3 \cdot 0{,}524$$

2. Möglichkeit zur Gegenüberstellung:
$$V = \frac{4}{3} \cdot 3{,}14 \cdot r^3 \text{ oder } V = r^3 \cdot 4{,}188$$

3.8.3. Berechnung der Holzmenge (Masse)

Für die Mengenberechnung gilt:
Stoffmenge (Masse) = Volumen × Dichte
$$m = V \cdot \varrho \text{ in kg}$$
Dichte $\varrho = \dfrac{\text{Stoffmenge}}{\text{Volumen}}$
$$\varrho = \frac{m}{V} \text{ in kg/dm}^3$$

3.8.4. Berechnung von Gewichtskraft (Wichte)

Für die Berechnung der Gewichtskraft gilt:
Gewichtskraft = Volumen × Wichte
$$G = V \cdot \gamma \text{ in daN}$$
Wichte $\gamma = \dfrac{\text{Gewichtskraft}}{\text{Volumen}}$
$$\gamma = \frac{G}{V} \text{ in daN/dm}^3$$

3.8.5. Gewichtsverlust in %

Gewichtsverlust $= \dfrac{\text{Gewichtsverlust} \times 100}{\text{Grüngewicht}} = \%$

3.8.6. Holz- und Preis-Umrechnungen

m^3 in m^2 $= \dfrac{\text{Anzahl der } m^3 \times 1000}{\text{Holzdicke in mm}} = m^2$

m^3-Preis in m^2-Preis $= \dfrac{m^3\text{-Preis} \times \text{Holzdicke in mm}}{1000} = DM/m^2$

m^2 in m^3 $= \dfrac{\text{Anzahl der } m^2 \times \text{Holzdicke in mm}}{1000} = m^3$

m^2-Preis in m^3-Preis $= \dfrac{m^2\text{-Preis} \times 1000}{\text{Holzdicke in mm}} = DM/m^3$

m^3 in lfm $= \dfrac{m^3}{\text{Querschnitt in } m^2} = \text{lfm}$

m^3-Preis in Preis je lfm $= \dfrac{m^3\text{-Preis} \times \text{Querschnitt in } m^2}{1000} = DM/\text{lfm}$

3.8.7. Schwindverlust in %

Schwindverlust $= \dfrac{\text{Schwindverlust} \times 100}{\text{Rohmaß}} = \%$

3.8.8. Verschnittberechnung

Der Verschnittsatz bezieht sich immer auf die Fertigholzmenge (= 100 %)!

Verschnittmenge $= \dfrac{\text{Fertigholzmenge} \times \text{Verschnittsatz}}{100} = m^2$

Verschnittsatz $= \dfrac{\text{Verschnittmenge} \times 100}{\text{Fertigholzmenge}} = \%$

4. Anwendungsbeispiele und Aufgaben aus dem Fachrechnen

4.1. Maßstäbe

Maßstab in natürlicher Größe: M 1 : 1

Maßstäbe für Verkleinerungen: M 1 : 5; 1 : 10; 1 : 20; 1 : 50; 1 : 100; 1 : 200; 1 : 500; 1 : 1000

Maßstäbe für Vergrößerungen: M 2 : 1; 5 : 1; 10 : 1

Beispiel: In einer Zeichnung sind folgende Längen im M 1 : 10 dargestellt: 8,4 mm und 18,2 cm. Wie groß sind diese Längen in Wirklichkeit?

Lösung: $l_1 = 8,4$ mm $\cdot 10 = 84$ mm $= $ **8,4 cm**
$l_2 = 18,2$ cm $\cdot 10 = 182$ cm $= $ **1,82 m**

Aufgabe 1.1: Die Maße eines Möbels betragen in natürlicher Größe 63 cm, 58 cm und 35 cm. Wie groß sind die Maße bei Zeichnungen im Maßstab M 1 : 10 und M 1 : 20?

Aufgabe 1.2: Wie groß müssen folgende Längen im Maßstab M 1 : 5 und M 1 : 2,5 dargestellt werden: 22,5 cm; 0,60 m und 1,55 m?

4.2. Umwandlungen von englischen Zoll in mm

Auf dem Weltmarkt werden Hölzer in englischen Zoll gehandelt. 1 englischer Zoll (1 in.) = 25,4 mm.

Beispiel: Verwandeln Sie in mm: 7,5 in. und 12,5 in.!

Lösung: 7,5 in. $= 7,5 \cdot 25,4 = $ **190,5 mm**
12,5 in. $= 12,5 \cdot 25,4 = $ **317,5 mm**

Aufgabe 2.1: Verwandeln Sie in Zoll: 165,1 mm und 7,62 cm!

Aufgabe 2.2: Verwandeln Sie in mm: 9,0 in. und 24,5 in.!

4.3. Flächenberechnungen

l = Länge, b = Breite, d = Durchmesser,
A = Flächeninhalt, U = Umfang

Flächeninhalt von parallel besäumten Brettern, Rechteck, Quadrat und Parallelogramm

Bretter und Bohlen werden vorwiegend in m² gehandelt. Der Rauminhalt ergibt sich aus Flächeninhalt × Dicke (siehe auch bei Volumenberechnung!).

Beispiel: Ein Brett hat eine Länge von 4,20 m und eine Breite von 35 cm. Fläche in m²?

Lösung: Flächeninhalt = Länge × Breite
$$A = l \cdot b$$
$A = 4{,}20 \text{ m} \cdot 0{,}35 \text{ m} \qquad = \mathbf{1{,}47 \text{ m}^2}$

Aufgabe 3.1: Berechnen Sie die Fläche einer Holzdecke mit 70 quadratischen Feldern, wenn 1 Feld 0,80 × 0,80 m groß ist!

Aufgabe 3.2: Wie groß ist die Fläche einer Wandvertäfelung von 6,30×2,40 m, wenn sie durch eine Tür von 210×90 cm unterbrochen ist?

Beispiel: Ein Ausziehtisch hat eine Fläche von 2,56 m². Die Breite beträgt 83 cm. Berechnen Sie die Länge des Tisches!

Lösung: $l = \dfrac{A}{b}$

$l = \dfrac{2{,}56 \text{ m}^2}{0{,}83 \text{ m}} \qquad = \mathbf{3{,}08 \text{ m}}$

Aufgabe 3.3: Die Fläche eines Arbeitstisches beträgt 4,48 m². Wie lang ist der Tisch bei einer Breite von 1,12 m? Wieviel lfm Kantenleisten benötigen wir?

Beispiel: Ein Parkettboden hat eine Fläche von 22,00 m². Das Zimmer ist 5,00 m lang. Wie breit ist es?

Lösung: $b = \dfrac{A}{l}$

$b = \dfrac{22{,}00 \text{ m}^2}{5{,}00 \text{ m}} \qquad = \mathbf{4{,}40 \text{ m}}$

Aufgabe 3.4: Die Fläche eines Zimmerbodens beträgt 32,50 m². Das Zimmer ist 6,50 m lang. Berechnen Sie die Breite und den Verbrauch an Sockelleisten in lfm, wenn eine Tür mit 0,90 m Breite vorhanden ist!

Dreieck
Beispiel: Eine dreieckige Giebelwandverschalung ist in Richtung der Holzfaser gemessen 5,10 m hoch und 6,20 m breit. Berechnen Sie die Fläche!

Lösung: $A = \dfrac{l \cdot b}{2} = \dfrac{5{,}10 \text{ m} \cdot 6{,}20 \text{ m}}{2} = \mathbf{15{,}81 \text{ m}^2}$

Aufgabe 3.5: Wieviel m² Holz benötigt man für die Verschalung von 2 Giebelwänden in Dreiecksform mit je 4,50 m Länge und 11,00 m Breite?

Aufgabe 3.6: Zur seitlichen Einschalung von 2 dreieckigen Dachgauben wird Kiefernholz verwendet. Berechnen Sie den Holzbedarf, wenn eine Seite 1040 mm lang und 2500 mm breit ist!

Flächeninhalt von konisch besäumten Brettern und Bohlen

Beispiel: Berechnen Sie den Preis für 3 Tannenbretter mit einer Länge von 4,75 m und den beiden Breiten an den Hirnenden von 32 cm bzw. 28 cm bei einem m²-Preis von DM 6,70!

Lösung: Flächeninhalt = Länge × mittlere Breite

$$b_m = \frac{b_1 + b_2}{2}$$

$b_m = \dfrac{0{,}32 \text{ m} + 0{,}28 \text{ m}}{2} = 0{,}30 \text{ m}$
$A = 4{,}75 \text{ m} \cdot 0{,}30 \text{ m} \cdot 3 = 4{,}28 \text{ m}^2$
Preis $= 4{,}28 \text{ m}^2 \cdot 6{,}70 \text{ DM/m}^2 \quad \mathbf{= \text{DM } 28{,}68}$

Aufgabe 3.7: Berechnen Sie den Holzverbrauch in m² für 12 Fichtenbretter, die eine Länge von 4,30 m haben und an den Hirnenden 28 cm bzw. 24 cm breit sind!

Aufgabe 3.8: Wieviel m² ergeben 24 Blatt Lärchenfurniere bei einer Länge von 4,20 m und bei Breiten an den Hirnenden von 32 bzw. 26 cm? Berechnen Sie den Preis, wenn 1 m² DM 5,20 kostet!

Flächeninhalt von unbesäumten Brettern bis 39 mm Dicke

Beispiel: 2 unbesäumte Eichenbretter sind je 4,20 m lang und an der Schmalseite 35 cm bzw. 48 cm breit. Berechnen Sie den Flächeninhalt der Bretter in m²!

Lösung: Flächeninhalt =
Länge × mittlere Breite der Schmalseite (b_m)

$A = l \cdot b_m$
$A_1 = 4,20 \cdot 0,35$ m   = 1,47 m²
$A_2 = 4,20$ m $\cdot 0,48$ m   = 2,02 m²
$\overline{ A = \mathbf{3,49 \text{ m}^2}}$

Aufgabe 3.9: 3 unbesäumte Buchenbretter mit einer Dicke von 24 mm sind je 3,80 m lang und haben an ihrer Schmalseite Breiten von 32 cm, 38 cm und 42 cm. Wieviel m² ergeben sich für alle 3 Bretter zusammen?

Flächeninhalt von unbesäumten Bohlen ab 40 mm Dicke

Beispiel: Eine unbesäumte Eschenbohle, 65 mm dick, hat eine Länge von 5,40 m. Sie hat an der rechten Seite eine mittlere Breite von 32 cm und auf der linken Seite (Schmalseite) von 28 cm. Wie groß ist der Flächeninhalt?

Lösung:
Flächeninhalt =
Länge × $\dfrac{\text{mittl. Breite der Schmalseite} + \text{mittl. Breite der Breitseite}}{2}$

$A = l \cdot \dfrac{b_{m1} + b_{m2}}{2}$

$A = l \cdot b_m$
$b_m = \dfrac{0,32 \text{ m} + 0,28 \text{ m}}{2}$ = 0,30 m

$A = 5,40$ m $\cdot 0,30$ m   = **1,62 m²**

Aufgabe 3.10: Berechnen Sie den Flächeninhalt einer Eichenbohle, 65 mm dick und 5,60 m lang. Die mittlere Breite der Schmalseite beträgt 45 cm und die der Breitseite 51 cm. Wie teuer ist die Bohle, wenn 1 m² dieser Dicke DM 45,50 kostet?

Kreisfläche und Kreisumfang

Beispiel: Berechnen Sie die Fläche und den Umfang einer runden Tischplatte mit einem Durchmesser von 90 cm!

Lösung: $A = d^2 \cdot 0{,}785$

$U = d \cdot 3{,}14$

$A = 0{,}90 \text{ m} \cdot 0{,}90 \text{ m} \cdot 0{,}785 \qquad = \mathbf{0{,}64 \text{ m}^2}$

$U = 0{,}90 \text{ m} \cdot 3{,}14 \qquad\qquad\qquad = \mathbf{2{,}83 \text{ lfm}}$

Aufgabe 3.11: Berechnen Sie die Fläche und den Preis von 6 kreisrunden Glasscheiben bei einem Durchmesser von je 1,20 m, einem Verschnitt von 25 % und einem m²-Preis von DM 11,50!

Aufgabe 3.12: Wieviel m² hat die Mittelfläche bei einem Buchenstamm, wenn der untere Durchmesser 420 mm und der obere Durchmesser 360 mm beträgt?

Beispiel: 6 viertelkreisförmige Eckkonsolen haben einen Radius *r* von je 48 cm. Wieviel m² Holz werden für die Flächen bei 8 % Verschnitt benötigt?

Lösung: $A = \dfrac{d^2 \cdot 0{,}785}{4}$

$A = \dfrac{0{,}96 \text{ m} \cdot 0{,}96 \text{ m} \cdot 0{,}785 \cdot 6}{4} = 1{,}08 \text{ m}^2$

$\text{Verschnitt} = \dfrac{1{,}08 \text{ m}^2 \cdot 8}{100} \qquad = 0{,}09 \text{ m}^2$

$\text{Holzbedarf} = \mathbf{1{,}17 \text{ m}^2}$

Aufgabe 3.13: Ein Zimmer mit halbkreisförmigem Vorbau wird mit Parkett belegt. Die Maße des Zimmers sind 5,40×4,20 m, und der Durchmesser des Vorbaus mißt 2,40 m. Berechnen Sie den Holzbedarf!

Segmentbogen (Stichbogen)

s = Spannweite, h = Stichhöhe, r = Radius

Beispiel: Berechnen Sie den Radius für den Stichbogen eines Fensters mit einer Spannweite von 3,00 m und einer Stichbogenhöhe von 0,50 m!

Lösung: $r = \dfrac{\left(\dfrac{s}{2}\right)^2 + h^2}{2h}$

$r = \dfrac{\left(\dfrac{3,00}{2}\right)^2 + 0,50^2}{2 \cdot 0,50} = \dfrac{1,50^2 + 0,50^2}{1,00}$

$r = \dfrac{2,25 \text{ m}^2 + 0,25 \text{ m}^2}{1,00 \text{ m}} = \dfrac{2,50 \text{ m}^2}{1,00 \text{ m}} \qquad = \mathbf{2{,}50 \text{ m}}$

Aufgabe 3.14: Eine Haustür wird mit einem Stichbogen abgerundet. Die Spannweite beträgt 0,90 m und die Stichbogenhöhe 0,35 m. Wie groß ist der Radius r für den Stichbogen?

Ellipsenfläche und Ellipsenumfang

Beispiel: Eine ovale Tischplatte hat einen Durchmesser von 120 cm bzw. 80 cm. Berechnen Sie die Deckfurnierfläche in m² und das Kantenholz in lfm!

Lösung: $A = d_1 \cdot d_2 \cdot 0{,}785$

$U = \dfrac{d_1 + d_2}{2} \cdot 3{,}14$

$A = 1{,}20 \text{ m} \cdot 0{,}80 \text{ m} \cdot 0{,}785 \qquad\qquad = \mathbf{0{,}75 \text{ m}^2}$

$U = \dfrac{1{,}20 \text{ m} + 0{,}80 \text{ m}}{2} \cdot 3{,}14 = 1{,}00 \text{ m} \cdot 3{,}14 \quad = \mathbf{3{,}14 \text{ lfm}}$

Aufgabe 3.15: Berechnen Sie Fläche und Umfang einer ovalen Tischplatte in einem Sitzungssaal mit den Durchmessern 6,20 m und 2,30 m!

Aufgabe 3.16: Eine ovale Platte mit 140×70 cm wird abgesperrt und furniert. Wie groß sind Leimfläche und Leimverbrauch, wenn 160 g Leim für 1 m² ausreichen?

4.4. Volumenberechnungen von Brettern, Bohlen und Stammholz

l = Länge, b = Breite, h = Höhe (Dicke), d = Durchmesser,
A = Fläche, V = Volumen (Rauminhalt)

Bretter, parallel besäumt
Beispiel: 6 Fichtenbretter, 2,75 m lang, 28 cm breit und 30 mm dick werden eingekauft. Berechnen Sie den Inhalt und den Preis bei 2 % Skonto, wenn 1 m³ DM 280,– kostet!

Lösung: $V = l \cdot b \cdot h$

$$V = 2{,}75 \text{ m} \cdot 0{,}28 \text{ m} \cdot 0{,}03 \text{ m} \cdot 6 \qquad = 0{,}139 \text{ m}^3$$
$$\text{Preis} = 0{,}139 \text{ m}^3 \cdot 280{,}00 \text{ DM/m}^3 \qquad = \text{DM } 38{,}92$$
$$\text{Skonto} = \frac{38{,}92 \text{ DM} \cdot 2}{100} \qquad = \text{DM } 0{,}78$$
$$\text{Barzahlungspreis} = \textbf{DM 38,14}$$

Aufgabe 4.1: 5 Eschenbretter, 3,80 m lang, 32 cm breit und 24 mm dick werden verarbeitet. Berechnen Sie den Holzverbrauch in m³!

Aufgabe 4.2: Berechnen Sie den Barpreis für 4 Buchenbretter mit einer Länge von 4,20 m, einer Breite von 30 cm und einer Dicke von 35 mm bei einem m³-Preis von DM 290,– und einem Skontoabzug von 3 %!

Bretter, konisch besäumt
Beispiel: 5 Fichtenbretter, 4,25 m lang, untere Breite 26 cm, obere Breite 24 cm, Dicke 24 mm. Berechnen Sie das Volumen!

Lösung: $b_m = \dfrac{b_1 + b_2}{2}$

$V = l \cdot b_m \cdot h$

$$b_m = \frac{0{,}26 \text{ m} + 0{,}24 \text{ m}}{2} \qquad = 0{,}25 \text{ m}$$
$$V = 4{,}25 \text{ m} \cdot 0{,}25 \text{ m} \cdot 0{,}024 \text{ m} \cdot 5 \qquad = \textbf{0,127 m}^3$$

Aufgabe 4.3: Wie groß ist der Holzbedarf in m³ für 6 Tannenbretter, 4,60 m lang, untere Breite 23 cm, obere Breite 21 cm, Dicke 30 mm?

Aufgabe 4.4: Wie teuer sind 3 Eichenbretter mit 410 cm Länge, 40 cm bzw. 36 cm Breite und 40 mm Dicke, wenn 1 m³ DM 620,– kostet?

Unbesäumte, gleich breite Bohlen

Beispiel: 2 Eschenbohlen mit einer Dicke von 60 mm sind 380 cm lang und haben in der Mitte auf der rechten Holzseite eine Breite von 32 cm, auf der linken Seite 28 cm. Berechnen Sie den Rauminhalt in m³!

Lösung: $b_m = \dfrac{b_1 + b_2}{2}$

$V = l \cdot b_m \cdot h$

$b_m = \dfrac{0{,}32\text{ m} + 0{,}28\text{ m}}{2}$ $= 0{,}30$ m

$V = 3{,}80\text{ m} \cdot 0{,}30\text{ m} \cdot 0{,}06\text{ m} \cdot 2$ $\quad = \mathbf{0{,}137\ m^3}$

Aufgabe 4.5: 4 Eichenbohlen mit einer Dicke von 70 mm sind 390 cm lang. Die mittlere Breite auf der rechten Holzseite beträgt 36 cm und auf der linken Seite 32 cm. Berechnen Sie das Volumen!

Aufgabe 4.6: Wie teuer kommt eine Eschenbohle mit einer Länge von 3,80 m, den mittleren Breiten rechts 34 cm, links 30 cm und einer Dicke von 60 mm, wenn 1 m³ DM 370,– kostet?

Unbesäumte, konische Bohlen

Beispiel: Eine 60 mm dicke Eichenbohle ist 5,80 m lang. Am Stockende ist sie auf der rechten Holzseite 28 cm, auf der linken Seite 24 cm breit. Am Zopfende beträgt die Breite rechtsseitig 24 cm und linksseitig 20 cm. Wie groß ist der Rauminhalt?

Lösung: $b_m = \left(\dfrac{b_1 + b_2}{2} + \dfrac{b_3 + b_4}{2}\right) : 2$

$V = l \cdot b_m \cdot h$

$b_m = \left(\dfrac{0{,}28\text{ m} + 0{,}24\text{ m}}{2} + \dfrac{0{,}24\text{ m} + 0{,}20\text{ m}}{2}\right) : 2$

$= (0{,}26\text{ m} + 0{,}22\text{ m}) : 2$ $\quad = 0{,}24$ m

$V = 5{,}80\text{ m} \cdot 0{,}24\text{ m} \cdot 0{,}06\text{ m}$ $\quad = \mathbf{0{,}084\ m^3}$

Aufgabe 4.7: Eine 80 mm dicke Buchenbohle ist 6,20 m lang. Am Stockende hat sie auf der rechten Holzseite eine Breite von 38 cm und auf der linken Seite von 32 cm. Die Breiten am Zopfende betragen rechts 32 cm und links 26 cm. Berechnen Sie den Rauminhalt in m^3!

Kantholzberechnung

Beispiel: Der Querschnitt eines Tischbeins beträgt 50×50 mm und seine Länge 0,76 m. Berechnen Sie den Holzverbrauch für 12 Stück!

Lösung: $V = A \cdot h$

$V = 0{,}05 \text{ m} \cdot 0{,}05 \text{ m} \cdot 0{,}76 \text{ m} \cdot 12 \qquad \mathbf{= 0{,}023 \ m^3}$

Aufgabe 4.8: Für 3 Holzgestelle werden je 6 Füße mit einem Querschnitt von 60×60 mm und einer Länge von 128 cm benötigt. Wie groß ist der Holzverbrauch in m^3?

Aufgabe 4.9: Berechnen Sie den Preis für 8 Balken, die 6,10 m lang sind und einen Querschnitt von 20×24 cm haben, wenn 1 m^3 DM 280,– kostet!

Stammholzberechnung (Rundholzberechnung), normaler Stamm

Beispiel: Ein Buchenstamm ist 9,50 m lang und hat einen mittleren Durchmesser von 32 cm. Berechnen Sie den Inhalt in m^3!

Lösung: $V = d^2 \text{ m} \cdot 0{,}785 \cdot l$

$V = 0{,}32 \text{ m} \cdot 0{,}32 \text{ m} \cdot 0{,}785 \cdot 9{,}50 \text{ m} \qquad \mathbf{= 0{,}764 \ m^3}$

Aufgabe 4.10: Ein Kiefernstamm hat eine Länge von 10,60 m und einen mittleren Durchmesser von 30 cm. Berechnen Sie den Wert des Stammes bei einem m^3-Preis von DM 380,–!

Aufgabe 4.11: Holzeinkauf: 2 Nußbaumstämme, 5,30 m und 4,80 m lang, mittlere Durchmesser 36 cm bzw. 40 cm. Wie groß ist der m^3-Gehalt beider Stämme?

Stammholzberechnung, abholziger Stamm

Beispiel: Ein Birnbaumstamm hat eine Länge von 3,20 m. Der untere Durchmesser beträgt 46 cm, der obere 36 cm. Berechnen Sie den Preis, wenn 1 m³ DM 300,– kostet!

Lösung: $d_m = \dfrac{d_1 + d_2}{2}$

$$V = d^2_m \cdot 0{,}785 \cdot l$$

$d_m = \dfrac{0{,}46 \text{ m} + 0{,}36 \text{ m}}{2}$ = 0,41 m
V = 0,41 m · 0,41 m · 0,785 · 3,20 m = 0,422 m³
Preis = 0,422 m³ · 300,00 DM/m³ = **DM 126,60**

Aufgabe 4.12: Ein Kirschbaumstamm ist 3,80 m lang. Der Durchmesser am Stockende beträgt 42 cm und am Zopfende 32 cm. Berechnen Sie den Preis, wenn 1 m³ DM 360,– kostet!

4.5. Holzgewichtsberechnungen (Holzmasse)

m = Masse, ϱ = Dichte

Beispiel: Ein Eichenstamm ist 4,70 m lang, hat einen mittleren Durchmesser von 43 cm und eine Dichte von 1,10. Berechnen Sie das Gewicht!

Lösung: $m = V \cdot \varrho$

V = 0,43 m · 0,43 m · 0,785 · 4,70 m = 0,682 m³
m = 0,682 m³ · 1,10 t/m³ = **0,750 t**

Aufgabe 5.1: Der Stamm einer Pappel hat einen mittleren Durchmesser von 42 cm und eine Länge von 3,70 m. Wie schwer ist der Stamm in t bei einer Dichte von 0,50?

Aufgabe 5.2: Auf einem Langholzwagen werden folgende Stämme transportiert:
1 Kiefernstamm 6,20 m lang, mittl. ⌀ 38 cm, Dichte 0,52
1 Buchenstamm 5,80 m lang, mittl. ⌀ 40 cm, Dichte 0,74
1 Eichenstamm 5,90 m lang, mittl. ⌀ 62 cm, Dichte 0,87
Berechnen Sie die Last in t!

Beispiel: Ein Stamm hat ein Grüngewicht von 364,0 kg. Der Wassergehalt beträgt 54 %. Wieviel kg bzw. l sind das?

Lösung:

$$\text{Wasser} = \frac{364{,}0 \text{ kg} \cdot 54}{100} = 196{,}6 \text{ kg} \qquad = \mathbf{196{,}6 \text{ l}}$$

Aufgabe 5.3: Ein Stamm hat ein Grüngewicht von 1,261 t. Der Wassergehalt beträgt 52 %. Wieviel l Wasser enthält der Stamm?

Gewichtsunterschied

Beispiel: Eine Lärchenbohle wiegt naß 17,0 kg. Die Trockenmaße des Brettes sind 210 cm × 31 cm × 40 mm, Dichte 0,5. Wie groß ist die Gewichtsabnahme beim Trocknen in kg und in %?

Lösung: $m = V \cdot \varrho$

$$\text{Gewichtsverlust in \%} = \frac{\text{Gewichtsverlust} \times 100}{\text{Grüngewicht}}$$

$$\begin{aligned}
m_1 & & &= 17{,}000 \text{ kg} \\
m_2 &= 21{,}00 \text{ dm} \cdot 3{,}10 \text{ dm} \cdot 0{,}40 \text{ dm} \cdot 0{,}5 &&= 13{,}020 \text{ kg} \\
& & \text{Gewichtsverlust} &= \mathbf{3{,}980 \text{ kg}} \\
\text{Verlust} &= \frac{3{,}980 \text{ kg} \cdot 100}{17{,}000 \text{ kg}} & &= \mathbf{23{,}4 \%}
\end{aligned}$$

Aufgabe 5.4: Eine Lieferung frisches Rotbuchenholz von 12,0 fm wiegt 11,880 t. Die Dichte lufttrocken beträgt 0,74. Berechnen Sie den Gewichtsverlust in t und %!

Aufgabe 5.5: 1 m³ lufttrockenes Rüsternholz wiegt 690,0 kg, 1 m³ lufttrockenes Erlenholz 530,0 kg. Wie groß ist der Gewichtsunterschied in kg und %?

4.6. Schnittholzberechnung

Beispiel: Berechnen Sie den Holzpreis bei 20% Handwerkerrabatt und 2% Skonto für Eichenschnittholz lt. Lieferschein: Dicke 24 mm, Länge 4,50 m, Breiten 36, 38, 40, 39, 37 und 35 cm. Preis je m³ DM 610,—

Lösung: $V = l \cdot b \cdot h$

V	=	4,50 m · 2,25 m · 0,024 m	= 0,243 m³
Preis	=	0,243 m³ · 610,00 DM/m³	= DM 148,23
Rabatt	=	$\dfrac{148{,}23 \text{ DM} \cdot 20}{100}$	= DM 29,65
		Rechnungsbetrag	= DM 118,58
Skonto	=	$\dfrac{118{,}58 \text{ DM} \cdot 2}{100}$	= DM 2,37
		Barzahlungspreis	= **DM 116,21**

Aufgabe 6.1: Fichtenschnittholz in 22 mm Dicke wird eingekauft:
5 Bretter, 4,20 m lang, 12, 14, 16, 18 und 24 cm breit
6 Bretter, 4,70 m lang, 12, 13, 15, 18, 20 und 22 cm breit
4 Bretter, 3,80 m lang, 18, 20, 21 und 22 cm breit
Berechnen Sie die Menge in m³!

Aufgabe 6.2: Berechnen Sie den Holzpreis bei 18% Handwerkerrabatt und 3% Skonto für Fichtenbretter, 24 mm dick, besäumt: 20 Stück 4,75 m lang, 11 cm breit; 15 Stück 4,75 m lang, 12 cm breit; 14 Stück 4,75 m lang, 15 cm breit und 8 Stück 4,75 m lang, 18 cm breit. Preis je m³ DM 280,—!

4.7. Holz- und Preis-Umrechnungen

Umrechnung m³ in m²

Beispiel: Wieviel m² ergeben 2,4 m³ Fichte, 30 mm dick?

Lösung:
$$A = \frac{\text{Anzahl in m}^3 \times 1000}{\text{Holzdicke in mm}}$$

$$A = \frac{2{,}4 \cdot 1000}{30} = \frac{2400}{30} = \mathbf{80{,}00 \text{ m}^2}$$

Aufgabe 7.1: Wieviel m² ergeben 3,6 m³ Eiche, 24 mm dick?

Aufgabe 7.2: Berechnen Sie in m² : 6,5 m³ Buche, 40 mm dick!

Umrechnung von m³-Preis in m²-Preis

Beispiel: 1 m³ Eiche kostet DM 620,–. Berechnen Sie den Preis von 25,5 m², 30 mm dick!

Lösung: $\text{Preis} = \dfrac{\text{m}^3\text{-Preis} \times \text{Holzdicke in mm} \times \text{Menge in m}^2}{1000}$

$$\text{Preis} = \frac{620{,}00 \cdot 30 \cdot 25{,}5}{1000} \qquad = \text{DM } 474{,}30$$

Aufgabe 7.3: Berechnen Sie den Preis von 3,60 m² Tannenholz, 24 mm dick, wenn 1 m³ DM 280,– kostet!

Aufgabe 7.4: 1 m³ Buche kostet DM 310,–. Berechnen Sie den Preis von 6,80 m², 35 mm dick!

Aufgabe 7.5: Berechnen Sie den Preis von 15,5 m² Nußbaum, 18 mm dick, wenn 2,5 m³ DM 2050,– kosten!

Umrechnung von m²-Preis in m³-Preis

Beispiel: 1 m² Eiche, 35 mm dick, kostet DM 21,–. Berechnen Sie den Preis von 2,0 m³!

Lösung: $\text{Preis} = \dfrac{\text{m}^2\text{-Preis} \times 1000 \times \text{Menge in m}^3}{\text{Holzdicke in mm}}$

$$\text{Preis} = \frac{21{,}00 \cdot 1000 \cdot 2{,}0}{35} \qquad = \text{DM } 1200{,}00$$

Aufgabe 7.6: Berechnen Sie den Preis von 3,5 m³ Schnittholz, wenn 1 m² bei einer Dicke von 28 mm DM 15,40 kostet!

Aufgabe 7.7: Wie teuer kommen 6,2 m³ Eichenholz, wenn 1 m², 30 mm dick, DM 19,50 kostet?

4.8. Holzgestehungskosten

Beispiel: Wie teuer kommt 1 m² Birkenschnittholz, 24 mm dick, wenn 3,5 m³ DM 1050,— kosten. Hinzu kommen an Schnittlohn DM 80,— und Fuhrlohn DM 40,—. Der Schnittverlust beträgt 20 %. Wieviel % betragen die Unkosten?

Lösung:

$$V = 3{,}500 \text{ m}^3$$

$$\text{Schnittverlust} = \frac{3{,}5 \text{ m}^3 \cdot 20}{100} = 0{,}700 \text{ m}^3$$

$$\text{Schnittholz} = 2{,}800 \text{ m}^3$$

Preis = DM 1050,00
Schnittlohn = DM 80,00
Fuhrlohn = DM 40,00

= DM 120,00

Gesamtpreis = DM 1170,00

$$\text{Preis von 1 m}^2 = \frac{1170{,}00 \text{ DM} \cdot 24}{2{,}800 \cdot 1000} = \text{DM } \mathbf{10{,}00}$$

$$\text{Unkosten} = \frac{120{,}00 \text{ DM} \cdot 100}{1170{,}00 \text{ DM}} = \mathbf{10{,}3\,\%}$$

Aufgabe 8.1: Bei einer Holzversteigerung wurde ein Stamm mit einer Länge von 5,70 m und einem mittleren Durchmesser von 58 cm zu DM 480,— je m³ und ein zweiter Stamm mit einer Länge von 4,80 m und einem mittleren Durchmesser von 52 cm zu DM 360,— je m³ ersteigert. Nebenkosten: Fahrkosten und Zehrgeld DM 25,—, Fuhrlohn zum Sägewerk DM 26,—, Schnittlohn DM 60,— und Transport zur Werkstatt DM 28,—. Der Schnittverlust beträgt 20 %.

Wie teuer kommt 1 m² Schnittholz, 24 mm dick? Wie hoch sind die Nebenkosten in DM und %?

4.9. Schwindverlust

Beispiel: 10 Fichtenbretter haben folgende Maße: Naß 450 cm × 22 cm × 28 mm und getrocknet 450 cm × 19 cm × 27 mm. Wie groß ist der Schwindverlust in m³ und in %?

Lösung: $V = l \cdot b \cdot h$

$$\text{Schwindverlust in \%} = \frac{\text{Schwindverlust} \times 100}{\text{Rohmaß}}$$

$V_1 = 4{,}50 \text{ m} \cdot 0{,}22 \text{ m} \cdot 0{,}028 \text{ m} \cdot 10 \qquad = 0{,}277 \text{ m}^3$

$V_2 = 4{,}50 \text{ m} \cdot 0{,}19 \text{ m} \cdot 0{,}027 \text{ m} \cdot 10 \qquad = 0{,}231 \text{ m}^3$

$\qquad\qquad\qquad\qquad\qquad\qquad\text{Schwindverlust} = \textbf{0{,}046 m}^3$

$$\text{Schwindverlust} = \frac{0{,}046 \text{ m}^3 \cdot 100}{0{,}277 \text{ m}^3} \qquad = 16{,}6\,\%$$

Aufgabe 9.1: Ein Eichenbrett hat ein Grüngewicht von 14,3 kg. Nach dem Trocknen wiegt das Brett noch 13,0 kg. Wieviel % beträgt der Schwund?

Aufgabe 9.2: Ein Nußbaumstamm mit 3,860 m³ hat einen Schwundverlust von 15 %. Wie teuer kommt 1 m³ getrocknet, wenn der m³ DM 895,— kostet?

Beispiel: Ein Brett aus Fichtenholz ist grün 300 mm breit und schwindet beim Trocknen 8 %. Welche Breite hat es nach dem Trocknen?

Lösung:

$$\text{Schwund} = \frac{300 \text{ mm} \cdot 8}{100} \qquad = 24 \text{ mm}$$

$\qquad\text{Breite} = 300 \text{ mm} - 24 \text{ mm} \qquad\qquad \textbf{= 276 mm}$

Aufgabe 9.3: Ein rotbuchenes Mittelbrett ist grün 310 mm breit und schwindet 5,2 %. Welche Breite hat es nach dem Trocknen?

Aufgabe 9.4: Ein frisch eingeschnittenes Kiefernbrett ist 2,40 m lang, 36 cm breit und 35 mm dick. Der Schwindverlust beträgt 18 %. Berechnen Sie den Schwindverlust in m²! Wie groß ist der Inhalt in m³ nach dem Trocknen?

4.10. Verschnittberechnung

Beispiel: Aus einem Rohbrett mit 360×34 cm werden 4 Friese mit je 170×15 cm geschnitten. Wie groß ist der Verschnitt in m² und %?

Lösung: $\text{Verschnittsatz} = \dfrac{\text{Verschnittmenge} \times 100}{\text{Fertigholzmenge}}$

$A_1 = 3{,}60 \text{ m} \cdot 0{,}34 \text{ m}$ $= 1{,}22 \text{ m}^2$
$A_2 = 1{,}70 \text{ m} \cdot 0{,}15 \text{ m} \cdot 4$ $= 1{,}02 \text{ m}^2$
Verschnitt $= \mathbf{0{,}20 \text{ m}^2}$

$\text{Verschnittsatz} = \dfrac{0{,}20 \text{ m}^2 \cdot 100}{1{,}02 \text{ m}^2} = 19{,}6\,\% \approx \mathbf{20\,\%}$

Aufgabe 10.1: Aus einer Tischlerplatte von 1,52 m Länge und 0,78 m Breite wird eine ovale Tischplatte mit einem großen $\varnothing$ von 150 cm und einem kleinen $\varnothing$ von 76 cm angefertigt. Wie groß ist der Verschnitt in m² und %?

Aufgabe 10.2: Aus einem Buchenbrett von 3,50 m × 32 cm × 24 mm werden 8 Zargen mit 820×140×20 mm geschnitten. Berechnen Sie den Flächenverschnitt in m² und %!

Beispiel: Aufgrund einer Holzliste ergibt sich eine Fertigholzmenge von 25,2 m² Kiefernholz, 20 mm dick. Wie groß ist die Rohholzmenge bei einem Verschnittsatz von 30 %?

Lösung: $\text{Verschnittmenge} = \dfrac{\text{Fertigholzmenge} \times \text{Verschnittsatz}}{100}$

Fertigholzmenge $= 25{,}20 \text{ m}^2$
$\text{Verschnittmenge} = \dfrac{25{,}20 \text{ m}^2 \cdot 30}{100} = 7{,}56 \text{ m}^2$
Rohholzmenge $= \mathbf{32{,}76 \text{ m}^2}$

Aufgabe 10.3: Berechnen Sie den Holzverbrauch an Tischlerplatten für 6 Tische mit je 120×85 cm einschließlich 15 % Verschnitt!

Aufgabe 10.4: Wie groß ist die Verschnittmenge, wenn auf die Fertigholzmenge von 82,30 m² ein Verschnitt von 32 % anfällt?

4.11. Holzlisten- und Holzkostenberechnung

Beispiel: Holzliste für 20 Küchenhocker (nach Zeichnung) in Buche!
1 m³ Buche kostet DM 380,—.

Lösung auf Formblatt des VDT (Form F):

Gegenstand: _20 Küchenhocker_ Auftrag Nr. _____

Holzart: _Buche_ Auftraggeber: _____

Oberfläche: _lackiert_

Firmenstempel

Holzliste mit Verschnitt- und Preisberechnung

1	2	3	4	5	6	7	8	9	10	11	12	13	14	
Lfd. Nr.	Verwendung	Holzart Güteklasse	Stück-zahl	Fertigmaße Länge in cm	Fertigmaße Breite in cm	Fertig-dicke in mm	Flächen-inhalt in m²	Roh-dicke in mm	Rauminhalt in m³	Ver-schnitt in v.H.	Raum- (Flä-chen)-Inhalt +Verschnitt in m³ od. m²	Preis je m³ oder m²	Preis für die errechnete Menge DM	Pf
1	Platten	BU	20	38,0	38,0	14	2,89	18	—	20	3,47	6,84	23	73
2	Zargen	BU	80	30,0	6,0	25	1,44	30	—	20	1,73	11,40	19	72
3	Stollen	BU	80	44,0	4,0	40	1,40	45	—	20	1,68	17,10	28	73
												Summe	72	20

Aufgabe 11.1: Fertigen Sie eine Holzkostenberechnung für 2 Bücherregale in Tanne an! 1 m³ Tanne kostet DM 280,— und 1 m² Furnierplatte, 6 mm, DM 4,95. Bei der Berechnung ist für Tanne ein Verschnittsatz von 30% und für Furnierplatte 15% zu berücksichtigen.

Für die Berechnung der Holzliste sind folgende Maße gegeben:

MATERIALLISTE für die Fertigung
(Massivholz, Platten, Furnier, Kunststoffe usw.)

Auftrag: _2 Bücherregale in Tanne_

Lfd. Nr.	Verwendung	Material Qualität	Stück	Länge cm/mm	Breite cm/mm	Dicke mm	Roh-dicke mm	Netto-Menge in m²/m³/lfdm	Bemerkungen Zuschnittvermerke
1	Seiten	Tanne	4	92,0	36,0	20	24		
2	Oberer Boden	Tanne	2	57,5	29,0	20	24		
3	Fach	Tanne	2	57,5	31,5	20	24		
4	Fach	Tanne	2	57,5	34,0	20	24		
5	Unterer Boden	Tanne	2	57,5	36,5	20	24		
6	Rückwand	Fu-Platte	2	80,0	58,0	6	—		

Beispiel: Vereinfachte Darstellung einer Holzkostenberechnung

Für ein Gesellenstück ergeben sich folgende Posten:

Holzart	Nußbaum	Spanplatte
Holzdicke	24 mm	19 mm
Nettoverbrauch	0,62 m²	1,84 m²

Verschnittsätze: Nußbaum 55 %, Spanplatte 8 %.
Berechnen Sie die Holzkosten, wenn 1 m³ Nußbaum DM 980,– und 1 m² Spanplatte DM 6,– kosten!

Lösung:

Holzart	Nußbaum	Spanplatte
Holzdicke	24 mm	19 mm
Nettoverbrauch	0,62 m²	1,84 m²
Verschnittsätze	55 %	8 %
Verschnitt	0,34 m²	0,15 m²
Rohverbrauch	0,96 m²	1,99 m²
Preise je m²	DM 23,52	DM 6,00
Preise	DM 22,58	DM 11,94
Gesamtpreis	22,58 + 11,94	= **DM 34,52**

Aufgabe 11.2: Eine Holzliste ergab folgende Nettomengen:

Holzart	Kiefer	Buche
Holzdicke	22 mm	24 mm
Nettoverbrauch	2,04 m²	0,58 m²

Verschnittsätze: Kiefer 25 %, Buche 30 %.
Berechnen Sie die Holzkosten, wenn 1 m³ Kiefer DM 390,– und 1 m³ Buche DM 295,– kosten!

4.12. Furnierverbrauch

Beispiel: Berechnen Sie den Furnierverbrauch zum Absperren und Furnieren einer runden Tischplatte mit einem Durchmesser von 1,10 m! Absperrfurnier 30 % und Deckfurnier 40 % Verschnitt!

Lösung: $A = d^2 \cdot 0{,}785$

Absperrfurnier:

$$A = 1{,}10 \text{ m} \cdot 1{,}10 \text{ m} \cdot 0{,}785 \cdot 2 = 1{,}90 \text{ m}^2$$

$$\text{Verschnitt} = \frac{1{,}90 \text{ m}^2 \cdot 30}{100} = 0{,}57 \text{ m}^2$$

Sperrfurnier-Verbrauch = **2,47 m²**

Deckfurnier:

$$A = 1{,}10 \text{ m} \cdot 1{,}10 \text{ m} \cdot 0{,}785 \cdot 2 \qquad = 1{,}90 \text{ m}^2$$

$$\text{Verschnitt} = \frac{1{,}90 \text{ m}^2 \cdot 40}{100} \qquad = 0{,}76 \text{ m}^2$$

Deckfurnier-Verbrauch = **2,66 m²**

Aufgabe 12.1: Furniereinkauf: 24 Blatt Rüster, 3,60 m × 38 cm zu DM 3,40 je m², 32 Blatt Nußbaum, 3,20 m × 32 cm zu DM 6,20 je m² und 32 Blatt Eiche, 4,20 m × 42 cm zu DM 3,80 je m². Wie hoch ist der Rechnungsbetrag bei 8 % Gemeinkosten?

Aufgabe 12.2: 6 ovale Tischplatten mit je 120×80 cm Durchmesser werden abgesperrt und furniert. Berechnen Sie den Verbrauch an Absperrfurnier bei 25 % und an Deckfurnier bei 45 % Verschnitt!

4.13. Leimverbrauchsberechnung

Beispiel: Bei der Herstellung von 6,0 kg gebrauchsfertigem Kunstharzleim werden 25 Gewichtsteile Leim, 10 Teile Streckmittel und 15 Teile Wasser benötigt. Berechnen Sie die einzelnen Mengen!

Lösung:

Verhältnis der Gewichtsteile	= 25 : 10 : 15	
	= 5 : 2 : 3	= 10 Teile
1 Teil	= 6,0 kg : 10	= 0,600 kg
Leim	= 0,6 kg · 5 Teile	= 3,000 kg
Streckmittel	= 0,6 kg · 2 Teile	= 1,200 kg
Wasser	= 0,6 kg · 3 Teile	= 1,800 kg
	Leim	= **6,000 kg**

Aufgabe 13.1: Mischen Sie 1,5 kg gebrauchsfertigen Leim aus Lederleim, Schlämmkreide und Wasser im Verhältnis 10 : 2 : 5. Berechnen Sie die einzelnen Mengen!

Aufgabe 13.2: Wie teuer kommt 1 kg gebrauchsfertiger Leim aus Kunstharz, Streckmittel und Wasser im Verhältnis 25 : 10 : 15, wenn 1 kg Leim DM 3,20 und 1 kg Streckmittel DM 1,50 kosten (Wasser wird nicht berechnet)?

Beispiel: Ein zylindrischer Leimbehälter ist 24 cm hoch und hat einen Durchmesser von 18 cm. Wie groß ist der Inhalt in l?

Lösung: $V = d^2 \cdot 0{,}785 \cdot h$

$$V = 1{,}8 \text{ dm} \cdot 1{,}8 \text{ dm} \cdot 0{,}785 \cdot 2{,}4 \text{ dm} = 6{,}10 \text{ dm}^3 = \mathbf{6{,}10 \text{ l}}$$

Aufgabe 13.3: Ein zylindrischer Leimkanister hat eine Höhe von 50 cm und einen Durchmesser von 32 cm. Wieviel l Leim faßt der Kanister?

4.14. Berechnung von Glas

**Kristallspiegel-, Guß-, Verbund- und Sicherheitsglas:
Berechnungsmaße müssen bei Festmaßen durch 3 teilbar sein!**

Beispiel: Für ein Schlafzimmer werden 2 Glasplatten 53×31 cm und 1 Glasplatte 113×38 cm benötigt. Berechnen Sie den Preis, wenn 1 m² Dickglas, 6 mm, DM 47,— kostet!

Lösung: $A = l \cdot b$

$A_1 = 0{,}54 \text{ m} \cdot 0{,}33 \text{ m} \cdot 2$ $= 0{,}36 \text{ m}^2$
$A_2 = 1{,}14 \text{ m} \cdot 0{,}39 \text{ m}$ $= 0{,}44 \text{ m}^2$
$A = 0{,}80 \text{ m}^2$

Preis $= 0{,}80 \text{ m}^2 \cdot 47{,}00 \text{ DM/m}^2$ $= $ **DM 37,60**

Aufgabe 14.1: Für 6 runde Rauchtische mit einem Durchmesser von je 80 cm werden Glasplatten benötigt. Berechnen Sie den Verbrauch bei 25 % Verschnitt!

**Fensterglas: Frei- und Festmaße werden nach vollen Zentimetern von 1:1 cm steigend berechnet!
Immer zuerst die Breite und dann die Länge angeben!**

Beispiel: Für einen Neubau werden 40 Scheiben ED-Glas mit 39,5×119,5 cm gebraucht. Wie hoch sind der Verbrauch und die Kosten bei einem m²-Preis von DM 6,80?

Lösung: $A = l \cdot b$

$A = 0{,}40 \text{ m} \cdot 1{,}20 \text{ m} \cdot 40$ $= $ **19,20 m²**
Preis $= 19{,}20 \text{ m}^2 \cdot 6{,}80 \text{ DM/m}^2$ $= $ **DM 130,56**

Aufgabe 14.2: Für einen Bau werden 20 Scheiben MD-Glas mit 58×142 cm und 20 Scheiben mit 172×142 cm gebraucht. Wie hoch ist der Rechnungsbetrag bei 20 % Aufschlag für Zuschnitt und einem m²-Preis von DM 11,50?

4.15. Berechnung von Oberflächenbehandlungsmitteln

Beispiel: Eine Fläche von 12,80 m² wird gebeizt. 1 l Beize, die für 8,0 m² reicht, enthält 20 g Beizpulver (DM 38,— je kg) und $^1/_{20}$ l Salmiak (DM 2,80 je l). Die Arbeitszeit beträgt je m² 15 min bei einem Arbeitslohn von DM 5,40 je h. Berechnen Sie die Kosten!

Lösung:

```
          Beize       = 12,80 m² : 8,0 m²/l          = 1,60 l
          Beizpulver  = 1,60 l · 20 g/l = 32,0 g     = 0,032 kg
          Preis       = 0,032 kg · 38,00 DM/kg       = DM  1,22
          Salmiak     = 1,60 l · 0,05 l = 0,08 l
                      = 0,08 l · 2,80 DM/l           = DM  0,22
                                       Preis für Beize = DM  1,44
          Arbeitszeit = 12,80 m² · 15 min/m² = 192 min
          Lohn je min = 5,40 DM : 60 = DM 0,09
          Arbeitslohn = 192 min · 0,09 DM/min        = DM 17,28
                                        Gesamtkosten = DM 18,72
```

Aufgabe 15.1: 10 Möbelstücke mit einer Gesamtfläche von 26,60 m² werden gebeizt. 1 l Beize reicht für etwa 7,0 m² und enthält 30 g Beizpulver (DM 38,— je kg) und $^1/_{20}$ l Salmiak (DM 2,80 je l). Die Arbeitszeit beträgt je m² 12 min bei einem Stundenlohn von DM 5,70. Wie hoch sind die Kosten?

4.16. Ergebnisse zu den Übungsaufgaben im Fachrechnen

1.1 6,3 cm; 5,8 cm; 3,5 cm
3,15 cm; 2,9 cm; 1,75 cm
1.2 4,5 cm; 0,12 m; 0,31 m
9,0 cm; 0,24 m; 0,62 m
2.1 6,5 Zoll; 30,0 Zoll
2.2 228,6 mm; 622,3 mm
3.1 44,80 m^2
3.2 13,23 m^2
3.3 4,00 m; 10,24 m
3.4 5,00 m; 22,10 m
3.5 49,50 m^2
3.6 5,20 m^2
3.7 13,42 m^2
3.8 29,23 m^2; DM 152,—
3.9 4,26 m^2
3.10 2,69 m^2; DM 122,40
3.11 8,48 m^2; DM 97,52
3.12 0,12 m^2
3.13 24,94 m^2
3.14 0,46 m
3.15 11,19 m^2; 13,35 m
3.16 3,08 m^2; 492,800 g
4.1 0,146 m^3
4.2 DM 49,51
4.3 0,182 m^3
4.4 DM 115,94
4.5 0,371 m^3
4.6 DM 27,01
4.7 0,159 m^3
4.8 8,294 m^3
4.9 DM 655,76
4.10 DM 284,62
4.11 1,142 m^3
4.12 DM 146,88

5.1 0,256 t
5.2 2,454 t
5.3 655,72 l
5.4 3,000 t; 25,3 %
5.5 160,000 kg; 23,2 %
6.1 1,279 m^3
6.2 0,860 m^3; DM 191,54
7.1 150,00 m^2
7.2 162,50 m^2
7.3 DM 24,19
7.4 DM 73,78
7.5 DM 228,78
7.6 DM 1925,—
7.7 DM 4030,—
8.1 DM 14,60
DM 139,—; 11,3 %
9.1 9,1 %
9.2 DM 1052,97
9.3 293,880 mm
9.4 0,71 m^2; 0,025 m^3
10.1 0,30 m^2; 34 %
10.2 0,20 m^2; 22 %
10.3 7,04 m^2
10.4 108,64 m^2
11.1 DM 30,—
11.2 DM 27,20
12.1 DM 571,64
12.2 14,40 m^2; 16,70 m^2
13.1 0,882 kg; 0,177 kg; 0,441 kg
13.2 DM 1,90
13.3 40,19 l
14.1 3,86 m^2
14.2 DM 901,37
15.1 DM 35,18

5. Aus der Kalkulation

Sämtliche Beispiele und Zahlenangaben, die im folgenden Kapitel verwendet worden sind, dienen zum Verständnis und der Erfassung der Rechenvorgänge und sind für die Praxis unverbindlich.

5.1. Grundbegriffe und Arten der Kalkulation

Was versteht man unter dem Begriff Wirtschaft?
Man bezeichnet damit die planmäßige Tätigkeit der Menschen zur Erzeugung und Verteilung von Gütern.

Welche Arten von Gütern unterscheidet man?
Wir benötigen zur Befriedigung unserer Lebensbedürfnisse Erzeugungsgüter (Investitionsgüter) und Verbrauchsgüter (Konsumgüter).

Welche Gesichtspunkte gelten für die Preisgestaltung?
Der Preis ist der Wert einer Ware, ausgedrückt in dem neutralen Tauschmittel Geld. Er wird in erster Linie durch Angebot und Nachfrage, also durch den Markt, bestimmt.

Was bedeutet Rationalisierung?
Darunter versteht man ein genau durchdachtes und zweckmäßiges Verfahren, die Leistungen durch technische und organisatorische Verbesserungen und Vereinfachungen zu erhöhen und die Kosten zu senken, d. h., die Produktivität und damit die Wettbewerbsfähigkeit zu steigern.
Dies kann einerseits durch stärkere Mechanisierung bis zur Automation und andererseits durch Vereinfachung der Arbeitsmethoden und durch Verbesserung der Betriebsorganisation, der Lagerhaltung, des Materialflusses und der Arbeitsvorbereitung erreicht werden.

Welche Arten von Kosten entstehen in einem Betrieb?
Man unterteilt in:
1. Materialkosten, z. B. für Werkstoffe
2. Arbeitskosten, z. B. für Löhne und Gehälter
3. Kosten der Gesellschaft, z. B. für Steuern und Beiträge
4. Kosten für fremde Leistungen, z. B. für Versicherungen
5. Kapitalkosten, z. B. für Zinsen und Abschreibungen

Welche Kostenstellen ergeben sich bei einer Kalkulation?
Wir unterscheiden Kostenstellen für Werkstoffe (Material) und Kostenstellen für Verwaltung und Vertrieb (Kosten für die Geschäftsleitung).
Hinzu kommen die Fertigungskostenstellen für Handarbeit, Maschinenarbeit, Oberflächenbehandlungsarbeit und Montagearbeit.

Was versteht man unter festen und beweglichen Kosten?
Feste Kosten (fixe Kosten) sind Kosten der Betriebsbereitschaft, die ohne Rücksicht auf den Beschäftigungsgrad des Unternehmens unverändert bleiben (z. B. Abschreibungen am Anlagevermögen, Miete, Zinsen usw.).
Bewegliche Kosten (variable Kosten) sind Kosten, die sich je nach dem Beschäftigungsgrad ändern (z. B. Werkstoff- und Lohnkosten). Man unterteilt die beweglichen Kosten in proportionale, degressive, progressive und regressive Kosten.

Was versteht man unter proportionalen Kosten?
Das sind Kosten, die im gleichen Verhältnis wie der Umsatz steigen oder fallen, z. B. Kosten für Werkstoffe und Fertigungslöhne.

Was versteht man unter degressiven Kosten?
Diese Kosten, die unterproportional sind, entwickeln sich geringer als die Gesamtkosten, d. h., sie sind durch Rationalisierungsmaßnahmen abnehmend und bleiben auf die Dauer gesehen unterhalb der allgemeinen Kostenentwicklung.

Was versteht man unter progressiven Kosten?
Solche Kosten, auch als überproportionale Kosten bezeichnet, entstehen, wenn die Leistungsfähigkeit eines Betriebes durch Überforderung von Anlagen und menschlicher Arbeit überschritten wird. Die Kosten entwickeln sich dabei stufenweise fortschreitend.

Was versteht man unter regressiven Kosten?
Das sind rückläufige, zurückgehende Kosten, z. B. aufgrund eines Betriebsstillstandes durch Schäden an der Einrichtung und Überwachung (Konkurs).

Wie werden Kosten erfaßt und verrechnet?
Man trennt nach direkten (unmittelbaren) Kosten = Einzelkosten, indirekten (mittelbaren) Kosten = Gemeinkosten und evtl. Sonderkosten für Sonderleistungen.

Was bedeutet der Begriff Kalkulation?
Unter Kalkulation versteht man die genaue Kostenberechnung bei der Produktion von Werkstücken oder bei Reparaturarbeiten zur Ermittlung der Selbstkosten und zur Erzielung eines marktgerechten Preises.

Nennen Sie Mängel und Fehler beim Kalkulieren!
Schätzen, Angleichen an andere Angebote und Konkurrenzpreise sowie die Übernahme von Richt- oder Mindestpreisen ohne Überprüfung führen zu Fehlkalkulationen und schaden dem Betrieb.

Welche Kalkulationsarten unterscheidet man nach dem Zeitpunkt, an dem sie gefertigt werden?

1. **Vorkalkulation:** Preisberechnung vor Anfertigung und Auftragserteilung

2. **Nachkalkulation:** Preisberechnung nach Auftragsdurchführung

3. **Rückkalkulation:** Rückrechnung bei Richt-, Fest- und Marktordnungspreisen

4. **Begleit- und Zwischenkalkulation:** Ständige Erfassung der Kosten während der Fertigung über einen längeren Zeitraum hinweg (Ist-Kostenrechnung)

Welche Kalkulationsmethoden unterscheidet man?
Je nach Art, wie direkte Kosten (Einzelkosten) und indirekte Kosten (Gemeinkosten) in der Kalkulation auf die einzelne Leistungseinheit verrechnet werden, unterscheidet man:

1. **Zuschlagskalkulation:** Hauptsächlich bei der Einzelfertigung im Handwerk

2. **Divisionskalkulation:** Nur bei Serienfertigung
Gesamtkosten geteilt durch Anzahl ergibt den Preis.

3. **Äquivalenzziffern-Kalkulation:** Darunter versteht man eine Mischform zwischen Zuschlags- und Divisionskalkulation, bei der zur Preisermittlung Indexziffern (Wertmeßziffern) für einzelne Gebiete einer Produktion zugrunde gelegt werden können.

5.2. Aufbau der Kalkulation

Der in der folgenden Zusammenstellung dargestellte Kalkulationsaufbau entspricht dem vom VDT (**V**erband **D**eutscher **T**ischler) zugelassenen Formblatt. Für die Kalkulation gelten u. a. folgende Formblätter:

Bestell-Nr. D 1.1	Kalkulation (Vor- und Nachkalkulation) mit Materialliste und Zeitgliederung (auf der Rückseite)
Bestell-Nr. D 1.2	Vorkalkulation (Schnellkalkulation)
Bestell-Nr. D 2.1	Auftragskarte für die Auftragsbearbeitung
Bestell-Nr. D 2.2	Kleinauftrags-/Reparaturkarte
Bestell-Nr. D 2.3	Materialliste für die Fertigung
Bestell-Nr. D 2.4	Beschlag- und Zubehörliste
Bestell-Nr. D 3.1	Tagesarbeitszettel
Bestell-Nr. D 3.2	Wochenarbeitszettel
Bestell-Nr. Fm	Holzlisten mit Durchschlag
Bestell-Nr. Fo	Holzlisten ohne Durchschlag
Bestell-Nr. B/2.55	Kalkulationskarte
Bestell-Nr. E	Gemeinkosten-Erfassungs-Listen

(Erhältlich sind die Formblätter beim Konradin-Verlag, 7000 Stuttgart, Postfach 625.)

Beschreiben Sie den Aufbau und die Gliederung einer Kalkulation!
1. Werkstoffkosten (Fertigungsmaterial)
2. Fertigungslöhne: a) Maschinenarbeit
   b) Handarbeit
   c) Montagearbeit
3. Gemeinkosten: a) in % auf Werkstoffkosten
   b) in % auf Maschinenlöhne
   c) in % auf Handarbeitslöhne
   d) in % auf Montagelöhne
4. Sonderkosten der Fertigung (z. B. Bau- und Überstunden)

= **Selbstkosten** (Herstellungskosten) (Summen 1 bis 4)

5. Wagnis- und Gewinnzuschlag (in % auf Selbstkosten)
6. Sonderkosten des Vertriebs (z. B. Frachten, Verpackung)

= **Nettopreis** (Summen 1 bis 6)

Zählt man zum Nettopreis die Mehrwertsteuer (z. Z. 11%) hinzu, so erhält man den Angebots- bzw. Verkaufspreis (Bruttoverkaufspreis).

5.3. Glieder und Kostenarten der Kalkulation

Wie setzen sich die Werkstoffkosten zusammen?
Hierher gehören die Hauptwerkstoffe Holz und Furniere, Beschläge, Halbfabrikate, Hilfswerkstoffe (Verbindungsmittel und Mittel zur Oberflächenbehandlung) und evtl. Fremdleistungen.

Wie werden Werkstoffkosten berechnet?
Sämtliche Werkstoffe werden mengenmäßig in der Holzliste einschließlich des Verschnitts erfaßt bzw. aus der Zeichnung entnommen.
Die Berechnung erfolgt nach betriebseigenen Erfahrungen, nach Verbrauch und entsprechenden Tagespreisen (Nettopreise, d. h. ohne Mehrwertsteuer).

Nennen Sie Hauptwerkstoffe aus Holz!
Massivholz, Furniere, Furnierplatten, Tischlerplatten und Holzfaserplatten (Span-, Hartfaser- und Dämmplatten).

Welche Beschläggruppen werden kalkulatorisch erfaßt?
Sämtliche Beschläge zum Zusammenbau, Beweglichmachen und Verschließen sowie Griffe, Knöpfe usw. werden aus der Zeichnung und dem Beschrieb entnommen.

Zählen Sie Halbfabrikate auf!
Halbfabrikate sind Kunststoffe, Kunststoff- und Metallprofile, Glas, Linoleum, Leder, Marmor, Kacheln, Webstoffe, Drechsler- und Bildhauerzeugnisse sowie Halbfertigerzeugnisse aus Holz.

Welche Materialien zählen zu den Hilfswerkstoffen?
1. Verbindungsmittel: Leime, Kleber, Nägel, Schrauben, Dübel
2. Oberflächenbehandlungsmittel, z. B. Schleifmittel, Bleichmittel, Entharzer, Mittel zur Entfernung von Flecken, Verfärbungen und Leimdurchschlägen, Kitte, Beizen, Lichtschutzmittel, Grundierpräparate, Schleiföle, Mattierungen, Lacke, Polituren

Was ist der Unterschied zwischen Abfall und Verschnitt?
Abfälle sind verwertbare Abschnitte. Verschnitt entsteht durch Zugaben beim Aufreißen und für die Bearbeitung und ist Verlust.

Von welchen Faktoren ist die Verschnittmenge abhängig?
Sie ist abhängig von
1. der Art der Arbeit
2. der Güte der Werkstoffe und der Holzart
3. den Ansprüchen und Wünschen des Auftraggebers
4. den verfügbaren Maßen (Lager- oder Fixmaße)
5. dem Verantwortungsgefühl und Können des Zuschneiders

Wie kann die Verschnittmenge ermittelt werden?
Es gibt verschiedene Verfahren, z. B.:
1. Schätzen der Verschnittsätze in % aufgrund von Erfahrungen
2. Verschnittsätze aus der Literatur
3. Bestandsvergleiche zwischen Anfangs- und Endbestand
4. Vermessen und Berechnen des Gesamtbedarfs
5. Wiegen von Roh- und Zuschnittmenge

Wie berechnet man den Verschnittzuschlag?
Nach DIN 68201 erfolgt der Verschnittzuschlag in % grundsätzlich auf das Fertigmaß und zwar
1. als Flächenverschnitt auf Länge × Breite
2. beim Verschnitt in der Holzdicke wird die Rohholzdicke und nicht die Fertigholzdicke zugrunde gelegt und erst bei der Preisberechnung berücksichtigt.

Wie heißt die Formel zur Berechnung des Verschnittzuschlags auf die Fertigmenge?

$$\text{Verschnittzuschlag} = \frac{(\text{Rohmenge} - \text{Fertigmenge}) \times 100}{\text{Fertigmenge}} = \%$$

$$= \frac{\text{Schnittverlust} \times 100}{\text{Fertigmenge}} \text{ oder } Z\,(\%) = \frac{(R - F) \times 100}{F} = \frac{S \times 100}{F}$$

Wie heißt die Formel zur Berechnung des Verschnittabschlags auf die Rohmenge?

$$\text{Verschnittabschlag} = \frac{(\text{Rohmenge} - \text{Fertigmenge}) \times 100}{\text{Rohmenge}} = (\%)$$

$$= \frac{\text{Schnittverlust} \times 100}{\text{Rohmenge}} \text{ oder } V\,(\%) = \frac{(R - F) \times 100}{R} = \frac{S \times 100}{R}$$

Wie hoch können Prozentsätze für Holzverschnitt sein?
Richtsätze für Verschnitt können nur zum Vergleich herangezogen werden, und zwar bei Arbeiten, bei denen keine besonderen Erfordernisse und Schwierigkeiten auftreten:

Nadelschnittholz (Kiefer, Fichte, Tanne)	≈ 25–30 %
Lärche, Zirbelkiefer, Erle, Pappel, Linde	≈ 35 %
Rot- und Weißbuche, Rüster (Ulme), Esche	≈ 40 %
Eiche, Ahorn, Nußbaum, Obsthölzer	≈ 50 %
Sperr-, Span- und Faserholz: Lagermaße	≈ 15 %
Sperr-, Span- und Faserholz: Fixmaße	≈ 3 %
Furniere: Absperr- und Blindfurniere	≈ 25 %
Furniere: Schlichte Edelfurniere	≈ 40 %
Furniere: Maserfurniere und fladrige Furniere	≈ 50 %

Welche Lohnformen unterscheidet man?
Zeitlohn, Leistungslohn und Tantiemen (Gewinnanteil).
Zum Leistungslohn gehören Akkordlohn (Zeitakkord, Geldakkord, Mengen- und Stücklohn) und Prämien (Mengen-, Zeit- oder Materialersparnis-, Termin-, Güteprämie usw.) sowie Prämienkombinationen mit Zeitgrund- und Akkordlohn.

Nennen Sie die Grundlagen der Entlohnungsformeln!
Zeitlohn: Zeitlohn × Tariflohn (evtl. mit Zulagen)
Akkordlohn: Zeit und Leistungseinheit × Geldfaktor
Prämien: Grundlohn + Prämien verschiedenster Art

Wie berechnet man den Akkordlohn?
Er läßt sich aus der Akkordbasis bzw. dem gegebenen Minutenfaktor aus dem Tarif errechnen.
Ist die Akkordbasis nicht gegeben, so kann man sie sowie den Minutenfaktor, den Stücklohn und den Akkordlohn je Stunde folgendermaßen berechnen:

Zeitlohn + Mehrverdienst in % für Akkord = Akkordbasis in DM

$$\text{Minutenfaktor in Pf} = \frac{\text{Akkordbasis}}{60}$$

Stücklohn in Pf = Stückzeit (je min oder s) × Minutenfaktor
Stundenlohn bei Akkord = Stückzeit × Minutenfaktor × Stückzahl

Was versteht man unter Fertigungslöhnen?
Man unterscheidet:
1. Produktive Löhne, das sind reine, direkte und unmittelbare Löhne zur Fertigung eines Werkstücks
2. Unproduktive Löhne, das sind nicht direkt verrechenbare, mittelbare Löhne, auch als Hilfs- oder Verwaltungslöhne bezeichnet.

Zählen Sie Posten auf, die zu den unproduktiven Löhnen gehören!
Holz- und Werkzeugpflege, Aufräumungsarbeiten, Urlaub und zusätzliche Urlaubsgelder, bezahlte Feiertage, Entgelt des Meisters für Arbeitsüberwachung, Leitung und Führung des Betriebs, Ausarbeitung von Kostenvoranschlägen, Materialeinkäufe, Besuch der Berufsschule (Lehrlinge) usw.

Wie werden Fertigungslöhne berechnet?
1. Handarbeit: Arbeitszeit (lt. Stundenzettel) × Tariflohn bzw. Effektivlohn
2. Maschinenarbeit: Einmalige Einstellzeit + Arbeitszeit × Stückzahl

Was versteht man unter kalkulatorischer Abschreibung?
Abschreibung, kurz AfA (**A**bschreibung **f**ür **A**bnutzung) genannt, bedeutet eine Wertminderung von Betriebsgebäuden, Betriebs- und Büroeinrichtungen und Transportmitteln, die durch tatsächliche Abnutzung entsteht.

Welche Verfahren der Abschreibung werden angewandt?
1. Gleichmäßige, lineare Abschreibung, z. B. 10% vom Neuwert bis zum Erinnerungswert von DM 1,–
2. Ungleichmäßige, degressive Abschreibung, z. B. 50% vom jeweiligen Buchwert bis zum Erinnerungswert von DM 1,–

Was sind Gemeinkosten?
Darunter versteht man alle allgemeinen Kosten (allgemeine Geschäftskosten), die zur Aufrechterhaltung eines Betriebs notwendig sind. Sie erscheinen nur indirekt als prozentuale Zuschlagskosten.

Welche Arten von Gemeinkosten unterscheidet man?
Werkstoffbedingte Gemeinkosten, betriebsbedingte Gemeinkosten, verwaltungsbedingte Gemeinkosten, lohnbedingte Gemeinkosten, vertriebsbedingte Gemeinkosten und sonstige Gemeinkosten.

Nennen Sie werkstoffbedingte Gemeinkosten!
Kosten für die Beschaffung von Werkstoffen (z. B. Fracht, Verpakkung, Zoll), Verzinsung der Anschaffungskosten bei längerer Lagerung, Lagerverwaltungskosten und Kosten für Lagerverluste.

Zählen Sie betriebsbedingte Gemeinkosten auf!
Verzinsung von Anlage- und Betriebskapital, Abschreibung von Geschäftsgebäuden, Maschinen, Werkzeugen, Geräten und Transportmitteln, Werkzeugverbrauch für kurzlebige Werkzeuge und Maschi-

nen, Fremdreparaturen, Miete oder Mietwert, Reparatur und Instandhaltung der Geschäftsgebäude, Heizung, Beleuchtung, Reinigung des Betriebs, Schmier- und Putzmittel, Wasser- und Gasversorgung, Beiträge für Handwerksorganisationen, Betriebssteuern, Grundsteuer, Betriebsversicherungen usw.

Nennen Sie verwaltungsbedingte Gemeinkosten!
Portoausgaben für Post und Telefon, Abschreibung für Büromaschinen und Büroeinrichtung, Schreib- und Zeichenmaterial, Verluste durch uneinbringliche Forderungen, Fachbücher, Zeitschriften, Kosten für Betriebsfahrzeuge usw.

Zählen Sie lohnbedingte Gemeinkosten auf!
Soziallasten, soziale Zuwendungen (z. B. Gratifikationen, Fahrkostenerstattung u. a.), Kindergeld, Lohnfortzahlung im Krankheitsfall, unproduktive Löhne, Urlaubskosten und zusätzliche Urlaubsgelder, bezahlte Feiertage, Gehälter für mitarbeitende Familienangehörige, Entgelt des Betriebsinhabers usw.

Nennen Sie vertriebsbedingte Gemeinkosten!
Werbung, Provisionen, Geschenke, Geschäftsreisen, Verbandstagungen, Reklame, Ausstellungen usw.

Wie können Gemeinkosten verrechnet werden?
1. Prozentuale Verteilung auf die Werkstoffkosten eines Jahres (beim Tischler selten!)
2. Prozentuale Verteilung auf die Fertigungslöhne eines Jahres (in der Tischlerei fast immer!)
3. Prozentuale Verteilung auf die einzelne Arbeitsstunde
4. Prozentuale Verteilung auf Werkstoffkosten + Fertigungslöhne (beim Tischler selten!)
5. Prozentuale Verteilung auf das einzelne Werkstück bei Serienfertigung
6. Prozentuale Verteilung auf Maschinen allein bezogen
7. Prozentuale Verteilung auf die gesamte Werkstatt bezogen, z. B. bei Kleinbetrieben

Was versteht man unter nicht getrennter Zuschlagsart bei der Verrechnung der Gemeinkosten?
Hierbei werden die gesamten Gemeinkosten in einem einzigen Prozentsatz jeweils auf eine Bezugsgrundlage verrechnet, z. B. auf Werkstoffkosten, auf Fertigungslöhne, auf Herstellungskosten (Werkstoffkosten + Fertigungslöhne) oder auf die einzelne Arbeitsstunde.

Was versteht man unter gegliederter Zuschlagsart bei der Verrechnung von Gemeinkosten?

Will man eine genaue, direkte Verrechnung der Gemeinkosten erzielen, so gliedert man die Verrechnung auf, z. B. Verrechnung in Prozentsätzen auf die Werkstoffe und auf die Fertigungslöhne oder eine getrennte Verrechnung auf Werkstoffe, Fertigungslöhne und auf Herstellungskosten.

Wie berechnet man den Gemeinkostensatz bei nicht getrennter Zuschlagsart?

Beispiel:

$$\text{Gemeinkostensatz} = \frac{\text{Jahres-Gemeinkostensumme} \times 100}{\text{Produktive Jahreslohnsumme}} = (\%)$$

$$= \frac{55\,335{,}00 \cdot 100}{36\,890{,}00} = \mathbf{150\,\%}$$

Wie berechnet man den Gemeinkostensatz bei gegliederter Berechnung?

Beispiel:

1. Auf verarbeitete Werkstoffe:

$$\text{Gemeinkostensatz} = \frac{\text{Werkstoffgemeinkostensumme} \times 100}{\text{Werkstoffkosten eines Jahres}} = (\%)$$

$$= \frac{3316{,}00 \cdot 100}{33\,600{,}00} = \mathbf{10\,\%}$$

2. Auf Handarbeitslöhne:

$$\text{Gemeinkostensatz} = \frac{\text{Gemeinkosten für Bankarbeit} \times 100}{\text{Produktive Jahreslohnsumme}} = (\%)$$

$$= \frac{27\,700{,}00 \cdot 100}{25\,200{,}00} = \mathbf{110\,\%}$$

3. Auf Maschinenlöhne

$$\text{Gemeinkostensatz} =$$
$$\frac{\text{Gemeinkosten für Maschinenarbeit} \times 100}{\text{Produktive Jahreslohnsumme für Maschinenarbeit}} = (\%)$$

$$= \frac{9100{,}00 \cdot 100}{3792{,}00} = \mathbf{240\,\%}$$

Somit sind in diesem Geschäftsjahr für jede Arbeit auf die Werkstoffkosten 10 %, auf die Fertigungslöhne für Bankarbeit 110 % und auf die reinen Maschinenarbeitslöhne 240 % an Gemeinkosten hinzuzurechnen.

Nennen Sie Sonderkosten der Fertigung!
Zuschläge für Bau-, Überstunden-, Nacht- und Feiertagsarbeit (lt. Tarif), Wegegelder, Auslösungen, Montageauslagen, Trennungsentschädigung, Aufwandsentschädigung, Kosten für Entwürfe, Lizenzgebühren u. a.

Was versteht man unter Selbstkosten?
Das sind die Kosten, die jeder Betriebsinhaber zur Herstellung eines Werkstücks oder für eine Reparatur aufbringen muß. Dabei spielt es keine Rolle, ob die Arbeit für einen Kunden oder für den Unternehmer selbst ausgeführt wird.
Selbstkosten setzen sich aus Werkstoffkosten, Fertigungslöhnen, Gemeinkosten und evtl. Sonderkosten der Fertigung zusammen.

Welche Bedeutung haben Wagnis- und Gewinnzuschlag in der Kalkulation?
Der kalkulatorische Gewinn, auch Wagnis, Rücklage, Risikozuschlag oder Nutzen genannt, richtet sich nach dem Anteil der Werkstoffkosten innerhalb der Selbstkosten und fließt ausschließlich wieder dem Betrieb zu. Er liegt zwischen 10 und 20 % und wird prozentual den Selbstkosten zugeschlagen.

Beispiel: Selbstkosten $= DM\ 800,-$
Werkstoffkosten $= DM\ 120,-$

Lösung: Wagniszuschlag auf Selbstkosten $= \dfrac{120,00 \cdot 100}{800,00} = 15\%$

Nennen Sie Sonderkosten des Vertriebs!
Verpackung, eigene Transportkosten, fremde Transportkosten, Fracht- und Portogebühren, Transportversicherungen usw.

5.4. Ermittlung des Stundenverrechnungssatzes

Wie berechnet man den Stundenverrechnungssatz für die Kalkulation?

Bei nicht getrenntem Gemeinkostenzuschlag ergibt sich folgende Aufstellung:

Bezahlter Stundenlohn (Effektivlohn)		DM 5,60
Gemeinkostensatz = $\dfrac{5,60 \cdot 150}{100}$		DM 8,40
	Summe	DM 14,—
Wagnis- und Gewinnzuschlag = $\dfrac{14,00 \cdot 15}{100}$	=	DM 2,10
	Stundenverrechnungssatz	**DM 16,10**

Bei der Rechnungsausstellung kommt ein Mehrwertsteuersatz von z. Z. 11 % hinzu.

Ist der Gemeinkostenzuschlag aufgegliedert, so wird entsprechend der obigen Darstellung der Stundenverrechnungssatz für Bankarbeit und für Maschinenarbeit jeweils gesondert berechnet mit den für das laufende Geschäftsjahr gültigen Gemeinkostensätzen. In unserem angeführten Beispiel wurden für Bankarbeit 110 % und für Maschinenarbeit 240 % ermittelt.

Welche Unternehmerzuschläge gelten für öffentliche Bauleistungen?

Bei der Abrechnung für Bauleistungen aufgrund öffentlicher oder mit öffentlichen Mitteln finanzierter Aufträge kann nach der Verordnung PR 4/70 ein Zuschlag für Gemeinkosten und Risiko von zusammen 91 %, ausgehend vom Effektivlohn + 10 % Montagezuschlag, verrechnet werden. Hinzu kommen 6 % Zuschlag auf Stoffkosten und 6 % Zuschlag auf Kosten der Gerätevorhaltung.
Bei Betrieben, die nicht optiert haben, also nach wie vor 4 % Umsatzsteuer bezahlen, beträgt der Zuschlagssatz 99 % und der Zuschlag auf Stoffkosten und auf Kosten der Gerätevorhaltung je 10 %.

Der obengenannte Unternehmerzuschlag kommt nur dann zur Anwendung, wenn keine Werkstatt- und Maschinenarbeit anfällt. Ist dies der Fall, kann jeder Betrieb mit dem betriebseigenen Gemeinkostensatz kalkulieren.

5.5. Aufgaben zur Kalkulation

Beispiel: Für die Aufstellung eines Kostenvoranschlags zur Herstellung einer Anrichte in franz. Nußbaum, mattiert, wurden folgende Werte ermittelt:

Hauptwerkstoffe:	Holz und Furniere	DM
	lt. Materialliste	125,60
Hilfswerkstoffe:	3 Paar Anubabänder, je Paar	2,65
	2 Schlösser, je Stück	1,70
	2 Riegel, je Stück	—,30
	2 Schlüsselbüchsen, je Stück	—,25
	8 Fachträger, je Stück	—,06
	25 Schrauben, je Stück	—,03
	Oberflächenmaterial für 8 m², je m²	1,50
Fertigungslöhne:	Maschinenraum 5 Stunden, je	5,50
	Bankraum 20 Stunden, je	5,50
Gemeinkosten:	Auf Materialkosten	5 %
	Auf Maschinenarbeitslöhne	260 %
	Auf Handarbeitslöhne	120 %
Wagnis- und Gewinnzuschlag		15 %

Berechnen Sie den Nettopreis für die Anrichte (ohne Mehrwertsteuer)!

Lösung:

1. Schnellrechnung zur Preisermittlung für die Anrichte in Nußbaum

Werkstoffe lt. Aufstellung	DM 160,90
30 % Zuschlag für Gemeinkosten und Gewinn	48,25
	DM 209,15
Maschinenstunden 5,0 je DM 22,77	113,85
Handarbeitsstunden 20,0 je DM 13,92	278,40
Nettopreis	**DM 601,40**

Die Berechnung der Stundensätze für Hand- und Maschinenarbeit erfolgte wie in Kapitel 5.4 der Kalkulation (Ermittlung des Stundenverrechnungssatzes).

2. Lösung zur Preisermittlung für die Anrichte in Nußbaum

MATERIALLISTE für die Vorkalkulation

Lfd. Nr.	Verwendung	Material Qualität	Stück	Fertigmaße Länge cm/mm	Fertigmaße Breite cm/mm	Flächen-inhalt in m²	Roh-dicke mm	Netto-Menge m² m³ lfdm	Ver-schnitt %	Menge mit Verschnitt m² lfdm	Preis je Einheit DM		Errechneter Preis DM	
1	Seiten, Böden, Türen	Spanplatte	-	-	-	-	19			2,64	6	44	17	-
2	Fächer	Tischlerplatte	-	-	-	-	16			0,48	11	73	5	63
3	Ein- u. Vorleimer	Nußbaum	-	-	-	-	28			0,08	54	-	4	32
4	Rückwand	Furnierplatte	-	-	-	-	6			0,95	5	70	5	42
5	Stege u. Füße	Nußbaum	-	-	-	-	45			0,20	81	-	16	20
6	Kantenumleimer	Nußbaum	lfm	-	-	-	12			4,33	-	36	1	56
7	Kantenumleimer	Nußbaum	lfm	-	-	-	22			0,57	-	90	-	50
8	Außenfurnier	Nußbaum	-	-	-	-	-			2,10	26	32	55	27
9	Innenfurnier	Mahagoni	-	-	-	-	-			6,70	2	94	19	70
10														
11														
12														
13														
14														
15														
16														
17														
18														
19														
20														
21														
22														
													125	60

ZEITGLIEDERUNG für die Vorkalkulation

Arbeitsgänge im Maschinenraum	Min	Std	Arbeitsgänge im Bankraum	Min	Std	Arbeitsgänge auf Montage	Min	Std
Arbeit vorbereiten	30	0,50	Arbeit vorbereiten	300	5,00	Arbeit vorbereiten		
Massivholz zuschneiden	20	0,33	Verleimen, Umleimen	60	1,00	Liefern und		
Platten zuschneiden	20	0,33	Furnier zurichten			Aufstellen von Einzelmöbeln		
Abrichten	15	0,25	Furnieren			Verladen		
Dickenhobeln	15	0,25	Sonst. Beläge aufbringen			Transportzeit		
Formatsägen	20	0,33				Abladen		
			Rahmen/Korpus verleimen	60	1,00	Verteilen		
Kanten anleimen	30	0,50	Zusammenbauen	90	1,50			
Kanten bündig fräsen	10	0,17				Einbaustelle vorbereiten		
Furnier fügen u. verkleben	40	0,67	Beschläge einlassen	180	3,00			
Pressen	30	0,50	Anschlagen	60	1,00	Montieren		
Schlitzen, Stemmen								
Dübeln, Zinken	30	0,50	Schubkästen, Züge einbauen			Beschläge anbringen		
			Innenausstattung	30	0,50			
Profilieren			Putzen schleifen	90	1,50	Evtl. nacharbeiten		
Fälzen, Nuten	10	0,17	Glasleisten einsetzen					
Obenfräsen						Wegezeiten der Monteure		
Vierseitenfräsen, Kehlen								
			Oberfläche innen	240	4,00	Aufmaß nehmen		
Rahmen maschinell verleimen			Oberfläche außen					
Flächen/Kanten schleifen	30	0,50						
			Fertigmachen	90	1,50			
	300	5,00		1200	20,00			

272

auf Formblatt des VDT:

	Auftrag Nr.
KALKULATION	Auftraggeber: *Peter Müller*
	Auftrag *Anrichte in franz. Nußbaum*

Materialart: *Franz. Nußbaum*   Oberfläche: *natur mattiert*

Skizze, Maße, Zeichnungs-Nr.						Vorkalkulation DM | %	Nachkalkulation DM | %
			❶ Fertigungsmaterial				
					Übertrag	160,90 | 32	
			❷ Fertigungslöhne Vor-K. | Nach-K.				
			Masch'raum	5,0	Std. à 5.50	27,50	
			Bankraum	20,0	Std. à 5.50	110,-	
			Montage		Std. à		
					Std. à		
						137,50 | 27	

Hauptwerkstoffe	Vorkalkulation DM	Nachkalkulation DM	❸ Gemeinkosten		
lt. Materialliste			5 % auf die Materialkosten	8,05	
Holz und Furniere	125,60		260 % auf Maschinenraum-Löhne	71,50	
			120 % auf Bankraum-Löhne	132,-	
Hilfswerkstoffe			% auf Montage-Löhne		
Beschläge: je Einheit			% auf		
lt. Beschlagliste				211,55 | 41	
3 Paar Anubabänder 2.65	7,95		❹ Sonderkosten d. Fertigung		
2 Schlösser 1.70	3,40		Zuschläge		
2 Riegel -.30	-,60		auf Baustunden à		
2 Schüsselbüchsen -.25	-,50		auf Überstunden à		
8 Fachträger -.06	-,50		auf		
			% lohngeb. Gemeink. auf Zuschl.		
			Gerätevorhaltung:		
Leim (Kleber) 1,8 kg 3.-	5,40				
Schrauben 25 Stück -.03	-,75		Selbstkosten (Herstellkosten) (1+2+3+4)	509,95 | 100	| 100
Schleifmittel, Kleinmaterial -	3,-		❺ Wagnis + Gewinn		
Dichtungsmaterial			Vor- | Nach-Kalkulation 15 % | % der Selbstkosten	76,50	
Oberflächenmaterial					
8,80 m² 1.50	13,20		❻ Sonderkosten d. Vertriebs		
Halbfabrikate Fremdleistungen			Ausgangsfrachten		
			Provisionsverpflichtungen		
			Summe	586,45	
			Netto-Preis	586,-	
Fertigungsmaterial	160,90		Gewinn/Verlust		

Tag: *9.8.19..*   Zeichen: *(sig.)*

Umsatzsteuer bei der Angebotsabgabe, bzw. bei der Rechnungstellung, nicht vergessen!

273

Aufgabe 5.1: Bei der Aufstellung einer Kalkulation für einen Küchentisch in Rotbuche, gedämpft, wurden folgende Werte errechnet:

Werkstoffkosten lt. Materialliste einschließlich Beschläge, Halbfabrikate und Hilfswerkstoffe DM 75,15; Fertigungslöhne für Maschinenarbeit 2,5 Stunden zu je DM 5,80 und Fertigungslöhne für Handarbeit 14,0 Stunden zu je DM 5,60.

Für den Gemeinkostenzuschlag werden 10% auf Materialkosten, 240% auf Maschinenarbeitslöhne und 110% auf Handarbeitslöhne verrechnet. Der Wagnis- und Gewinnzuschlag beträgt 15% und der Mehrwertsteuersatz 11%.
Wie hoch ist der Netto- bzw. Bruttoverkaufspreis?

Aufgabe 5.2: Für die Fertigung und Montage eines Einbauschrankes in Teak, matt lackiert, ergab sich folgender Aufwand:

	DM
Holz und Furniere lt. Materialliste	590,—
Beschläge	160,—
Halbfabrikate	3,60
Hilfswerkstoffe (Leim, Oberflächenmaterial usw.)	130,30
Maschinenarbeitslöhne 20 Stunden zu je	5,90
Handarbeitslöhne einschließlich Montage 120 Stunden zu je	5,60
Gemeinkosten auf Materialkosten	5%
Gemeinkosten auf Maschinenarbeitslöhne	260%
Gemeinkosten auf Handarbeitslöhne	120%
Wagnis- und Gewinnzuschlag	15%
Mehrwertsteuer	11%

Wie teuer kommt der Einbauschrank einschließlich Montage?

5.6. Ergebnisse zu den Übungsaufgaben in Kalkulation

5.1 DM 341,10; DM 378,60
5.2 DM 3614,— (DM 3614,20)

6. Maßeinheiten und Formeln aus dem Maschinenrechnen

6.1. Berechnung von Riementrieben (Gegenscheiben)

d_1 = Durchmesser der treibenden Scheibe in mm
d_2 = Durchmesser der getriebenen Scheibe in mm
n_1 = Drehfrequenz der treibenden Scheibe in 1/min
n_2 = Drehfrequenz der getriebenen Scheibe in 1/min

Durchmesser $\times$ Drehfrequenz der treibenden Scheibe =
Durchmesser $\times$ Drehfrequenz der getriebenen Scheibe

$$d_1 \cdot n_1 = d_2 \cdot n_2$$

Hieraus ergibt sich:

$$d_1 = \frac{d_2 \cdot n_2}{n_1} \qquad n_1 = \frac{d_2 \cdot n_2}{d_1}$$

$$d_2 = \frac{d_1 \cdot n_1}{n_2} \qquad n_2 = \frac{d_1 \cdot n_1}{d_2}$$

6.2. Berechnung der Übersetzung nach DIN 868

Übersetzung $i = \dfrac{\text{Drehfrequenz der treibenden Scheibe } n_1}{\text{Drehfrequenz der getriebenen Scheibe } n_2}$ oder

$i = \dfrac{\text{Durchmesser der getriebenen Scheibe } d_2}{\text{Durchmesser der treibenden Scheibe } d_1}$

$$i = \frac{n_1}{n_2} = \frac{d_2}{d_1}$$

Aus $i = \dfrac{n_1}{n_2}$ kann man n_1 und n_2 berechnen:

$$n_1 = i \cdot n_2 \qquad n_2 = \frac{n_1}{i}$$

Aus $i = \dfrac{d_2}{d_1}$ kann man d_2 und d_1 berechnen:

$$d_2 = i \cdot d_1 \qquad d_1 = \frac{d_2}{i}$$

6.3. Bewegungslehre

6.3.1. Vorschubgeschwindigkeit
   (geradlinige und gleichförmige Bewegung)

v = Geschwindigkeit in m/s, m/min
s = Weg in m
t = Zeit in s, min, h

Unter Geschwindigkeit versteht man den in der Zeiteinheit zurückgelegten Weg.

$$\text{Geschwindigkeit} = \frac{\text{Gesamtweg}}{\text{benötigte Zeit}}$$

$$v = \frac{s}{t}$$

Weg = Geschwindigkeit × Zeit
$$s = v \cdot t$$

$$\text{Zeit} = \frac{\text{Weg}}{\text{Geschwindigkeit}}$$

$$t = \frac{s}{v}$$

6.3.2. Umfangs- bzw. Schnittgeschwindigkeit (kreisförmige Bewegung oder Rotation)

d = Durchmesser der Scheibe oder Welle in mm bzw. m
n = Drehfrequenz in 1/min
v = Umfangs- bzw. Schnittgeschwindigkeit in m/s

Umfangsgeschwindigkeit = Weg, den jeder Punkt auf dem Umfang eines sich drehenden Körpers zurücklegt

Schnittgeschwindigkeit = Umfangsgeschwindigkeit der Schneiden im Flugkreis

$$\left.\begin{array}{l}\text{Umfangsgeschwindigkeit}\\ \text{Schnittgeschwindigkeit}\end{array}\right\} = \frac{\text{Umfang in m} \times \text{Drehfrequenz in 1/min}}{60}$$

$$v = \frac{d \cdot 3{,}14 \cdot n}{60}$$

Merke: $\emptyset$ grundsätzlich in m einsetzen!

$$\text{Durchmesser} = \frac{\text{Geschwindigkeit} \times 60}{3{,}14 \times \text{Drehfrequenz}}$$

$$d = \frac{v \cdot 60}{3{,}14 \cdot n}$$

$$\text{Drehzahl} = \frac{\text{Geschwindigkeit} \times 60}{\text{Durchmesser} \times 3{,}14}$$

$$n = \frac{v \cdot 60}{d \cdot 3{,}14}$$

Als Faustformel für die Berechnung der Schnittgeschwindigkeit sich drehender und bandartig umlaufender Werkzeuge gilt:

$$\text{Schnittgeschwindigkeit} = \frac{\text{Drehfrequenz} \times \text{Flugkreisdurchmesser}}{1000}$$

$$v = \frac{n \cdot r}{1000}$$

Bei bandartig umlaufenden Werkzeugen bezieht sich r auf den Halbmesser des Antriebsrades.

7. Anwendungsbeispiele und Aufgaben aus dem Maschinenrechnen

7.1. Berechnung von Riementrieben (Gegenscheiben)

Berechnung der Drehfrequenz der treibenden Scheibe
Beispiel: Die Arbeitswelle einer Kreissäge macht 3150 1/min und hat einen Durchmesser von 80 mm.
Berechnen Sie die Drehfrequenz der treibenden Scheibe, wenn ihr Durchmesser 180 mm beträgt!

Lösung: $n_1 = \dfrac{d_2 \cdot n_2}{d_1} = \dfrac{3150 \text{ 1/min} \cdot 80 \text{ mm}}{180 \text{ mm}} = \mathbf{1400 \text{ 1/min}}$

Aufgabe 1.1: Eine getriebene Scheibe von 350 mm Durchmesser soll 450 1/min machen. Berechnen Sie die Drehfrequenz der Antriebsscheibe bei einem Durchmesser von 150 mm!

Berechnung der Drehfrequenz der getriebenen Scheibe
Beispiel: Berechnen Sie die Drehfrequenz einer Arbeitswelle, wenn der Motor 800 1/min macht, der Durchmesser der Motorscheibe 150 mm und der Durchmesser der getriebenen Scheibe 200 mm beträgt!

Lösung: $n_2 = \dfrac{d_1 \cdot n_1}{d_2} = \dfrac{800 \text{ 1/min} \cdot 150 \text{ mm}}{200 \text{ mm}} = \mathbf{600 \text{ 1/min}}$

Aufgabe 1.2: Die Antriebsscheibe einer Maschine hat 150 mm Durchmesser und eine Drehfrequenz von 960 1/min. Der Durchmesser der getriebenen Scheibe beträgt 300 mm. Wie groß ist ihre Drehfrequenz?

Berechnung des Durchmessers der treibenden Scheibe
Beispiel: Die getriebene Scheibe einer Arbeitsmaschine hat einen Durchmesser von 92 mm und eine Drehfrequenz von 6000 1/min. Wie groß ist der Durchmesser der treibenden Scheibe, wenn sie 2800 1/min macht?

Lösung: $d_1 = \dfrac{d_2 \cdot n_2}{n_1} = \dfrac{6000 \text{ 1/min} \cdot 92 \text{ mm}}{2800 \text{ 1/min}} = \mathbf{197 \text{ mm}}$

Aufgabe 1.3: Berechnen Sie den Durchmesser für die Antriebsscheibe einer Hobelmaschine, wenn sie 4500 1/min macht, die getriebene Scheibe aber 5200 1/min läuft und ihr Durchmesser 90 mm beträgt!

Berechnung des Durchmessers der getriebenen Scheibe

Beispiel: Wie groß ist der Durchmesser d_2 einer Kreissägenwelle, wenn $d_1 = 180$ mm, $n_1 = 1400$ 1/min und $n_2 = 3150$ 1/min sind?

Lösung: $d_2 = \dfrac{d_1 \cdot n_1}{n_2} = \dfrac{180 \text{ mm} \cdot 1400 \text{ 1/min}}{3150 \text{ 1/min}} = 80 \text{ mm}$

Aufgabe 1.4: Eine Kreissäge ist an einen Motor mit 2400 1/min angeschlossen. Der Durchmesser der Motorscheibe beträgt 200 mm. Wie groß ist der Durchmesser der getriebenen Scheibe bei einer Drehzahl von 3600 1/min?

7.2. Berechnung des Übersetzungsverhältnisses

Beispiel: Ein Motor läuft 4800 1/min und hat einen Scheibendurchmesser von 180 mm. Die getriebene Scheibe soll 7200 1/min erreichen. Wie groß sind der Durchmesser der Scheibe und das Übersetzungsverhältnis?

Lösung: $d_2 = \dfrac{d_1 \cdot n_1}{n_2} = \dfrac{180 \text{ mm} \cdot 4800 \text{ 1/min}}{7200 \text{ 1/min}} = 120 \text{ mm}$

$i = \dfrac{n_1}{n_2} = \dfrac{4800 \text{ 1/min}}{7200 \text{ 1/min}} = 2:3$ bzw. $= \dfrac{1}{1,5}$

Aufgabe 2.1: Ein Motor mit einer Drehfrequenz von 8500 1/man hat einen Wellendurchmesser von 120 mm. Wie groß sind Drehfrequenz und Übersetzungsverhältnis der mit Keilriemen getriebenen Arbeitswelle bei einem Durchmesser von 80 mm?

7.3. Berechnung der Vorschubgeschwindigkeit

Beispiel: An einer Abrichthobelmaschine werden in 3 h 720 m Bretter gehobelt. Wie groß ist die Vorschubgeschwindigkeit?

Lösung: $v = \dfrac{s}{t} = \dfrac{720 \text{ m}}{3 \text{ h}} = \dfrac{720 \text{ m}}{180 \text{ min}} = 4{,}00 \text{ m/min}$

Aufgabe 3.1: Mit welcher Vorschubgeschwindigkeit wurde an einer Dickenhobelmaschine gearbeitet, wenn in 4 h 1080 m Bretter bearbeitet wurden? (Zeitverlust ist nicht zu berücksichtigen.)

Berechnung des Weges

Beispiel: Ein Werkteil wird mit einer Geschwindigkeit von 3 m/min vorgeschoben. Wieviel m können in 2 h bewältigt werden?

Lösung: $s = v \cdot t = 3\,\text{m/min} \cdot 2\,\text{h} = 3\,\text{m/min} \cdot 120\,\text{min} = \mathbf{360{,}00\,m}$

Aufgabe 3.2: Wie groß ist die Leistung einer Dickenhobelmaschine in m bei einer Vorschubgeschwindigkeit von 6 m/min und einer Laufzeit von 8 h, wenn für Auf- und Abnehmen der Bretter 20 % Zeitverlust entstehen?

Berechnung der Zeit

Beispiel: Wieviel Zeit wird bei einer Vorschubgeschwindigkeit von 4 m/min und einer Vorschubleistung von 480 m benötigt?

Lösung: $t = \dfrac{s}{v} = \dfrac{480\,\text{m}}{4\,\text{m/min}} = 120\,\text{min} = \mathbf{2\,h}$

Aufgabe 3.3: Wieviel Zeit wird für das Abrichten von 20 Brettern mit einer Länge von je 4,20 m gebraucht, wenn mit einem Vorschub von 12 m in der Minute gearbeitet wird? (Reine Arbeitszeit)

7.4. Berechnung der Umfangs- bzw. Schnittgeschwindigkeit

Beispiel: Berechnen Sie die Umfangsgeschwindigkeit bei einer Motorscheibe, wenn die Drehfrequenz 3000 1/min und der Durchmesser 200 mm beträgt!

Lösung: $v = \dfrac{d \cdot 3{,}14 \cdot n}{60} = \dfrac{0{,}20 \cdot 3{,}14 \cdot 3000}{60} = \mathbf{31{,}40\,m/s}$

Merke: Da die Umfangsgeschwindigkeit in m/s angegeben wird, ist der Durchmesser in m einzusetzen!

Beispiel: Berechnen Sie die Schnittgeschwindigkeit eines Kreissägeblattes, wenn der Durchmesser 420 mm und die Drehfrequenz 2000 1/min beträgt!

Lösung: $v = \dfrac{d \cdot 3{,}14 \cdot n}{60} = \dfrac{0{,}42 \cdot 3{,}14 \cdot 2000}{60} = \mathbf{43{,}96\,m/s}$

Aufgabe 4.1: Berechnen Sie die Umfangsgeschwindigkeit bei einer Bandschleifmaschine mit einem Schleifrollen-Durchmesser von 400 mm und einer Drehfrequenz von 750 1/min!

Aufgabe 4.2: Bei einer Hobelmaschine beträgt der Durchmesser des Flugkreises der Messerschneide 90 mm. Wie groß ist die Schnittgeschwindigkeit bei 4800 1/min?

Berechnung des Durchmessers
Beispiel: Wie groß ist der Durchmesser einer Riemenscheibe, wenn bei 2250 1/min eine Umfangsgeschwindigkeit von 20 m/s erreicht werden soll?

Lösung: $d = \dfrac{v \cdot 60}{n \cdot 3{,}14} = \dfrac{20{,}0 \cdot 60}{2250 \cdot 3{,}14} = 0{,}1698 \text{ m} = \textbf{170 mm}$

Aufgabe 4.3: Wie groß ist der Durchmesser eines Kreissägeblattes, wenn bei einer Drehfrequenz von 3600 1/min eine Schnittgeschwindigkeit von 48 m/s erreicht werden soll?

Berechnung der Drehfrequenz
Beispiel: Welche Drehfrequenz macht eine Frässpindel, wenn die eingesetzte Schlitzscheibe einen Durchmesser von 420 mm hat und die Schnittgeschwindigkeit 30 m/s beträgt?

Lösung: $n = \dfrac{v \cdot 60}{d \cdot 3{,}14} = \dfrac{30 \cdot 60}{0{,}42 \cdot 3{,}14} = \textbf{1364 1/min}$

Aufgabe 4.4: Eine Schmirgelscheibe mit 250 mm Durchmesser soll eine Geschwindigkeit von 20 m/s nicht überschreiten. Welche Drehfrequenz darf eingeschaltet werden?

7.5. Ergebnisse zu den Übungsaufgaben im Maschinenrechnen

1.1	1050 1/min	**3.2**	2304,00 m
1.2	480 1/min	**3.3**	7 min
1.3	104 mm	**4.1**	15,70 m/s
1.4	133 mm	**4.2**	22,61 m/s
2.1	12 750 1/min;	**4.3**	255 mm
	Verhältnis 2 : 3	**4.4**	1529 1/min
3.1	4,50 m/min		

8. Wichtige Normen für den Tischler

Die Aufstellung erhebt keinen Anspruch auf Vollständigkeit.

8.1. Normen aus Werkstoff- und Arbeitskunde

DIN	95	Linsensenkholzschrauben mit Langschlitz
DIN	96	Halbrundholzschrauben mit Langschlitz
DIN	97	Senkholzschrauben mit Langschlitz
DIN	1 151	Runde Drahtnägel aus Flußstahl
DIN	1 152	Drahtnägel mit Stauchkopf
DIN	1 249	Glas (Tafelglas); Arten, Dicken und Maße
DIN	1 304	Allgemeine Formelzeichen
DIN	1 306	Dichte; Begriffe
DIN	4 071	Holzdicken von ungehobelten Brettern und Bohlen aus Nadel- und Laubholz
DIN	4 073	Holzdicken von gehobelten Brettern und Bohlen
DIN	4 076	Holzarten, Holzwerkstoffe und Verbundplatten, Klebstoffe, Holzschutzmittel; Begriffe, Benennungen und Kurzzeichen auf dem Holzgebiet
DIN	4 078	Sperrholzplatten, Furnierplatten und Tischlerplatten — Abmessungen (siehe auch DIN 68 705)
DIN	4 079	Furniere; Dicken (siehe auch DIN 68 330)
DIN	7 728	Kunststoffe; Kurzzeichen (Symbole)
DIN	16 926	Dekorative Schichtpreßstoffplatten A
DIN	18 051	Rahmengrößen für Blendrahmen- und Verbundfenster
DIN	18 052	Holzfensterprofile für Blendrahmenfenster
DIN	18 101	Wohnungstüren; Maße
DIN	18 361	Glasarten und Verglasungsarbeiten
DIN	68 120	Grundformen der Holzprofile
DIN	68 121	Holzfensterprofile für Isolierverglasung und Verbundfenster
DIN	68 706	Sperrtüren im Innenausbau
DIN	68 750	Holzfaserplatten; poröse und harte Holzfaserplatten
DIN	68 751	Kunststoffbeschichtete dekorative Holzfaserplatten
DIN	68 761	Holzspanplatten
DIN	68 800	Holzschutzmittel und Holzschutz im Hochbau
DIN	69 100	Schleifmittel mit Körnung, Härte, Gefüge und Bindung

Eine Reihe weiterer Normen befaßt sich u. a. mit Gütebedingungen von Holz für Bautischlerarbeiten und Parkett, mit Werkzeugen, Holzbearbeitungsmaschinen, Maschinenwerkzeugen, mit Halbfertigerzeugnissen aus Holz, Rolläden aus Holz, mit Bau- und Möbelbeschlägen usw.

8.2. Normen für das Fachzeichnen

DIN	6	Zeichnungen; Ansichten, Schnitte und besondere Darstellungen
DIN	15	Linien in Zeichnungen; Linienarten, Linienbreiten und Anwendungsbeispiele
DIN	16	Schräge Normschrft für Zeichnungen; Schriftgrößen, Mittelschrift und Engschrift
DIN	27	Darstellung von Gewinden, Schrauben und Muttern
DIN	30	Zeichnungen; Vereinfachung für Kleindarstellungen
DIN	199	Technische Zeichnungen; Benennungen und Zeichnungsarten
DIN	201	Zeichnungen; Schraffuren und Farben zur Kennzeichnung von Werkstoffen
DIN	406	Zeichnungen; Maßeintragung
DIN	476	Papierformate
DIN	823	Zeichnungen; Blattgrößen und Maßstäbe
DIN	824	Zeichnungen; Faltung auf A 4 für Ordner
DIN	919	Technische Zeichnungen für Holzverarbeitung; Grundlagen und technische Zeichnungen für serienmäßige Holzverarbeitung
DIN	6 782	Zeichnungen; Schriftfelder für Zeichnungen und Stücklisten
DIN	18 355	Technische Vorschriften für Tischlerarbeiten = Teil C der VOB (Verdingungsordnung für Bauleistungen)

Sachwortverzeichnis

Abachi	79
Abgewandelte Naturstoffe	131
Abpolieren	170
Abricht- und Fügemaschine	205
Abschreibung	266
Absperrfurniere	87, 94
Abziehsteine	184
Acrylglas	131
Äste	49
Afrormosia (Kokrodua)	81
Afzelia (Doussie)	79
Agba (Tola branca)	79
Ahorn	67
Akazie (Robinie)	73
Akkordlohn	265
Alpenfichte	63
Alter der Bäume	21
Aluminiumzulagen	103
Aminoplaste	125
Anreißwerkzeuge	177
Arbeiten des Holzes	36
Arbeitsräume	174
Assimilation	12
Atom	18
Aufbau des Holzes	10, 13
Aufbereitung des Holzes	20
Ausformen (Zopfen)	22
Auskesseln	22
Auskitten (Ausbessern)	159
Außenlackierungen	172
Avodire	79
Balsa	80
Bandsäge	202
Bankhaken	177
Bast	15
Baubeschläge	150
Bauglas	116
Bauholz, Bauschnittholz	28
Baumhöhenmessung	23
Bautischlerarbeiten	217
Bearbeitbarkeit von Holz	45
Beizen	160
Belagstoffe	132
Bergkiefer (Latsche)	65
Beschläge zum Lüften	154
Bewegungslehre	276
Bezahnung	203
Biegefestigkeit	43
Biegsamkeit	44
Birke	68
Birnbaum	69
Bläue	51
Blattgrün	12
Bleichmittel	159
Blindfurniere	87
Blindholz (Mittellagen)	94
Blitzgefährdete Hölzer	47
Blockverleimung	95
Blockware (Blochware)	26
Blutalbuminleim	110
Bohlenmaße nach DIN	29
Bohrmaschinen	209
Bohrwerkzeuge	186
Brasilkiefer	77
Breitenverbindungen	213
Brennen der Oberfläche	172
Brettbau	215
Bretteinschnitt	26
Brettermaße nach DIN	28
Bürsten der Oberfläche	172
Chemische Beizen	161
Chemisch-technische Eigenschaften	42
Chlorophyll	12
Dämmfähigkeit	41
Dämmplatten	97
Dämpfen des Holzes	27, 89
Darrgewicht	31
Dauerhaftigkeit des Holzes	45
DD-Lacke	167
Deckenverkleidungen	223
Deckfurniere	87
Derbholz	24
Desmodur	167
Desmophen	167
Dichte von Holz	40, 232, 235
Dichtstoffe (Kitte)	122
Dickenhobelmaschine	206
Dickenwachstum	12
Dickglas	118
Dispersionsleime	113
Doppelbeizen	162
Dornmaß bei Schlössern	147, 152
Douglasie (Oregon pine)	64
Drahtglas	119
Drehfestigkeit	43
Druckfestigkeit	42
Dübel (Stahlbolzen)	139
Duroplaste (Duromere)	124
Ebenholz	80
Eckverbindungen	213
Edelfurniere	87
Eibe (Taxus)	66
Eiche	69
Eigenschaften des Holzes	38
Einbohrbänder	143
Einkomponentenlacke	166
Einlegen von Adern	105
Einschnittarten	26
Elastizität des Holzes	44
Elastomere (Silikone)	124, 131
Elektrische Grundbegriffe	189
Elektromotor	195
Entharzen	158
Erdstamm	24
Erle	70
Esche	70
Fachrechnen, Formeln	230
Fällen des Holzes	20, 22

Farbbeizen	160
Farbhölzer, Holzfarbe	38
Fasersättigungspunkt	31
Faserzellen	16
Feilen	187
Feinheit (Textur) des Holzes	39
Fensterarten	219
Fensterbeschläge	153
Fensterglas	117
Fensterläden	220
Fensternormen	220
Fensterverschlüsse	154
Fertigungslöhne	265
Festigkeit des Holzes	42
Festmeter	23
Feuchtegleichgewicht	31
Feuchtemesser	32
Feuchtigkeitswerte	32, 37
Feuerschutzmittel	60
Fichte (Rottanne)	62
Fineline	91
Fixierbeizen	163
Flachpreßplatten	98
Fladerschnitt	13, 16
Flächenberechnung	232, 238
Flächenmaße	230
Fleckenentfernung	158
Flößen	25
Folien- oder Plastikkleber	114
Forche (Kiefer)	64
Fotosynthese	12
Fräsmaschinen	207
Freiwinkel	180, 182, 199, 204, 208
Frühholz	14
Furnier	87
Furnieradern	105
Furnierbezeichnung	89
Furnieren	100
Furnieren von Rundungen	105
Furnierfehler	103
Furnierplatte	92
Furnierpressen	102
Furnierverbrauchsberechnung	254
Furnierzulagen	103
Fußböden	221
Gabun (Okoume)	82
Gefäße	17
Gegenscheiben	275, 278
Gemeinkosten	266
Gemeinkostensätze	268
Geräte und Hilfswerkzeuge	188
Geruch des Holzes	39
Gesundheitsschädliche Hölzer	42
Gewichtsberechnungen	246
Gewichtsverlust	236, 247
Gewicht von Holz	40
Gewinnzuschlag	269
Glasabdichtung	123
Glasberechnung	256
Glas, Glasarten	116
Glutinleime	108, 110
Grundaufbaustoffe	11
Grundieren	164
Grundiermittel	59
Grundierpräparate	165
Güteklassen	24, 29, 93, 94
Gußglas	118
Härte des Holzes	41
Härter	112
Hainbuche (Weißbuche)	71
Halbfabrikate	9, 263
Halbfertigerzeugnisse	9, 30
Harthölzer	41
Hartholzbeizen	162
Hartmetalle	135
Harz	19
Harze, technische	126
Harzgallen	50
Hauptwerkstoffe	9, 263
Heilbronner Sortierung	25
Heizwert von Holz	42
Hemlock	76
Herzbrett	27
Hickory	80
Hilfswerkstoffe	10, 263
Hilfswerkzeuge	188
Hirnschnitt	13
Hobel	181
Hobelbank	176
Hobelmaschinen	205
Hoftüpfel	17
Holzarten	61
Holzbearbeitungsmaschinen	197, 201
Holzbeizen	160
Holzeigenschaften	38
Holzeinschnitt	25
Holzfällen	22
Holzfaserhartplatten	97
Holzfaserplatten	96
Holzfehler	45
Holzfeuchtigkeit	32
Holzgestehungskosten	250
Holzgewicht (Holzmasse)	40
Holzkrankheiten	51
Holzlagerplatz	34
Holzliste	253
Holzmeßanweisung	22
Holzprofile	214
Holzschädlinge	55
Holzschutzmittel	58
Holzschutzverfahren	59
Holzstapel	33
Holztransport	25
Holztrocknung	31, 33
Holz- und Preis-Umrechnungen	248
Holzverbindungen	212
Horizontalschnitt	13
Ilomba	80
Imprägnieren	171
Intarsie	105
Iroko (Kambala)	80
Isolierglas	122
Jacaranda	83
Jahresringe	13
Kalken	164
Kalkulation	259
Kalkulation-Formblätter	262
Kalkulationsarten u. -methoden	261
Kalkulationsaufbau	262

Kalthärterlacke	167
Kambala (Iroko)	80
Kambium	15
Kaseinleim	110
Kastanie	71
Kauresinleim	112
Keilwinkel	180, 182, 199, 204, 208
Kernbrett	27
Kernholzbäume, Kernholz	14
Kernreifholzbäume	15
Kiefer (Forche)	64
Kirschbaum	71
Kitte	122
Klappenbeschläge	146
Klappläden	155
Kleber	114
Knickfestigkeit	43
Kochen des Holzes	89
Körperberechnungen	234, 243
Körper- und Hohlmaße	231
Kokrodua (Afrormosia)	81
Kombinierte Beizen	162
Kondensationsleime	111
Konstruktionen	212
Kontaktkleber	114
Kostenarten	263
Kostenstellen	260
Kraftmaschinen	197
Kraft- oder Gewichtseinheiten	231
Kraftübertragung	197
Krankheiten des Holzes	51
Kreissäge	202
Kröpfungsarten (Beschläge)	141
Künstliche Trocknung	34
Kürschner	103
Kunstharzleime	111
Kunstharzpreßholz	93, 128
Kunststoffbeschichtete Platten	127
Kunststoffe	124
Kunststoffgläser	122
Lackauftrag	167, 170
Lackieren	166, 172
Lackierräume	175
Lackpolierverfahren	169
Längenmaße	230
Längenverbindungen	212
Längenwachstum	12
Lärche	66
Lasurbeizen	163
Laubhölzer	67, 78
Legierungen	135
Leimauftrag	101, 109, 113, 115
Leimdurchschlag	104, 157
Leime	106, 108
Leimfilm	114
Leimverbrauchsberechnung	255
Leimverfahren	112
Leimwülste	103
Leimzusätze	109
Leitfähigkeit	41
Libriformzellen	16
Lichtschutzmittel	164
Lignin	18
Limba	81
Linde	72
Linksschloß	152
Linkstür	219
Lösungsmittel	159
Lohnformen	265
Luftfeuchtigkeit, relative	32, 35
Macassar-Ebenholz	81
Mahagoni	81, 82
Makoré	82
Mammutbaum	77
Mansonia (Bete)	82
Markröhre	13
Markstrahlen	13, 17
Maschinen	197
Maschinenwerkzeuge	200
Maserfurniere	91
Maserknollen	47
Maserung	39
Maßstäbe	237
Mattieren	165
Mechanisch-technische Eigenschaften	42
Mehrkomponentenlacke	166
Mehrzweckmaschinen	210
Messerfurniere	88
Messerschlag	206
Meßkluppe	22
Meßzeuge	177
Metalle	134
Mittelbretter	27
Mittellagen	94
Mittelstamm	24
Modelschnitt	26
Möbelbänder	141
Möbelbeschläge	140
– zum Beweglichmachen	141
– zum Verschließen	147
– zum Zusammenbau	140
Möbelgestaltung	216
Möbelmaße	216
Möbelstile	225
Möbelteile	216
Möbeltischlerarbeiten	215
Möbeltüren	216
Molekül	18
Mooreiche	70
Nachbeizen	161
Nadelhölzer	62, 65
Nägel	135
Nährstoffe	12
Naßgewicht	31
Natürliche Trocknung	33
Nichtderbholz	24
Nichteisen-Metalle	134
Nitrozellulose-Lacke	166
Nitrozellulose-Mattierung	165
Nitrozellulose-Polituren	168
Normen	282, 283
Normung	176
Nußbaum	72
Oberflächenbehandlung	156
– Verbrauchsberechnung	257
– Vorsichtsmaßnahmen	173

Oberflächenschutz im Freien	171
Okoume (Gabun)	82
Oregon-Pine (Douglasie)	64
Ornamentglas	119
Osmose	16
Padouk	83
Palisander	83
Paneelplatte	93
Pappel	73
Parana	77
Parenchymzellen	16
Parkettböden	221
Patinieren	164
Phenoplaste	125
Pilzbefall	51
Pitch Pine	76
Platane	73
Plattenbau	215
Plattenförmige Holzwerkstoffe	92
Pockholz	83
Polieren, Polierverfahren	167, 169
Polituren	168
Polyäthylen	129
Polyamide	130
Polyesterharze	128
Polyesterlacke	170
Polyesterverfahren	169
Polymethacrylat	131
Polystyrol	129
Polyurethane	129
Polyurethan-Lacke	167
Polyvinylacetat	131
Polyvinylchlorid (PVC)	130
Poren	17
Porenfüller	168
Preisgestaltung	259
Preßschichtholz	128
Preßzeiten	102
Prismenschnitt	26
Produktive Löhne	265
Protoplasma	16
Quellen des Holzes	36
Quellmaße	37
Querschnitt	13
Radialfurniere	90
Radialschnitt	13, 15
Räucherbeizen, Räuchern	163, 164
Rahmenbau	215
Ramin	84
Raspeln	187
Rationalisierung	259
Rauhspund	30
Raummeter	23
Rechtsschloß	152
Rechtstür	219
Red Pine	76
Redwood (Sequoie)	76
Reifholzbäume, Reifholz	15
Reißen	37
Relative Luftfeuchtigkeit	32, 35
Reliefholz	93
Riemen, Riemenscheiben	198
Riementriebe	197, 278
Riftschnitte	27
Rinde, Borke	15
Robinie (Falsche Akazie)	73
Rohglas	119
Rohhobler	30
Rolläden	155
Rosenholz	84
Rotbuche	74
Rottanne (Fichte)	62
Rüster (Ulme)	74
Rundholzberechnung	22
Rundholzeinschnitt	26
Sägefurniere	88
Sägemaschinen	201
Sägen	178
Sägewerkmaschinen	25
Säurehärtende Lacke	167
Salmiakwachsbeize	163
Sandstrahlen, sandeln	172
Sapelli	84
Satinholz	84
Schabwerkzeuge	184
Schälfurniere	90
Schärfen	180, 184, 185, 205, 206
Schallwirkung beim Holz	41
Scharfschnitt	26
Scharniere	141
Schaumleimverfahren	112
Schellack	165, 168
Scherfestigkeit	44
Schichtholz	96
Schichtpreßstoffe	126
Schiebetürbeschläge	146
Schlagreife	21
Schleifflüssigkeiten	157
Schleifmaschinen	209
Schleifmittel	157
Schleiföle	165
Schloßteile	152
Schloßzubehör	152
Schlüsselarten	148, 153
Schlüsselringformen	148
Schmelzkleber	114
Schmuckgläser	119
Schnellkalkulation	271
Schnittgeschwindigkeit	200, 277, 280
Schnittholzberechnung	248
Schnittholz, Schnittholzmaße	28
Schnittrichtungen beim Stamm	13
Schnittwinkel	180, 182, 199, 204, 208
Schränken	180, 204
Schrauben	137
Schubfestigkeit	44
Schubkasten	216
Schwabbelpolierverfahren	169
Schwarten	27
Schwinden des Holzes	36
Schwundmaße	37
Schwundverlust	236, 251
Sehnenschnitt	13, 16
Seitenbretter	27
Selbstkosten	269
Sen	85
Sicherheitsglas	121
Silikone (Elastomere)	131
Sipo	85

Sitka-Fichte	63
Sommerfällung	21
Sondergläser	120
Sonderkosten	269
Spätholz	14
Spaltbarkeit	44
Spannwerkzeuge	188
Spanplatten	98
Speicherzellen	17
Sperrholz, Sperrholzarten	92
Sperr- und Dämmstoffe	133
Spezialgläser	121
Spezialhobel	183
Spiegelschnitt	13, 15
Spiritusbeizen (Spritbeizen)	161
Splintholzbäume, Splintholz	15
Spritzpistole	173
Stab- und Stäbchen-Mittellage	95
Stahl	134
Stahlbolzen (Dübel)	139
Stammeinteilung	23
Stammholzberechnung	22, 245
Stammponys	24
Stapelarten (Holzstapel)	33
Stech- und Stemmwerkzeuge	185
Ster	23
Sternholz	93
Stilgeschichte	225
Stoffmenge (Masse)	231, 235, 246
Stollenbau	215
Strangpreßplatten	98
Streckmittel	109
Streifen-Mittellage	95
Stromgefahren, Stromunfälle	196
Stützzellen	16
Stumpen	28
Stundenverrechnungssatz	270
Tafelglas	117, 120
Tangentialschnitt	13
Tanne (Weißtanne)	63
Teakholz	85
Teak, Oberflächenbehandlung	170
Thermoplaste (Plastomere)	124, 129
Thuya-Maser	77
Tischlerplatte	94
Topfzeit usw.	107, 108
Tracheen	17
Tracheiden	17
Treppenbau	223
Trockentemperatur	35
Trockenzeit	33
Trocknung	33, 34
Trocknungsschäden	35
Tüpfelzellen	17
Türbeschläge	150
Türen	217
Übersetzung	198, 275, 279
Überzugsverfahren	164
Ulme (Rüster)	74
Umfangsgeschwindigkeit	280
Unfallschutz	
— an Fräsmaschinen	208
— an Hobelmaschinen	206, 207
Unfallschutz	
— an Sägemaschinen	202, 205
— an Schleifmaschinen	210
Unfallverhütungsvorschriften	210
Unproduktive Löhne	266
Unterfurniere (Blindfurniere)	87
Unternehmerzuschläge	270
Vegetationspunkte	12
Verblauung des Holzes	51
Verbrauchsstoffe	10
Verdünnungsmittel	159
Verfärbungen	158
Verklebung	115
Verleimung	106
Verschnitt	264
Verschnittberechnung	236, 252
Verschnittsätze für Holz	265
Versiegeln	167
Verstäbungen	222
VOB	217
Volumenberechnung	243
Vorbeizen	161
Vorschubgeschwindigkeit	201, 276, 279
Wachs-Metallsalz-Beize	163
Wachstum des Baumes	10
Wachstumsschicht	12, 15
Wärmeeigenschaften des Holzes	41
Wässern von Holz	89, 157
Wagniszuschlag	269
Waldformen	20
Wald, Waldgebiete	20
Wandvertäfelungen	222
Wasserbeizen	161
Wasserhaushalt des Baumes	11
Weichhölzer	41
Weide	75
Weißbuche (Hainbuche)	71
Wellingtonia (Mammutbaum)	77
Wenge	86
Werkholz	28
Werkstatt	174
Werkstoffe auf Holzbasis	9
Werkzeuge	176
Weymouthskiefer (Strobe)	65
Whitewood	86
Wichte, Normwichte	232, 235
Windschiefwerden	37
Winterfällung	21
Zebrano (Zingana)	86
Zeder	77
Zelle, Zellarten	16
Zellgewebe	18
Zellsaft	19
Zellulose	18
Zinkzulagen	103
Zirbelkiefer (Arve)	65
Zitronenholz	86
Zoll (engl.)	237
Zopfen (Ausformen)	22
Zopfholz	24
Zugfestigkeit	43
Zwetschge	75

Hydraulik

Nach welchen Methoden kann die Übertragung von Kräften und Bewegungen erfolgen?
Man unterscheidet:
Mechanische Übertragung   (durch Maschinenteile)
Elektrische Übertragung   (durch elektrodynamische oder elektromagnetische Kraftlinien)
Pneumatische Übertragung (mittels Druckluft)
Hydraulische Übertragung (mittels Flüssigkeiten)
Kombinierte Einheiten zur Übertragung von Kräften und Bewegungen, z. B. hydraulische Geräte, die pneumatisch gesteuert werden.

Was versteht man unter dem Begriff „Hydraulik"?
„Hydraulik" ist die Lehre von den Bewegungen und von den Gleichgewichtszuständen von Flüssigkeiten.

Welche Arten von Hydraulikanlagen unterscheidet man?
Hydraulikanlagen arbeiten entweder nach dem hydrostatischen oder nach dem hydrodynamischen Prinzip.

Erklären Sie das Arbeitsprinzip bei hydrostatischen Hydraulikanlagen!
Flüssigkeiten lassen sich nicht zusammendrücken. Es entsteht dadurch Druckenergie, die über die Hydraulikflüssigkeit (z. B. Öl) in Arbeit umgewandelt wird.

Was versteht man unter hydrodynamischem Arbeitsprinzip?
Die Kraftübertragung erfolgt durch Strömungsenergie. Nach diesem Prinzip arbeiten vor allem hydrodynamische Getriebe im Kraftfahrzeug- und Lokomotivbau.

Was bedeutet „Hydraulik" bei der technischen Anwendung von Flüssigkeiten?
Im technischen Sinne umfaßt Hydraulik Antriebs-, Regel- und Steuervorrichtungen, deren Kräfte und Bewegungen mit Hilfe des Drucks von Flüssigkeiten erzeugt werden.

Welche Flüssigkeiten werden bei der Hydraulik verwendet?
Wasser, Öl oder Glyzerin.

Beschreiben Sie den Aufbau einer Hydraulikanlage (Bauelemente)!
1. Aufbewahrungselement (Ölbehälter)
2. Filter
3. Druckerzeuger (Hydropumpe)
4. Druckeinstellelement (Druckbegrenzungsventil)
5. Stromeinstellelement (Drosselventil)
6. Steuerelement (Wegeventil)
7. Sicherheitselement (Sicherheitsventil)
8. Arbeitselement (Motor oder Arbeitszylinder)

Schildern Sie den Vorgang der Energieübertragung bei hydraulischen Anlagen!
Zunächst erfolgt die Umwandlung der mechanischen Energie des Antriebs (z. B. Elektromotor) in „hydraulische" Energie mit Hilfe der Hydropumpe (Druckölerzeuger).
Dann wird die „hydraulische" Energie durch den Druckölstrom von der Pumpe über die Regel- und Steuerelemente zu den hin- und hergehenden Arbeitszylindern oder den Hydromotoren übertragen.
Schließlich wird die „hydraulische" Energie durch den Arbeitszylinder oder Hydromotor (Druckölverbraucher) wieder in mechanische Energie umgewandelt.

Welche Aufgaben haben die Regel- und Steuerelemente?
Sie leiten den Druckölstrom an die Druckölverbraucher und regeln durch Ventile oder Schieber die Druck- und Durchflußgeschwindigkeit.

Nennen Sie Bereiche, wo hydraulische Einrichtungen Anwendung finden!
Anwendungsgebiete im Holzberuf finden wir bei Kunststoff- und Holzbearbeitungsmaschinen, z. B. bei Schleif-, Hobel-, Bohr- und Fräsmaschinen, außerdem bei hydraulischen Spanneinrichtungen wie Furnierpressen, Rahmenpressen, Verleimständer u. a.

Warum bringt die Hydraulik den holzverarbeitenden Betrieben Arbeitserleichterung?
Die Kraftübertragung erfolgt mit Hilfe einer Flüssigkeit, d. h. mit geringer Kraft kann großer Druck erzeugt werden.

Welche Vorteile haben hydraulische Antriebe?
1. Übertragung großer Kräfte und Leistungen
2. Stufenlose Regelbarkeit von Geschwindigkeit (Drehfrequenz) und Vorschub
3. Geschwindigkeitsregelung während der Arbeit

4. Große Übersetzungsspanne
5. Schaltgenauigkeit und stoßfreier Gang, überlastungssicher
6. Günstige Anordnung und wenig Raumbedarf
7. Hohe Lebensdauer und geringe Wartung
8. Standardisierung usw.

Nennen Sie Nachteile (Einschränkungen) hydraulischer Systeme!
1. Temperaturempfindlichkeit
2. Viskositätsänderung und Kompressibilität des Öls
3. Leistungsverluste durch Flüssigkeitsreibung
4. Dichtungsprobleme
5. Vibrationen und Schwingungen u. a.

Formeln zur Berechnung der Hydraulik!
Hydrostatischer Druck bei offenem Gefäß:
Druck = Höhe × Wichte $p = h \cdot \gamma$
p in Pa = h in m · γ in N/m³
Seiten- und Bodendruck hängen von der Wichte und von der Höhe der Flüssigkeit ab.

Hydrostatischer Druck bei geschlossenem Gefäß:

$$\text{Druck} = \frac{\text{Kolbenkraft}}{\text{Kolbenfläche}} \qquad p = \frac{F}{A}$$

$$p \text{ in Pa} = \frac{F \text{ in N}}{A \text{ in m}^2}$$

Der auf eine Flüssigkeit ausgeübte Druck setzt sich nach allen Seiten mit gleicher Stärke fort.

Hydraulische Kraftübertragung (Hydraulische Presse):

$$\frac{\text{Kolbenkraft}}{\text{Preßkraft}} = \frac{\text{Kolbenfläche}}{\text{Preßfläche}} \qquad \frac{F_1}{F_2} = \frac{A_1}{A_2}$$

$$\frac{\text{Manometer-Druck}}{\text{Preßdruck}} = \frac{\text{Werkstück-Fläche}}{\text{Kolbenfläche}} \qquad \frac{p_M}{p_W} = \frac{A_W}{A_2}$$

Pneumatik

Nennen Sie Möglichkeiten zur Übertragung von Kräften und Bewegungen!
Mechanische, elektrische, pneumatische, hydraulische und kombinierte Kraftübertragung.

Was versteht man unter „Pneumatik"?
Unter Pneumatik versteht man die Anwendung von Gasen, vor allem Luft, in Maschinenanlagen als Energieträger für Arbeitsprozesse und Steuerungen.

Welcher Stoff dient in der Pneumatik zur Kraftübertragung?
Die Kraftübertragung erfolgt durch Gase, meistens Luft, die zusammengedrückt (verdichtet bzw. komprimiert) ist (Druckluft).

Aus welchen Elementen besteht eine Druckluftanlage?
1. Kompressor zur Verdichtung der Luft
2. Antriebsmotor mit automatischer Steuerung zum Betrieb des Kompressors
3. Druckbehälter zur Speicherung der verdichteten Luft (Kessel)
4. Verteilungs- bzw. Versorgungsleitung zu den Einsatzarten

Die Elemente 1, 2 und 3 werden in der Praxis als Verdichtungsanlage bzw. kurz als „Kompressor" bezeichnet.

Welche Arten von Kompressoren unterscheidet man?
Kolbenverdichter, Membranverdichter und Rotationsverdichter. Im handwerklichen Bereich sind Kolbenverdichter gebräuchlich (Vergleich mit mechanischer Fahrradpumpe).

Welche Aufgaben haben Druck- oder Windkessel bei Kompressoranlagen?
Sie speichern die erzeugte Druckkraft und dämpfen Druckstöße, die beim Verdichten entstehen.

Warum sollte bei einem Kompressor Raumluft und keine Außenluft angesaugt werden?
Die Außenluft kann sehr feucht sein; trockene Raumluft bildet wenig Kondenswasser.

Wo sind an Druckluftanlagen am häufigsten Dichtigkeitskontrollen durchzuführen?
Kontrollen sind hauptsächlich an Leitungsverschraubungen und an den Anschlußstellen für Geräte notwendig.

Schildern Sie das Arbeitsprinzip einer Druckluftanlage!
In Druckluftzylindern werden durch Verdichter (Kompressoren) Kolbenkräfte (Druckluft) erzeugt, die Arbeit in geradliniger Bewegung verrichten (Vor- und Rückhub).

Zählen Sie Anwendungsgebiete in der Pneumatik auf!
Bohren, Drücken, Nageln, Schrauben, Spannen und Spritzen.

Nennen Sie Anwendungsbeispiele für luftgetriebene Werkzeuge, Maschinen und Geräte!
1. Spritzanlagen und Spritzgeräte (Hoch- und Niederdruckpistole, Airless-Pistole, Kittspritze)
2. Geräte und Maschinen mit rotierendem Antrieb (Druckluft-Bohrmaschine, -Winkelschleifer, -Handfräser, -Schrauber, -Plattenschere)
3. Kolbengetriebene Druckluftwerkzeuge (Nagler, Klammerhefter)
4. Pneumatische Preß- und Spannwerkzeuge (Rahmenpresse, Korpuspresse, Preßanlagen)
5. Vorschubeinrichtungen, Anschlag- und Transportsteuerungen für Platten
6. Absauganlagen (Einzel-, Gruppen- und Vollabsaugung)

Warum erreicht man mit Pneumatik Arbeitserleichterung?
Durch den Einsatz von Druckluft erzielt man mit geringem Aufwand an menschlicher Muskelkraft einen rationelleren und damit auch kostensenkenden Arbeitsablauf.

Welche Vorteile bringt die Pneumatik?
1. Einfache Anwendung und problemlose Wartung
2. Geringer Verschleiß, keine Überlastungsschäden
3. Ermöglicht relativ gefahrlos den Einsatz kleiner, leichter und handlicher Geräte

Nennen Sie Nachteile der Pneumatik!
1. Als Energieträger teuer
2. Starke Geräusche und Gefahr des Einfrierens
3. Luft läßt sich zusammendrücken, daher sind langsame und genaue Vorschübe nicht möglich.

Formeln zur Berechnung der Pneumatik
Einfachwirkender Zylinder:
Die Kolben bewegen sich in einer Richtung (Vorhub) durch Druckluft, in anderer Richtung durch Federdruck.
Zylinderkraft (Druckkraft) = Kolbenfläche × Luftdruck (Gasdruck), abzüglich Federkraft + Reibung

$$F \text{ in daN} = A \text{ in cm}^2 \cdot p \text{ in } \frac{\text{daN}}{\text{cm}^2} - (F_f + R)$$

Doppeltwirkender Zylinder:
Die Kolben bewegen sich in beiden Richtungen (Vor- und Rückhub) durch Druckluft.
Zylinderkraft (Druckkraft) = Kolbenfläche × Luftdruck (Gasdruck),
abzüglich Reibung

F in daN $= A$ in cm² $\cdot\, p$ in $\dfrac{daN}{cm^2} - R$

vereinfacht: F in daN $= A \cdot p$

Wärmeschutz und Wärmedämmung

Was versteht man unter Wärmeschutz?
Darunter versteht man Maßnahmen zur Verhinderung bzw. zur Verringerung der Wärmeübertragung zwischen Räumen mit verschiedenen Temperaturen und zwischen Räumen und der Außenluft.

Welche Bedeutung hat Wärmeschutz?
Guter Wärmeschutz ist Voraussetzung für gesunde und behagliche Räume. Er verringert die Instandhaltungskosten durch Vermeidung von Tauwasserbildung und Frostschäden und er senkt die Investitions- und Betriebskosten von Heizungsanlagen.

Auf welche Arten kann Übertragung von Wärme erfolgen?
1. Durch Wärmeleitung (arteigene Wärmeleitfähigkeit eines Stoffes, ausgedrückt durch die Wärmeleitzahl)
2. Durch Wärmeströmung oder Wärmemitführung, z. B. Luftumwälzung bei Heizkörperverkleidungen
3. Durch Wärmestrahlung eines Stoffes, z. B. Sonnenenergie, Heizkörper usw.

Von welchen Faktoren ist die Wärmeleitfähigkeit und damit auch die Wärmedämmung eines Stoffes abhängig?
Die Dichte, die Porigkeit und Porengröße sowie der Feuchtigkeitsgehalt bestimmen die Größe der Wärmeleitzahl eines Stoffes.

Welchen Einfluß haben Dichte, Porigkeit und Feuchtigkeitsgehalt auf Wärmeleitfähigkeit und Wärmedämmung?
1. Je höher die Dichte eines Stoffes ist, desto besser ist die Wärmeleitung, aber desto schlechter ist die Wärmedämmung
2. Je mehr Poren ein Stoff hat und je kleiner sie sind, desto besser ist die Wärmedämmung
3. Je feuchter ein Stoff ist, desto besser leitet er die Wärme und desto schlechter ist seine Wärmedämmung.

Nennen Sie konstruktive Maßnahmen für den Wärmeschutz!
1. Beschränkung der Fenstergrößen, Isolier- oder Doppelverglasung
2. Verringerung der Fugendurchlässigkeit bei Fenstern, Außen- und Innentüren sowie bei Rolladenkästen
3. Besonders gute Dämmung bei Heizkörpernischen
4. Innen- und Außendämmung von Wänden, Einbau eines Windfangs
5. Zusätzliche Wärmedämmung von Böden und Decken (z. B. durch Gehbelag bzw. durch Abhängen von Decken)

Erklären Sie die Wirkung von Wärmedämmstoffen!
Die Wirkung der Wärmedämmung beruht auf der Porigkeit (Luftporen) eines Stoffes. Stoffe mit vielen und kleinen Poren ergeben eine sehr gute Wärmedämmung.

Nennen Sie Baustoffe mit guter Wärmedämmung!
Holz, poröse Holzfaserplatten (Dämmplatten), Kunststoffschäume (z. B. extrudierter Hartschaum) und Mineralfaser-Dämmstoffe haben eine sehr gute Dämmwirkung.
Außerdem eignen sich Wellpappe, Schaumglas (Foam), Glaswolle, Korkplatten, Holzwolle-Leichtbauplatten und Gipskartonplatten zur Wärmedämmung.

Erklären Sie die Dämmwirkung bei Isolierglas!
Zwei oder mehr Scheiben sind in geringem Abstand (6 bis 12 mm) luftdicht miteinander verbunden. Die zwischen den Scheiben liegende trockene, ruhende Luftschicht hat eine hohe Wärmedämmfähigkeit, da sie ein schlechter Wärmeleiter ist.

Schallschutz und Schalldämmung

Wie entsteht Schall?
Schall entsteht durch Schwingungen gasförmiger, flüssiger oder fester Körper. Liegt die Zahl der Schwingungen je Sekunde zwischen 16 und 20 000, so entsteht für unser Ohr hörbarer Schall oder ein Ton.

Was versteht man unter Frequenz beim Schall?
Frequenz bedeutet die Zahl der Schwingungen des Schalls pro Sekunde. Sie wird in Hertz (Hz) gemessen. Die Höhe eines Tons wächst mit der Schwingungszahl.

Wie wird die Lautstärke gemessen?
Die Lautstärke, die das menschliche Ohr empfindet, hängt von der Größe der Schallenergie des Erregers und von der Entfernung der Schallquelle ab. Die Einheit für die Empfindung der Lautstärke ist das Phon (phon).

Wie breitet sich Schall aus?
Schall breitet sich nur dann aus, wenn schalleitende Körper, die gasförmig, flüssig oder fest sein können, die Schwingungen weiterleiten.

Welche Arten von Schall unterscheidet man?
Man unterscheidet Luft-, Körper- und Trittschall. Als Luftschall bezeichnet man Schall, der sich in der Luft ausbreitet. Körperschall ist der in festen Körpern sich ausbreitende Schall, z. B. in Wänden. Trittschall entsteht aus Körper- und Luftschall.

Erklären Sie den Begriff „Schallreflexion"!
Werden die auf eine Fläche auftreffenden Schallwellen zurückgeworfen (reflektiert), so bezeichnet man diese Form der Schallausbreitung als Schallrückwurf oder Reflexion.

Was versteht man unter Schallschutz?
Schallschutz sind Maßnahmen zur Verhinderung bzw. Verminderung der Schallübertragung von einer Schallquelle zum Gehör des Menschen.

Welche Bedeutung hat Schallschutz?
Die Hörschwelle beim Menschen ist die Grenze der Hörbarkeit, während die Schmerzschwelle der Beginn der Schmerzempfindung und damit der Gehörschädigung ist. Sie tritt bei Lautstärken über 90 phon auf. Schallschutz ist ab dieser Phonzahl besonders wichtig.

Was versteht man unter Schallschluckung?
Bei Schallschluckung wird die Schallenergie durch entsprechende Gestaltung einer Wandoberfläche, z. B. durch Poren oder durch Luftpolster in Hohlräumen gemindert.

Was versteht man unter Schalldämmung?
Bei Schalldämmung wird ein Teil der Schallenergie reflektiert oder je nach Art des Stoffes einer Wand abgeschwächt.

Nennen Sie Maßnahmen zur Schallminderung!
Einbau von Styropor oder Schallschluckplatten, z. B. poröse Holzfaserplatten (Dämmplatten) mit genuteter, gelochter oder poriger Oberfläche.

Wie kann beim Fensterbau ein hohes Maß an Schall- und Lärmschutz erreicht werden?
1. Durch entsprechende Glasdicke
2. Durch Doppel- oder Mehrfachverglasung
3. Durch Isolierverglasung
4. Durch sorgfältige Abdichtung aller Fugen und zusätzlicher Dichtung der Fensterfälze
5. Durch Vermeidung von Schallbrücken

Neue Einheiten im Meßwesen

Ab 1. 1. 1978 gelten in der Bundesrepublik Deutschland auf Grund des „Gesetzes über Einheiten im Meßwesen" vom 2. 7. 1969 die neuen SI-Einheiten (SI = Système International d'Unités) als „Gesetzliche Einheiten".
Folgende physikalische Größen wurden neu festgelegt:

Kraft
Die gesetzliche Einheit der Kraft (F) (von engl. force = Kraft) ist das Newton (N) (sprich: njutn).
Newton (nach dem engl. Physiker und Mathematiker Isaac Newton, 1643 bis 1727) ist die Kraft, die ein Körper mit einer bestimmten Masse in kg und einer bestimmten Fallbeschleunigung, hervorgerufen durch die Anziehung der Erde oder eines anderen Gestirns, auf seine Unterlage ausübt. Die Masse (m) bleibt dabei überall die gleiche, die Gewichtskraft (G) jedoch ändert sich mit der Entfernung vom Erdmittelpunkt bis zur Schwerelosigkeit im Weltraum.

Weitere Einheiten sind:

```
    0,01 N =      1 cN (Zentinewton)
      10 N =      1 daN (Dekanewton)
   1 000 N =      1 kN (Kilonewton)
1 000 000 N =  1000 kN = 1 MN (Meganewton)
```

Bisher verwendete Einheiten: Kilopond (kp), Pond (p) und Megapond (Mp)

Kraft, Gewichtskraft: 1 kp = 9,81 N $\approx$ 10 N = 1 daN
 1 N = 0,102 kp $\approx$ 0,1 kp

Moment einer Kraft und Drehmoment:

 1 kpm = 9,81 Nm $\approx$ 10 Nm
 1 Nm = 0,102 kpm $\approx$ 0,1 kpm

Druck
Gesetzliche Einheiten für den Druck (p) sind das Pascal (Pa) und das bar.
1 Pascal (nach dem französischen Physiker und Mathematiker Blaise Pascal, 1623 bis 1662) entspricht dem Druck, den eine Kraft von 1 N auf eine Fläche von 1 m² ausübt. Der Druck innerhalb einer Flüssigkeit ist überall gleich.

Einheiten und Formeln sind:
1 Pa = 1 N/m²
1 bar = 100 000 Pa = 0,1 MPa (Megapascal) = 0,1 MN/m²
1 bar = 100 000 N/m² = 1 daN/cm²

Formel: Druck = $\dfrac{\text{Kraft}}{\text{gedrückte Fläche}}$ $\qquad p = \dfrac{F}{A}$

Druck, mechanische Spannung:
1 at = 1 kp/cm² = 98 100 Pa = 0,981 bar ≈ 1 bar
1 Pa = 1 N/m² = 0,102 kp/m²
1 kp/cm² = 10 N/cm² = 1 daN
1 bar = 10 N/cm² = 1,02 kp/cm²
Bisher verwendete Einheiten: kp/cm², at

Arbeit, Energie und Wärmemenge
Die gesetzliche Einheit für die Arbeit (W) (von engl. work = Arbeit) ist das Joule (J) (sprich: dschul).
Mechanische Arbeit in Joule (nach dem engl. Physiker Prescott Joule, 1818 bis 1889) kommt dann zustande, wenn eine Kraft wirkt und gleichzeitig ein Weg in Richtung der Kraft zurückgelegt wird. Je größer Kraft und Weg sind, desto größer ist die Arbeit.

Formel: Arbeit = Kraft × Kraftweg $\qquad W = F \cdot s$

Weitere Einheiten sind das Kilojoule (kJ) und das Megajoule (MJ), das Newtonmeter (Nm) und die Wattsekunde (Ws) sowie das Kilonewtonmeter (kNm), die Kilowattsekunde (kWs) und die Kilowattstunde (kWh). Daraus ergibt sich:

1 J = 1 Nm = 1 Ws
1 kJ = 1 kNm = 1 kWs
1 kWh = 3 600 000 Nm = 3600 kNm = 3,6 MNm
1 kWh = 3 600 000 J = 3600 kJ = 3,6 MJ

Merke: Joule ist die Einheit für Arbeit, Energie und Wärmemenge. Bei der elektrischen Arbeit drückt man Joule als Wattsekunde aus: 1 J = 1 Ws

Bisher verwendete Einheiten: kpm, cal, kcal
1 J = 1 Nm = 1 Ws
1 J = 0,102 kpm = 0,239 cal
1 kpm = 9,81 J ≈ 10 J
1 kWh = 860 kcal
1 kcal = 4186 J ≈ 4,2 kJ

Leistung

Die gesetzlichen Einheiten der mechanischen und elektrischen Leistung (P) (von engl. power = Leistung) sind das Watt (W) und das Kilowatt (kW).

Von Leistung in Watt (nach dem engl. Ingenieur James Watt, 1736 bis 1819) spricht man, wenn eine bestimmte Arbeit in einer bestimmten Zeit verrichtet wird. Daraus ergibt sich:

1 W = 1 Nm/s = 1 J/s
1 kW = 1000 W = 1000 Nm/s = 1000 J/s = 1 kJ/s

Formel: Leistung = $\dfrac{\text{Kraft} \times \text{Kraftweg}}{\text{Zeit}} = \dfrac{\text{Arbeit}}{\text{Zeit}}$

$$P = \frac{F \cdot s}{t} \qquad P = \frac{W}{t}$$

Aus Leistung und Zeit kann man die verrichtete Arbeit errechnen:

Formel: Arbeit = Leistung × Zeit $W = P \cdot t$

Bisher verwendete Einheiten: kpm/s und PS
1 kpm/s = 9,81 W ≈ 10 W
1 PS = 736 W = 0,736 kW
1 kW = 1,36 PS

Temperatur

Gesetzliche Einheiten für Temperatur und Temperaturmessung sind Kelvin (K) (nach dem engl. Physiker Lord Kelvin, 1824 bis 1907) und Grad Celsius (°C) (nach dem schwedischen Astronom Anders Celsius, 1701 bis 1744).

Der absolute Nullpunkt für alle Stoffe, auch der Gase, ist −273 °C. Wenn man bei Kelvin vom absoluten Nullpunkt = 0 K ausgeht, so entsprechen 273 K dem Eispunkt (0 °C) und 373 K dem Dampfpunkt des Wassers (100 °C). Daraus ergibt sich:

0 K = −273,15 °C ≈ −273 °C
0 °C = 273,15 K ≈ 273 K
100 °C = 373,15 K ≈ 373 K

Fachbücher für Prüfung und Praxis

Schelkle, Vorbereitung zur Meisterprüfung in Handwerk und Industrie   **Best.-Nr. 143**

Frage und Antwort

208 Seiten, Taschenbuchformat

Dieses Buch ist ein Leitfaden zur Vorbereitung auf die Meisterprüfung und ein praktischer Ratgeber in Frage und Antwort auf den Gebieten Staatsbürgerkunde, Handwerksrecht, Arbeitsrecht, Genossenschaftswesen, Sozialversicherungen, Bürgerliches Recht, Steuerrecht, Wechsel- und Scheckrecht, Buchführung, Kalkulation, Berufserziehung, Menschenführung und Menschenbehandlung mit Beispielen.

Scheller, Der Handwerksmeister   **Best.-Nr. 145**
Unternehmer und Ausbildender

160 Seiten, Taschenbuchformat

Dieses Vorbereitungsbuch für die Meisterprüfung im Handwerk ist als Repetitorium in Frage und Antwort angelegt. Es gibt kurz und exakt Auskunft über Betriebswirtschaft, Recht und Berufserziehung im Handwerk.
Erfolg in der Meisterprüfung — mit „Scheller"!

Brandt/Kirchentreiber
Politik in Frage, Antwort und programmiert
Best.-Nr. 1155

Etwa 160 Seiten, Taschenbuchformat

Dieses Buch füllt eine Lücke: Es gibt jedermann Gelegenheit, sein politisches Grundwissen zu ordnen, zu ergänzen und zu testen.

Änderungen vorbehalten.
Weitere Lehr- und Fachbücher finden Sie in unserem Gesamtverzeichnis. Bitte fordern Sie es an.

Holland+Josenhans Verlag
Stuttgart